# FiNALEonline.de

FiNALEonline.de ist die digitale Ergänzung zu deinem Arbeitsbuch. Hier findest du eine Vielzahl an Angeboten, die dich zusätzlich bei deiner Prüfungsvorbereitung in Deutsch unterstützen!

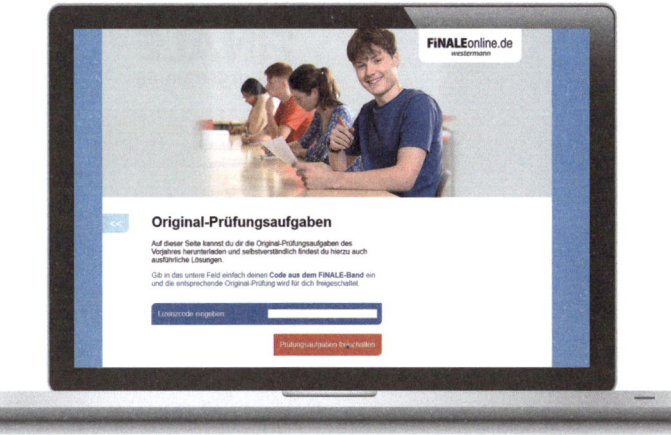

## Das Plus für deine Prüfungsvorbereitung:

→ das Extra-Training Rechtschreibung

→ Original-Prüfungsaufgaben mit Lösungen (bitte Code von S. 4 eingeben)

→ Tipps zur Prüfungsvorbereitung, die das Lernen erleichtern

# Online-Grundlagentraining

Du hast noch Lücken aus den vorherigen Schuljahren? Kein Problem! Das Online-Grundlagentraining auf FiNALEonline.de hilft dir dabei, wichtigen Lernstoff nachzuarbeiten und zu wiederholen. Und so funktioniert es:

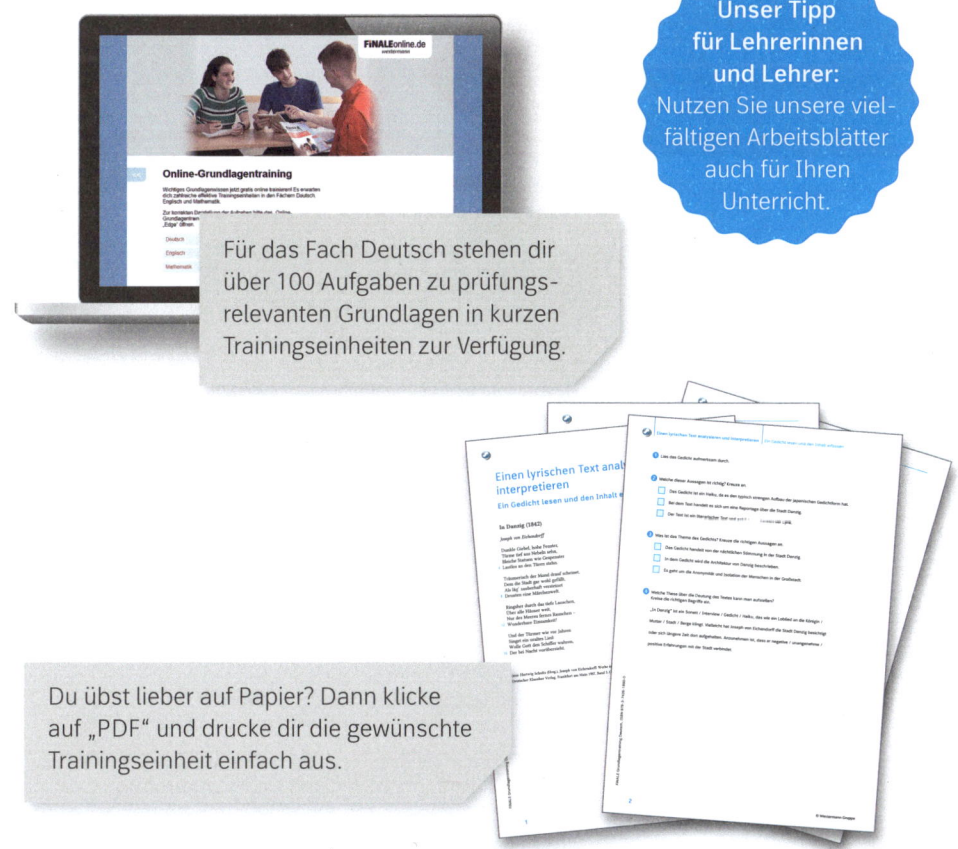

**Unser Tipp für Lehrerinnen und Lehrer:** Nutzen Sie unsere vielfältigen Arbeitsblätter auch für Ihren Unterricht.

Für das Fach Deutsch stehen dir über 100 Aufgaben zu prüfungsrelevanten Grundlagen in kurzen Trainingseinheiten zur Verfügung.

**Für Lehrerinnen und Lehrer:**
Die Lehrerhandreichung für den optimalen Einsatz der Arbeitsbücher im Unterricht zum kostenlosen Download!

Du übst lieber auf Papier? Dann klicke auf „PDF" und drucke dir die gewünschte Trainingseinheit einfach aus.

# FiNALE Grundlagentraining Deutsch

Das FiNALE Grundlagentraining ist die ideale Ergänzung zu diesem Arbeitsbuch. Es bietet eine große Auswahl an Materialien, mit deren Hilfe du prüfungsrelevantes Grundlagenwissen auffrischen und aktiv trainieren kannst.

## Folgende Inhalte werden in diesem Band behandelt:

→ Überprüfung des Leseverstehens
→ Analyse und Interpretation literarischer Texte
→ argumentativer Umgang mit Sachthemen
→ Arbeitstechniken und prüfungsrelevante Fachbegriffe
→ grundlegendes Grammatikwissen
→ die wichtigsten Operatoren im Fach Deutsch

Zu jeder Trainingseinheit gibt es anschauliche Lösungen.

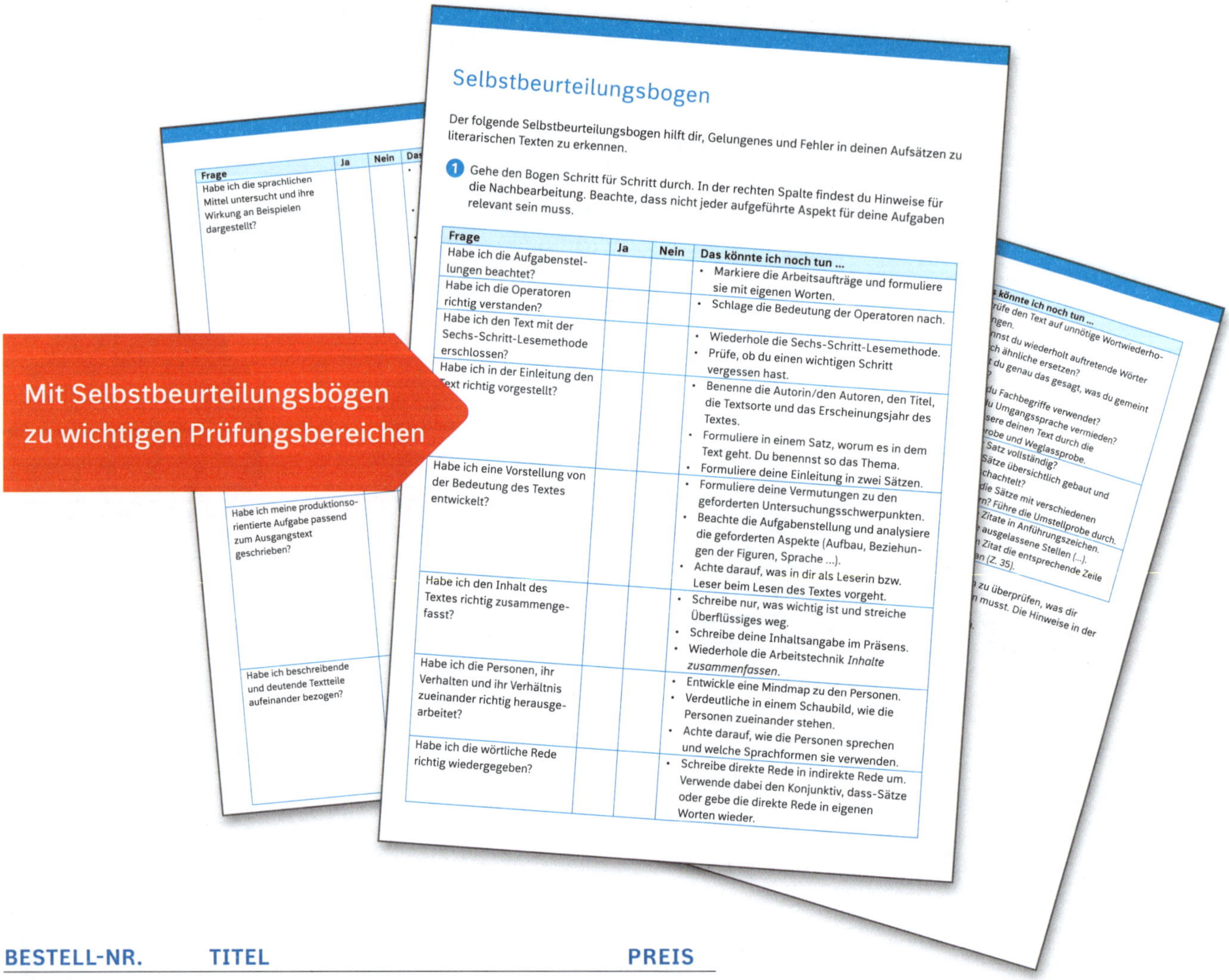

**Mit Selbstbeurteilungsbögen zu wichtigen Prüfungsbereichen**

| BESTELL-NR. | TITEL | PREIS |
|---|---|---|
| 978-3-7426-1890-0 | FiNALE Grundlagentraining Deutsch | 13,95 € |

FiNALE Grundlagentraining gibt es auch für die Fächer Englisch und Mathematik.

# FiNALE
# Prüfungstraining

## Niedersachsen

**Abschluss 9. Klasse**
**Hauptschule**
Deutsch

**2024**

Martina Hartwig
Melanie Priesnitz

Mit Beiträgen von
Walburga Böker

# FiNALEonline.de

**Liebe Schülerin, lieber Schüler,**

sobald die Original-Prüfungsaufgaben zur Veröffentlichung freigegeben sind, können sie unter **www.finaleonline.de** zusammen mit ausführlichen Lösungen kostenlos herunter- geladen werden. Gib dazu einfach diesen Code ein:

## DE6g2Dv

Einfach mal reinschauen: www.finaleonline.de

**Bildnachweis:** Peter Wirtz Fotografie, Dormagen: Titel | www.co2online.de, Berlin. www.stromspiegel.de: S. 29 | Hüter, Michael, Bochum. Quelle: Stiftung Jugend und Bildung: S. 31, S. 67 | Shutterstock.com, New York. Mykhailo Hnatiuk: S. 50; Rawpixel.com: S. 69; Photobac: S. 74; Emson, A.: S. 111; saiko3p: S. 115.1.; Lupin, Aleksandr: S. 115.3 | akg-images GmbH, Berlin: S. 109 | Imago, Berlin. YAY Images: S. 116.1 | stock.adobe.com, Dublin. SophiaPics: S. 92; andtam1: S. 115.2; Biniszkiewicz, Stefan: S. 116.3; Nitschmann, Hans-Joachim: S. 116.2.

© 2023 Westermann Lernwelten GmbH, Georg-Westermann-Allee 66, 38104 Braunschweig
www.westermann.de

Druck A[1] / Jahr 2023
Alle Drucke der Serie A sind im Unterricht parallel verwendbar.

Redaktion: Marion Clausen, Berlin
Kontakt: finale@westermanngruppe.de
Layout: LIO Design GmbH, Braunschweig
Umschlaggestaltung: Gingco.Net, Braunschweig
Umschlagfoto: Peter Wirtz, Dormagen
Druck und Bindung: Westermann Druck GmbH, Georg-Westermann-Allee 66, 38104 Braunschweig

ISBN 978-3-07-**172420**-4

# Inhaltsverzeichnis

## Was erwartet dich in diesem Arbeitsbuch?

Du bist in der 9. Klasse und vor dir liegt die Abschlussprüfung, das große „Finale". Darauf will dich dieses Arbeitsbuch vorbereiten. Es gibt dir die Möglichkeit,
1. dich in verschiedene Themenbereiche einzuarbeiten,
2. dich mit den Prüfungsaufgaben und ihren Anforderungen vertraut zu machen.

Im **Teil A** erhältst du Hinweise, wie du dich zweckmäßig auf die Prüfung vorbereiten kannst. An Beispielen lernst du Prüfungsaufgaben und ihre Bewertung kennen.

Im **Teil B** wiederholst du wichtige Arbeitstechniken und Strategien. Zu jedem Arbeitsschritt – von der ersten Orientierung bis zum Überarbeiten deines Textes – bekommst du wichtige Informationen und hilfreiche Tipps. Außerdem enthält Teil B einen Text, mit dessen Hilfe du den Umgang mit Hörverstehensaufgaben einüben kannst.

Im **Teil C** findest du Prüfungsbeispiele, in denen du dein Wissen gezielt anwenden kannst. Auch hier arbeitest du nicht allein. Du erhältst wichtige Lösungshilfen, die dir sagen, worauf du bei der Erschließung der Texte und bei der Anlage deines Schreibplans achten musst.

**Teil D** und **Teil E** enthalten weitere Prüfungsbeispiele sowie die Original-Prüfungsaufgaben aus dem Jahr 2022, die du jetzt ohne Hilfen bearbeiten kannst. Sobald die Original-Prüfungsaufgaben aus dem Jahr 2023 zur Veröffentlichung freigegeben worden sind, kannst du sie unter **www.finaleonline.de** zusammen mit ausführlichen Lösungen kostenlos mit dem Codewort **DE6g2Dv** herunterladen.

Mit dem **Glossar** schließt dieses Arbeitsbuch zur Abschlussprüfung. Hier kannst du wichtige Grundbegriffe zur Erschließung von literarischen Texten und Sachtexten nachschlagen.

Und natürlich gibt es ein **Lösungsheft**, in dem du die Richtigkeit jedes Arbeitsschrittes überprüfen kannst. Außerdem findest du dort zu jedem Prüfungsbeispiel sowie zu den Original-Prüfungsaufgaben eine mögliche Musterlösung, sodass du nachlesen kannst, was von dir erwartet wird. Auf der letzten Seite im Lösungsheft sind schließlich alle wichtigen Operatoren (Hinweiswörter aus den Aufgaben) aufgelistet.

In diesem Arbeitsbuch findest du Schreibraum für wichtige vorbereitende Notizen. Auch die Schreiblinien sind für dich gedacht. Deinen Text zur Schreibaufgabe musst du allerdings auf einem gesonderten Blatt anfertigen.

Damit du ein Gefühl für die zur Verfügung stehende Arbeitszeit bekommst, solltest du dir bei den Aufgaben in den Teilen C, D und E eine Uhr stellen (siehe Seite 10).

Wir hoffen, dass du dich nach der Bearbeitung dieses Buches sicher für das „Finale" fühlst.

Wir wünschen dir für die Prüfung toi, toi, toi.
Das Autorenteam

**TIPP**

Hast du noch Lücken aus den vorherigen Schuljahren? Dann empfehlen wir dir das „FiNALE Grundlagentraining Deutsch" (ISBN 978-3-7426-1890-0). Es bietet prüfungsrelevantes Grundlagenwissen zum Nachschlagen und Üben. Ergänzend dazu findest du unter *www.finaleonline.de/grundlagentraining* ein kostenloses Online-Training bestehend aus interaktiven Übungsaufgaben und Arbeitsblättern zum Ausdrucken.

# A Vorbereitung auf die Abschlussprüfung

## A 1 Methoden der Prüfungsvorbereitung

Das Wort „Abschlussprüfung" klingt für manche furchterregend. Im Grunde ist sie jedoch nur die letzte Klassenarbeit, die du an deiner Schule schreiben wirst. Und Erfahrungen mit Klassenarbeiten hast du doch bereits! Eine gute Vorbereitung hilft dir aber, dich optimal auf diese letzte Hürde einzustellen.

**Wovon kannst du ausgehen?**

Der **Termin für die Abschlussprüfung** steht bereits seit Langem fest. Er wird dir sehr frühzeitig von deiner Lehrerin bzw. deinem Lehrer mitgeteilt. Im Vorfeld der Abschlussprüfung erarbeitest du im Unterricht verschiedene **Texte und Textsorten**, die dir bei der inhaltlichen Vorbereitung helfen. Du wirst in der Jahrgangsstufe 9 auch eine Klassenarbeit unter den Bedingungen der Abschlussprüfung schreiben, sodass dir der **Ablauf der Prüfung** bereits bekannt ist und du dich gut darauf einstellen kannst.
Im Folgenden erhältst du Anregungen für die Vorbereitung und wichtige Hinweise auf die Prüfung.

### Lernprotokolle anlegen

In der Abschlussprüfung musst du dich in der Regel zwischen zwei Wahlaufgaben entscheiden. So kannst du dich gründlich vorbereiten:

| Im Unterricht | Mit FiNALE |
|---|---|
| • Sachtexte zu verschiedenen Themen bearbeiten<br>• verschiedene literarische (erzählende) Texte bearbeiten | • Strategien für die Bearbeitung von Prüfungsvorlagen erarbeiten und in Beispielen anwenden |

**1** Welche Themen und Texte habt ihr bis jetzt im Unterricht besprochen? Liste sie auf.

*Folgende Texte haben wir im Unterricht schon behandelt:*

*Erschließen von Sachtexten / Stellung nehmen ...* _____

_____

_____

_____

*Erschließen von literarischen Texten / Interpretieren ...* _____

_____

_____

*Hörtexte* _____

_____

**2** Lege für Texte, die du schon bearbeitet hast, ein Lernprotokoll an und sammle diese in einem Portfolio (siehe folgende Seite).

**3** Schau dir dieses Lernprotokoll an.
- Welche Informationen enthält es?
- Wo findest du wichtige Hinweise für die weitere Vorbereitung?

Nutze dieses Beispiel und erstelle dir selbst eine Vorlage für ein Lernprotokoll.
Die Kurzgeschichte „Tanzen gehen" steht in diesem Buch auf den Seiten 48 bis 50.

**TIPP**

Lege zu jedem Text, den du bearbeitest, ein Lernprotokoll an.
Sammle in einem Portfolio (Sammelmappe) die bearbeiteten Texte, die Lernprotokolle und die Ergebnisse deiner Recherchen. So hast du einen guten Überblick über den Stand deiner Prüfungsvorbereitung.

## Lernprotokoll

| Datum | Titel | Textsorte | Ablageort |
|---|---|---|---|
| 21.02.2023 | Nils Mohl, Tanzen gehen | Literarischer Text/ Kurzgeschichte | Finale, S. 48 bis 50 |

**Das will ich mir merken:**

**1. Zum Thema / Inhalt:** (Stichpunkte zum Text / wichtige Gedanken / Merkmale der Textsorte)
– Kurzgeschichte: Samstag im Leben eines älteren Ehepaares
– Gus betrachtet seine Narben im Badezimmerspiegel
– Gus weiß nicht, was er heute machen soll
– Ella liest die Zeitung: Todes-, Hochzeits-, Geburtsanzeigen
– Gus schlägt vor, tanzen zu gehen
– Tanz des Paares
– Gus betrachtet sich wieder im Spiegel, Ella ist in der Küche

**2. So verstehe ich den Text:**
– Thema: Alltag in einem langen Eheleben
– Spachlosigkeit zwischen den Eheleuten
– Tanz: Flucht aus dem Alltag
– Hoffnung?

**3. Das habe ich geübt / Das muss ich noch üben:**
– Inhaltszusammenfassung
– Merkmale einer Kurzgeschichte genauer ansehen
– sprachliche Mittel einer Kurzgeschichte wiederholen
– Tagebucheintrag schreiben, Erzählperspektive wechseln

**4. Bemerkungen:** (Das halte ich für wichtig / Bezüge zu anderen Texten vermerken / passende Internet-Adressen ergänzen)
– Symbol: Narben
– Vergangenheit und Gegenwart im Leben von Gus und Ella

## Die Zeitvorgaben in der Prüfung

**INFO**

Die schriftliche Abschlussprüfung in Deutsch dauert insgesamt 135 Minuten.
Sie beginnt zwischen 8.00 und 8.15 Uhr. Der genaue Zeitpunkt wird von deiner Schule festgelegt.
Die Abschlussprüfung besteht aus zwei Abschnitten:

### I. Entscheidung für eine Prüfungsaufgabe

Du erhältst eine Prüfungsvorlage mit verschiedenen Materialtexten, die
Hauptteile 1 und 2 mit verschiedenen Aufgaben und zwei Wahlteile (Wahl-
teil A und Wahlteil B), die jeweils eine längere Schreibaufgabe beinhalten.
Die Aufgaben im Hauptteil 1 und 2 musst du bearbeiten, zwischen den
Wahlteilen A und B kannst du selbst entscheiden.
Die Aufgabenstellungen der Wahlteile können unterschiedliche inhaltliche
Schwerpunkte haben (zum Beispiel Schwerpunkt „Literarische Texte" oder
Schwerpunkt „Sachtexte") und unterschiedliche Schreibaufgaben beinhalten
(z. B. Verfassen einer Stellungnahme, Schreiben eines Briefes oder eines
inneren Monologs).
Innerhalb von 15 Minuten musst du dich für einen Wahlteil entscheiden.
Den Wahlteil, den du nicht bearbeiten willst, musst du durchstreichen.

**I. Prüfungsaufgabe auswählen**

15 min

### II. Bearbeitung der Prüfungsaufgaben

**Hauptteil 1:** Hörverstehen (ca. 20 Minuten)
Ein Text wird zweimal vorgelesen. Währenddessen darfst du dir Notizen
machen und die entsprechenden Aufgaben bearbeiten. Fragen zum Text
dürfen nicht gestellt werden.

**II. Prüfungsaufgabe bearbeiten**

120 min

**Hauptteil 2 und Wahlteil:** Bearbeiten der Prüfungsaufgabe (ca. 100 Minuten)
Zuerst musst du die Aufgaben des Hauptteils 2 bearbeiten. Dazu musst du
beispielsweise den Materialtexten Informationen entnehmen und diese
zusammenfassen, Diagramme auswerten usw.
Im von dir ausgewählten Wahlteil (A oder B) wird dir eine Schreibaufgabe gestellt, die du in einem zusammenhängenden Text beantworten musst. Die Aufgaben im Hauptteil 2 können dir helfen,
diese längere Schreibaufgabe zu verfassen.

Für diese beiden Prüfungsteile hast du insgesamt 120 Minuten Zeit.

---

**1** Trage auf diesem Zeitstrahl ein, wie viel Zeit für die einzelnen Prüfungsteile zur Verfügung steht.

| 8.00 | 8.30 | 9.00 | 9.30 | 10.00 | 10.30 | 11.00 | 11.30 | 12.00 |

## Erfahrungen auswerten: Zeitplanung und Zeitkontrolle

**1** Für die Bearbeitung der schriftlichen Prüfung hast du insgesamt 120 Minuten Zeit.
Für die Bearbeitung des Hauptteils I (Hörverstehen) musst du ungefähr 20 Minuten einplanen.
Für die Schreibaufgabe bleiben dir dann noch ungefähr 100 Minuten. Es ist daher wichtig, dass du ein Gefühl für die Zeit bekommst.
Bearbeite die Prüfungsbeispiele in den Teilen C bis E deshalb immer mit einer Uhr.
Halte fest, wie viel Zeit du für die einzelnen Arbeitsschritte einplanst
und wie viel Zeit du tatsächlich benötigst.

|  | geplante Zeit | benötigte Zeit |
|---|---|---|
| 1. Sich orientieren |  |  |
| 2. Aufgabentext oder -texte lesen und Inhalt(e) erfassen |  |  |
| 3. Aufgabentext oder -texte untersuchen und auswerten |  |  |
| 4. Teilaufgaben bearbeiten |  |  |
| 5. Deinen Text planen und gliedern |  |  |
| 6. Deinen Text schreiben und überarbeiten |  |  |

Prüfungsbeispiel _____ | Zusammen 100 Minuten |

|  | geplante Zeit | benötigte Zeit |
|---|---|---|
| 1. Sich orientieren |  |  |
| 2. Aufgabentext oder -texte lesen und Inhalt(e) erfassen |  |  |
| 3. Aufgabentext oder -texte untersuchen und auswerten |  |  |
| 4. Teilaufgaben bearbeiten |  |  |
| 5. Deinen Text planen und gliedern |  |  |
| 6. Deinen Text schreiben und überarbeiten |  |  |

Prüfungsbeispiel _____ | Zusammen 100 Minuten |

|  | geplante Zeit | benötigte Zeit |
|---|---|---|
| 1. Sich orientieren |  |  |
| 2. Aufgabentext oder -texte lesen und Inhalt(e) erfassen |  |  |
| 3. Aufgabentext oder -texte untersuchen und auswerten |  |  |
| 4. Teilaufgaben bearbeiten |  |  |
| 5. Deinen Text planen und gliedern |  |  |
| 6. Deinen Text schreiben und überarbeiten |  |  |

Prüfungsbeispiel _____ | Zusammen 100 Minuten |

**2** Notiere: Wo gab es Abweichungen von deiner Planung? Welche Schlüsse ziehst du daraus?

_____

_____

_____

# A 2  Was wird bei den Aufgabenstellungen erwartet?

In diesem Kapitel erfährst du, was die einzelnen Aufgabenstellungen bedeuten und wie du sie bearbeiten musst.
Alle denkbaren Aufgabenstellungen enthalten Hinweiswörter (Operatoren), die dir nicht nur helfen, sie zu verstehen, sondern dir auch aufzeigen, welche Schwierigkeitsstufe die Aufgabe hat.

Lies alle Aufgabenstellungen genau und nimm dir ausreichend Zeit.
Alle folgenden Aufgabenstellungen könnten aus Prüfungsarbeiten stammen. Lies die Aufgaben. (ACHTUNG: Der zugehörige Text ist hier nicht abgedruckt.)

## Literarischer Text

In der Aufgabenstellung **1** unten ist durch Unterstreichen hervorgehoben worden, was von dir erwartet wird. Unterstreiche auch in den weiteren Aufgaben (**2** bis **6**), was du tun sollst.
Die Verben in den Info-Kästen geben dir Hinweise.

**Schwierigkeitsstufe 1: Hier musst du Wissen wiedergeben.**

**1** Fasse die Kurzgeschichte „Die Nacht im Hotel" von Siegfried Lenz (Text 1) in nicht mehr als sieben Sätzen zusammen.

**2** Beschreibe den Fremden.

**3** Stelle dar, wie der Vater seinen Sohn sieht.

> **INFO** zu Stufe 1
>
> *nennen, beschreiben, benennen, wiedergeben, zusammenfassen, darstellen:*
> Hier musst du den Sachverhalt / den Inhalt / die Textaussage / den Zusammenhang in eigenen Worten strukturiert wiedergeben.
> Dabei sind nur die wichtigsten Fakten zu nennen.
> Deine eigene Meinung / dein Kommentar ist nicht gefragt.

**Schwierigkeitsstufe 2: Hier musst du Fragen und Probleme selbstständig erfassen. Fertigkeiten, die du hast, sollen in einem neuen Zusamenhang angewendet werden.**

**4** Vergleiche die in Text 3 dargestellte Definition von Betrug mit der Aussage des Fremden.

**5** Weise anhand der Geschichte „Die Nacht im Hotel" mindestens vier Hauptmerkmale einer Kurzgeschichte nach.

> **INFO** zu Stufe 2
>
> *erklären, erläutern:*
> Hier müssen die Textaussagen / die Inhalte durch zusätzliche Informationen und Beispiele veranschaulicht und / oder durch Kenntnisse belegt werden.
> *nachweisen:*
> Hier sollst du bestimmte Merkmale oder Inhalte eines Textes (Sachtext / Literarischer Text) aufzeigen bzw. beschreiben.

**Schwierigkeitsstufe 3: Hier musst du eigene Lösungsansätze finden. Du sollst also Probleme und Themen reflektieren und/oder bewerten.**

**6** Die Texte 1 bis 4 beziehen sich auf das Thema „Menschlichkeit und Behinderungen". Beurteile die unterschiedlichen Verhaltensweisen der vorgestellten Menschen. Nimm Stellung zu den vorgeschlagenen Ideen.

**INFO** zu Stufe 3

*beurteilen:*
Hier musst du mithilfe verschiedener Zusatzmaterialien (Diagramm, Karikatur …) ein begründetes Urteil fällen.
*Stellung nehmen, sich auseinandersetzen mit:*
Hier soll, nach einer eingehenden Auseinandersetzung mit einem Sachverhalt, eine eigene Einschätzung des Problems verfasst werden. Dabei kann auch eine Argumentationskette entwickelt werden, die zu einem logischen Schluss führt.
*begründen:*
Hier sollst du eine Einschätzung/eine eigene Meinung sachlich und fachlich korrekt belegen.
*verfassen:*
Hier soll ein Text unter Berücksichtigung der geforderten Textmerkmale (Interpretation, Stellungnahme …) verfasst werden.

## Sachtext

Unterstreiche auch in den Aufgaben zum Sachtext (**1** bis **6**), was du tun sollst.
Die Verben in den Info-Kästen geben dir Hinweise.

**Schwierigkeitsstufe 1:**

**1** Nenne stichpunktartig mindestens drei Gesichtspunkte, die gegen die Durchführung von Berufspraktika sprechen.

**2** Fasse die Kernaussage des Schaubildes A kurz zusammen.

**Schwierigkeitsstufe 2:**

**3** Vergleiche die verschiedenen Aussagen der Schaubilder A und B.

**4** Erläutere die in Text B dargestellte Entwicklung.

**Schwierigkeitsstufe 3:**

**5** Verfasse einen informierenden Text zum Thema „Berufspraktikum in Klasse 9".

**6** Nimm kritisch Stellung zu deinen persönlichen Erfahrungen mit Praktika.

**TIPP**

Auf der letzten Seite des Lösungsheftes findest du eine ergänzende Liste zu allen Hinweiswörtern (Operatoren), die in den Aufgabenstellungen vorkommen können.

# A 3 Wie entscheide ich mich für die Prüfungsaufgabe?

Die erste Orientierung erhältst du durch **die Zielsetzung bzw. den Hinweis**, der sich vor den Materialtexten befindet. Das folgende Beispiel könnte auch in der Prüfung vor den verschiedenen Materialtexten stehen.
(ACHTUNG: Die Materialien sind hier nicht abgedruckt.)

**1** Lies die Zielsetzung genau. Unterstreiche das Thema, mit dem du dich beschäftigen, und die Schreibaufgabe, die du bearbeiten willst.

**Beispiel:**
In dieser Arbeit beschäftigst du dich mit verschiedenen Materialien zum Thema „Lernen und Arbeiten an einer Werkschule*". Am Ende verfasst du einen Brief an den Schulleiter einer Werkschule (Wahlteil A) oder einen informierenden Text mit abschließender persönlicher Stellungnahme für die Pinnwand an eurer Schule (Wahlteil B).

**INFO**

Du erhältst eine Prüfungsvorlage mit unterschiedlichen Materialtexten. Zu den Texten gibt es verschiedene Aufgabenstellungen (Hauptteil 2), die du bearbeiten musst. Daran schließen sich die Wahlteile A und B an. Für einen dieser beiden Wahlteile musst du dich entscheiden. Gehe so vor:
1. Verschaffe dir einen ersten Überblick durch das Lesen der Zielsetzung (Thema, evtl. Textarten).
2. Verschaffe dir durch überfliegendes Lesen der Materialien (siehe B4, Seite 35/36) einen genaueren Überblick. Überfliegendes Lesen ist wichtig, weil du zum genauen Lesen der Texte zu wenig Zeit hast.
3. Lies dir die beiden Schreibaufgaben dann genau durch (siehe TIPP zu 3.).

**2** Unterstreiche in den folgenden Aufgabenstellungen alle Operatoren (siehe Seite 11/12).

**Beispiele:**
a) Ordne das Bild einem der beiden Materialien zu. Begründe, weshalb du deine Zuordnung für passend hältst.

**TIPP** zu **2**

Überlege nun:
1. Was wird in den einzelnen Aufgaben von dir verlangt?
2. Was bedeuten die verschiedenen Operatoren (siehe Seite 11/12)?

b) Jenny wird mit den Worten zitiert: „Hier ist der Unterricht immer handlungsorientiert."
Erkläre mit eigenen Worten mithilfe eines Beispiels die Bedeutung dieses Satzes im Textzusammenhang.

c) Vergleiche die im Diagramm dargestellten Ergebnisse mit den in Material 2 genannten Erwartungen der Jugendlichen.

d) Finde in den Materialien 3 und 4 je ein passendes Beispiel für einen positiven und einen negativen Aspekt des Besuchs einer Werkschule. Begründe, warum du diese Aspekte als positiv oder negativ bewertest.

e) Du hast getwittert, dass du es toll fändest, eine Werkschule zu besuchen, und erhältst dazu folgende Rückfrage: *„Für den Besuch einer Werkschule müsstest du von zuhause ausziehen. Ein Leben ohne meine Familie kann ich mir aber nicht vorstellen. Warum willst du trotzdem unbedingt eine Werkschule besuchen?"*
Verfasse eine kurze Antwort, in der du die Vorteile, die du im Besuch einer Werkschule für dich siehst, beschreibst.

* Werkschule: Schule zur Berufsvorbereitung, in der sehr praxisorientiert gearbeitet wird

**3** Unterstreiche nun, was in den Wahlteilen A und B von dir verlangt wird. (ACHTUNG: Die zugehörigen Texte und Materialien sind hier nicht abgedruckt.)

**Wahlteil A**

**Du hast dich über die Werkschule informiert und findest das Projekt sehr interessant. Gerne möchtest du das 10. Schuljahr dort machen.**

**Schreibe dem Schulleiter der Werkschule einen Brief, aus dem deutlich hervorgeht, warum du dies unbedingt willst. Beachte dabei die formalen Kriterien eines Briefes. Nutze alle Materialien.**

a) Erkläre, woher deine Informationen stammen.

b) Beschreibe deine derzeitige schulische Situation.

c) Erkläre, warum dich dieses Projekt so interessiert.

d) Lege dar, weshalb du unbedingt daran teilnehmen möchtest. Beziehe dich dabei auf die Anforderungen, die in Material 1 genannt werden.

e) Bitte um einen Termin für ein persönliches Gespräch. Verwende folgende Daten:
Hans Meier (Schulleiter)
Werkschule Pöllwitz
Postfach 111
19999 Pöllwitz

**Wahlteil B**

**Du bist Mitglied der AG Berufsorientierung. Für eure Pinnwand in der Pausenhalle schreibst du einen informierenden Text mit abschließender persönlicher Stellungnahme zum Thema „Lernen und Arbeiten an einer Werkschule" für deine Mitschülerinnen und Mitschüler. Nutze alle Materialien.**

a) Stelle in deiner Einleitung kurz den Anlass für deinen Text dar.

b) Beschreibe im Hauptteil, wie das Lernen und Arbeiten an einer Werkschule genau aussieht.

c) Erläutere die Vor- und Nachteile dieser Schulform.

d) Nimm abschließend Stellung dazu, ob du den Besuch einer Werkschule empfiehlst oder nicht.

---

**TIPP** zu **3**

Überlege:

**Welche Textsorten bearbeite ich gerne?**

- Kann ich gut Gedichte interpretieren?
- Komme ich mit Kurzgeschichten gut zurecht?
- Bevorzuge ich Sachtexte?
- Fällt es mir leicht, Diagramme oder Tabellen auszuwerten?

**Welche Texte verfasse ich selbst gerne?**

- Verfasse ich gerne informierende Texte?
- Schreibe ich gerne Texte, die argumentativ Probleme gegenüberstellen und in denen ich meine eigene Meinung deutlich machen kann?
- Bevorzuge ich das persönliche Schreiben (Briefe)?

**Was verlangt die Schreibaufgabe genau von mir?**

- Was ist der Anlass für meine Schreibaufgabe?
- Welches Anliegen hat mein Schreiben?
- Wer sind meine Adressaten?
- Mit welchen Operatoren, die in der Schreibaufgabe vorkommen, kann ich gut umgehen?

---

**TIPP**

Wichtig:

- Nutze die 15 Minuten der Auswahlzeit voll aus.
- Konzentriere dich auf deine Stärken.
- Achte nicht auf die Länge der einzelnen Materialtexte.
- Nutze die Strategie des überfliegenden Lesens (siehe B 4).
- Arbeite konzentriert, denn du kannst deine Auswahl später nicht mehr ändern.

## A 4 Die Prüfungsarbeit: Ein Beispiel

In diesem Prüfungsbeispiel erwartet dich zunächst der Hauptteil 1 (Text zum Hörverstehen mit Arbeitsblatt zum Hörverstehen), dann der Hauptteil 2 und die beiden Wahlteile. Diese Prüfungsteile enthalten mehrere Texte und verschiedene Aufgaben zu einem thematischen Schwerpunkt. Die Aufgaben im Hauptteil 2 bereiten meist eine Schreibaufgabe im Wahlteil A oder Wahlteil B vor.

Du hast 15 Minuten Zeit zum Lesen der Texte, danach musst du dich für einen der Wahlteile entscheiden. Voraussetzung für die Bearbeitung der Aufgaben ist, dass du die Texte zuerst gründlich erschließt:
– Unterstreiche oder markiere unbekannte Begriffe und kläre sie.
– Markiere Schlüsselstellen.
– Notiere am Rand Überschriften oder Stichworte zu Sinnabschnitten.

**1** Die folgende Prüfungsvorlage wurde zum Teil bereits bearbeitet. Überprüfe, ob die Antworten richtig sind, und ergänze die fehlenden Lösungen. An manchen Stellen war der Schüler unsicher. Dort findest du Fragezeichen *??*. Sie sind ein Hinweis für dich, diese Antworten genau zu überprüfen.

### Hörverstehen

Hier liegt ein Hörtext in gedruckter Form vor.

### Hauptteil 1

## Zur Geschichte von Smartphone und Co.

Das Smartphone lässt sich aus dem Leben der meisten Menschen nicht mehr wegdenken. Allein in Deutschland wurden im Jahr 2019 ungefähr 21,9 Millionen Smartphones verkauft. Dabei ist die Geschichte der mobilen Telefone noch nicht einmal 70 Jahre alt.

Im Jahr 1952 wurde erstmals ein mobiles Telefon in ein Auto eingebaut. Nur 5 dort konnte man damit telefonieren, man konnte es also nicht aus dem Auto herausnehmen. Mit einem Preis von umgerechnet[1] 7800 Euro war dieses Autotelefon für die meisten Autobesitzer unerschwinglich, deshalb kauften es nur wenige.

Das erste mobile Telefon, das man tatsächlich bei sich tragen konnte, kam im 10 Jahr 1982 auf den Markt. Es sah so ähnlich aus wie ein Benzinkanister und bestand aus einem Telefonhörer, der auf einer tragbaren Station mit einer Tastatur lag. Es wog mehr als neun Kilogramm und besaß keinen Bildschirm. Nur ein Jahr später kam ein Mobiltelefon heraus, welches heute als das erste Handy gilt. Es war fast so groß wie ein DIN-A4-Blatt und wog nur noch 800 15 Gramm. Dem Akku ging allerdings nach nur einer Stunde Gesprächszeit die Puste aus.

Das erste Handy mit Bildschirm wurde 1987 verkauft und kostete umgerechnet 5200 Euro. Ab 1995 konnte man erstmals SMS schreiben.

Im Jahr 1996 wurde dann das erste Gerät vorgestellt, das entfernte Ähnlich- 20 keit mit dem heutigen Smartphone hat, da es eine Verbindung zum Internet herstellen konnte. So konnte es Faxe senden und empfangen, außerdem besaß es einen elektronischen Kalender, ein digitales Notizbuch und einen Taschenrechner. Das Surfen im Internet war mit diesem Handy allerdings noch lange nicht so komfortabel wie mit den heutigen Smartphones, denn 25 auf dem Bildschirm wurden keine Bilder oder gar Videos angezeigt, sondern nur der Text einer Internetseite.

Richtig beliebt wurden Smartphones erst ab 2007, als das erste iPhone der Firma Apple auf den Markt kam. Es revolutionierte die Handywelt, weil
30  es mit einem Wischen über einen berührungsempfindlichen Bildschirm zu bedienen war und keine gesonderte Tastatur mehr hatte. Das erste iPhone lief bereits, wie auch die danach folgenden Generationen, mit dem Betriebssystem iOS, das von Apple exklusiv für die eigenen Mobilgeräte entwickelt worden war.
35  Wenig später veränderte ein neues Handy-Betriebssystem namens Android den Handymarkt nochmals gewaltig, da es nicht an einen bestimmten Gerätehersteller gebunden war. Mittlerweile wird dieses Betriebssystem aus dem Hause Google auf über 24.000 unterschiedlichen Smartphone- und Tablet-Modellen von über 1300 Herstellern verwendet.

1  Von 1948 bis 2001 wurde in Deutschland mit der Deutschen Mark bezahlt.

Autorentext

---

**AUFGABENSTELLUNG** Hörverstehen

**1** In welchem Jahr kam das Mobiltelefon heraus, das als erstes Handy gilt?   (1 P.)

*1983*

**2** Warum revolutionierte das iPhone 2007 die Handywelt?   (2 P.)

*Es hatte keine gesonderte Tastatur mehr und man konnte es durch Wischen bedienen.*

**3** Kreuze an, welche Aussage zutrifft.   (1 P.)

Die Geschichte der mobilen Telefone begann in den 1970er-Jahren des vorigen Jahrhunderts.  ☐

Das erste mobile Telefon war leichter als fünf Kilogramm.  ☐

Zwei Betriebssysteme für Mobilgeräte wie Smartphones und Tablets sind iOS und Android.  ☒

**4** Ergänze den Satz sinngemäß.   (1 P.)

Das Smartphone lässt sich aus dem heutigen Leben nicht mehr wegdenken, das sieht man allein daran, dass …

*im Jahr 2019 in Deutschland etwa 21,9 Millionen davon verkauft wurden.*

Du beschäftigst dich mit verschiedenen Materialien rund um das Thema „Handy" und „Handynutzung". Lies alles aufmerksam und entscheide dich (nach spätestens 15 Minuten) für eine der beiden Wahlaufgaben, die du dann später bearbeitest. Zuerst bearbeitest du die Aufgaben im Hauptteil 2.

## Hauptteil 2

`MATERIAL 1`  **Das Smartphone als Suchtgefahr**

Millionen von Menschen, besonders Jugendliche, nutzen jede Möglichkeit, um zum Smartphone zu greifen. Einige Forscher vergleichen dies mit der Abhängigkeit von Rauchern, die ebenfalls in einem bestimmten Zeitrhythmus regelmäßig zur Zigarette greifen müssen. Sie weisen darauf hin, dass diese Handyabhängigkeit mit einer Nikotin- oder Alkoholabhängigkeit zu  5
vergleichen ist und zu langanhaltenden Schäden führen kann. Das Verhalten dieser Nutzer hat suchtartige Züge: Hunderte Male am Tag greifen sie zu ihren Mobilfunkgeräten. Selbst beim persönlichen Treffen mit Freundinnen oder Freunden bleibt das Smartphone nicht in der Tasche. Die Menschen kommunizieren mehr über das Telefon als im direkten Gespräch.  10
Zwei deutsche Forscher haben über eine App, die bereits 300.000 Menschen heruntergeladen haben, festgestellt, wie oft die Benutzer ihr Handy einschalten bzw. wie viele Nachrichten sie schreiben. Wenn man von einer täglichen Gebrauchsdauer des Handys von ungefähr 16 bis 18 Stunden ausgeht, so schaltet der Nutzer sein Mobilgerät im Durchschnitt alle 18 Minuten ein. Zehn  15
Prozent der Nutzer sind sogar alle 10 Minuten mit ihrem Handy beschäftigt und schreiben regelmäßig an die hundert Nachrichten. Jugendliche unter 25 Jahren kommen auf eine durchschnittliche Nutzungsdauer ihres Handys von fast vier Stunden täglich, dabei ist das Musikhören über Kopfhörer noch nicht eingerechnet. Die Forscher konnten feststellen, dass einige Menschen unter  20
Entzugserscheinungen litten, wenn sie das Mobiltelefon nicht regelmäßig in die Hand nehmen.
Eine Studie im Auftrag der Landesmedienanstalt Nordrhein-Westfalen hat gezeigt, dass mit den digitalen Alleskönnern wie Tablets und Smartphones neue Gefahren und Probleme in den Alltag von Kindern und Jugendlichen  25
eingezogen sind. 48 Prozent der Befragten (8- bis 14-Jährige) geben zu, dass sie durch das Handy von den Hausaufgaben abgelenkt werden, 43 Prozent haben bereits unüberlegt persönliche Daten preisgegeben.
25 Prozent der Befragten fühlen sich durch die ständige Kommunikation gestresst, 11 Prozent wurden bereits Opfer digitalen Mobbings. 20 Prozent geben  30
zu, dass sie durch übermäßige Handynutzung Probleme in der Schule haben, 19 Prozent haben auf ihr Smartphone schon Gewaltvideos mit entwürdigenden Darstellungen geschickt bekommen. Ungefähr 8 Prozent der Befragten müssen als suchtgefährdet eingestuft werden.
Eine weitere Studie von Wissenschaftlern hat ergeben, dass der Griff zum  35
Smartphone hilft, Langeweile zu vertreiben und Zeit totzuschlagen, dem Nutzer aber auch eine Befriedigung oder Belohnung verschafft, weil er durch eine nette Nachricht aufgeheitert wird oder bei einem Spiel Erfolgserlebnisse hat. Zwar ist der Gebrauch des Handys nicht so gefährlich wie die Schadstoffe, die in einer Zigarette enthalten sind, aber Ärzte stellen immer häufiger orthopädische  40
Schäden bei Handynutzern fest. Dazu gehören Schäden an der Wirbelsäule oder Verspannungen der Muskulatur, die durch die typische Haltung mit ge-

??

**MATERIAL 1**

**??**

senktem Kopf, gebeugten Schultern und krummem Rücken entstehen können. Andere Ärzte warnen vor Kurzsichtigkeit und nachlassender Konzentration
45 bei Jugendlichen oder vor Entzündungen der Sehnen im Daumen durch das permanente Tippen von Kurznachrichten.
Vielen Handy-Nutzern ist auch klar, dass sie ein Problem haben. Nach einer Umfrage einer großen deutschen Krankenversicherung möchten 15 Prozent der Befragten in Zukunft weniger Zeit am Handy, Computer oder im Inter-
50 net verbringen. Aber so wie ein Raucher nur durch eine Therapie von seiner Nikotinsucht lassen kann, so wird auch ein Smartphone-Süchtiger nur über eine Therapie geheilt werden können.
Autorentext

**AUFGABENSTELLUNG**

**1** Ergänze die nachfolgenden Sätze sinngemäß. (2 P.)

a)  Die Handy-Abhängigkeit ist zu vergleichen  *mit der Sucht nach Nikotin.*

b)  Personen, die internet- oder handysüchtig sind, können, genau wie Nikotinsüchtige,
*nur durch eine Therapie geheilt werden.*

**2** Welche der folgenden Aussagen in den Materialien 1 und 2 sind richtig? Kreuze an. (2 P.)

a)  Ca. 30 Prozent der unter 30-Jährigen möchten weniger Zeit am Handy verbringen.  ☒

b)  Jugendliche unter 25 Jahren benutzen ihr Handy täglich im Durchschnitt mehr als 6 Stunden.  ☐

c)  Fast die Hälfte der 8- bis 14-Jährigen lässt sich durch das Handy von den Hausaufgaben ablenken.  ☒

d)  Handysüchtige Jugendliche greifen bis zu einhundert Mal täglich zum Smartphone.  ☐  **??**

**3** Nenne drei körperliche Schädigungen, die durch die übermäßige Nutzung des Smartphones entstehen können. (1,5 P.)

*a) Schäden an der Wirbelsäule*

*b) Verspannungen der Muskulatur*

*c) Kurzsichtigkeit*

**4** In Material 2 findest du folgenden Satz: *„Eine Studie im Auftrag der Landesmedienanstalt Nordrhein-Westfalen hat gezeigt, dass mit den digitalen Alleskönnern wie Tablets und Smartphones neue Gefahren und Probleme in den Alltag von Kindern und Jugendlichen eingezogen sind."*

Schreibe aus dem Satz drei Nomen im Singular mit dem bestimmten Artikel heraus. (1,5 P.)

*a) der Auftrag*

*b) das Tablet*

*c) das Smartphone*

**MATERIAL 2**   Handynutzung in der Schule?

Wer darf in der Schule wann bzw. wo sein Handy benutzen und wofür? Das
Thema ist ein Dauerbrenner, mit dem Schulen unterschiedlich umgehen – die
meisten derzeit immer noch mit einem Verbot. Eine Umfrage hat ergeben, dass
mehr als 80 Prozent der Schülerinnen und Schüler ihr Handy im Unterricht
und auch auf dem Schulgelände nicht benutzen dürfen.                           5
Juristinnen und Juristen haben in diesem Zusammenhang festgestellt, dass
Schulen den Jugendlichen zwar verbieten dürfen, ihre Handys während der
Schulzeit einzuschalten, es sei aber unverhältnismäßig, ihnen vorzuschreiben,
ihre Mobiltelefone ganz zu Hause zu lassen. Die Lehrkräfte hingegen beklagen schon seit Jahren, dass es eine massive Störung des Unterrichts ist, wenn   10
während der Stunde ein Handy klingelt. Oder auch, dass heimliches Senden
von Nachrichten unter dem Tisch vom Unterricht ablenkt und dass das Getue
um Smartphones einfach nur nervt. Außerdem können Schülerinnen und
Schüler mit Smartphones peinliche Fotos von anderen im Netz posten oder
anonyme Beleidigungen verbreiten. Diese Form von Mobbing kommt immer    15
wieder vor. Und die Lehrkräfte müssen dann auch noch klärend eingreifen,
wenn solche Vorfälle in der Schule passieren.
Eltern wollen aber, dass ihre Kinder ständig erreichbar sind, z.B. in Notfällen
wie bei Krankheit oder bei kurzfristigem Unterrichtsausfall. Auf der anderen
Seite beklagen sie aber auch die hohen monatlichen Handykosten.                20
Unter Schülerinnen und Schülern ist das Verbot der Handynutzung in der
Schule umstritten. Viele stört es, dass sie in der Schule nur noch sehr einge-
schränkt telefonieren können. Sie finden, dass das Recht auf freie Entfaltung
der Persönlichkeit durch ein solches Verbot stark beeinträchtigt wird. Mithilfe
des Handys könne man immer Kontakt zum Freundeskreis halten, was für    25
sie sehr wichtig ist. Andere sind aber erleichtert, dass von ihnen nicht mehr
ungefragt Fotos gemacht werden können. Das Recht auf Datenschutz bzw.
das Recht am eigenen Bild wird damit gewährleistet.
Autorentext

**5**  Notiere zwei Gründe, die dafür sprechen, dass Jugendliche ihre Handys in der Schule nutzen
dürfen.                                                                        (2 P.)

*a) Man ist für die Eltern ständig erreichbar, besonders in Notfällen.*

*b) Es entspricht dem Recht auf freie Entfaltung der Persönlichkeit.*

**MATERIAL 3**   Auszug aus „Ohne Handy – voll am Arsch!"
*Florian Buschendorff*

„Lernen Sie so etwas in der Lehrerausbildung?"
Aaron war nicht zu Unrecht zum Klassensprecher gewählt worden. Er konnte
Lehrern manchmal ordentlich einheizen. Er hatte den Mut, das auszusprechen,
was die schweigende Mehrheit dachte.
„Herr Schmidt, das ist schon eine ziemlich durchgeknallte Idee. Ich kann mir    5
nicht vorstellen, dass Sie das wirklich durchziehen wollen."
„Warum nicht?", erwiderte Herr Schmidt ruhig. „Es ist doch ein interessantes
Experiment. Nach zwei Wochen wird ausgewertet."

**MATERIAL 3**

„Aber wir sind nicht Ihre Versuchskaninchen!", sagte Johanna. [...]

10 Aaron stand auf. Das tat er gern, wenn er zu Lehrern redete, um zum Ausdruck zu bringen, dass er für die ganze Klasse sprach. [...]

„Wir leben doch in einer Demokratie, Herr Schmidt", sprach er weiter, „das haben Sie uns doch gerade beigebracht. Dann fragen Sie doch mal, wer überhaupt mitmachen will." Aaron wandte sich zur Klasse.

15 „Also: Wer will bei dem Experiment von Herrn Schmidt mitmachen! Bitte melden!" Aaron zeigte auf die schweigende Klasse. „Sehen Sie, Herr Schmidt? Niemand! Also lassen Sie uns doch einfach weiter ganz normalen Unterricht machen."

Aaron ging zu seinem Platz zurück. [...]

20 „Vielleicht stimmen wir noch einmal richtig ab", sagte Herr Schmidt, „nachdem ich euch die Einzelheiten erklärt habe." In ruhigen Schritten ging er durch den Klassenraum.

„Also, ich brauche keine Details", sagte Johanna. „Ich werde mein Handy mit Sicherheit nicht abgeben. Nicht für einen Tag und schon gar nicht für zwei

25 Wochen." [...]

„Nun", sagte der Lehrer, „ich finde, man lernt eine ganze Menge über sich selbst, wenn man für eine gewisse Zeit auf etwas verzichtet, was man sonst immer tut." [...]

Der Lehrer schaltete den Projektor ein.

30 An der Wand erschien die Überschrift:

*Zwei Wochen ohne Handy –*

*Ein Selbstversuch der Klasse 9a*

Herr Schmidt schrieb ein paar Begriffe auf die Folie und fuchtelte dann mit dem Stift in der Luft herum.

35 „Erstens: Nicht alle geben ihr Handy ab, sondern nur die Hälfte der Klasse. Die anderen machen weiter wie bisher. Und zweitens: Es ist viel leichter, auf das Handy zu verzichten, wenn man weiß: Vielen anderen geht es genauso."

„Und wer legt fest, wer sein Handy abgeben muss?", fragte Johanna.

„Lose", antwortete Herr Schmidt. „Ihr zieht Lose."

**Quelle:** Florian Buschendorff: Ohne Handy – voll am Arsch! (Textauszug), Verlag an der Ruhr, Mülheim an der Ruhr 2015, Seite 5–9

---

**6** Prüfe die folgenden Aussagen auf ihre Richtigkeit. Kreuze an.                          (2 P.)

| | | richtig | falsch |
|---|---|---|---|
| a) | Aaron schlägt vor, dass ausgelost wird, wer bei dem Experiment sein Handy abgeben muss. | ☐ | ☒ |
| b) | Herr Schmidt findet, dass man in der Zeit, in der man kein Handy hat, sehr viel über sich selbst lernen kann. | ☒ | ☐ |
| c) | Johanna spricht sich dreimal gegen das vorgeschlagene Experiment aus. | ☐ | ☒ |
| d) | Herr Schmidt befindet sich noch in der Ausbildung zum Lehrer und möchte das vorgestellte Experiment gerne durchführen. | ☒ | ☐ |

## Wahlteil A

An deiner Schule soll auf der nächsten Gesamtkonferenz wieder einmal über das Thema „Handygebrauch unter Schülerinnen und Schülern" diskutiert werden. Momentan dürfen Handys auf eurem Schulgelände von Kindern und Jugendlichen nicht ausgepackt und benutzt werden. Bei Verstößen gegen diese Regelung wird das Handy durch die Lehrkräfte eingezogen und erst nach Schulschluss im Sekretariat wieder ausgegeben.
Du bist Schülervertreter und bereitest stellvertretend für die Schülerschaft deiner Schule einen Vortrag zu diesem Thema vor, in dem du dich dafür aussprichst, dass Schülerinnen und Schüler ihre Handys künftig während der Pausen nutzen dürfen.

**AUFGABENSTELLUNG** Wahlteil A

Bearbeite nun die folgenden Aufgaben in einem zusammenhängenden Text. Gehe so vor:

a)  Erkläre in einer Einleitung den Anlass für deinen Vortrag.
b)  Beschreibe, wie das Thema Handynutzung an deiner Schule zurzeit geregelt ist.
c)  Stelle kurz dar, welche Probleme eine übertriebene Handynutzung ganz allgemein mit sich bringt (Material 1).
d)  Erläutere, welche speziellen Probleme im Zusammenhang mit der Handynutzung durch Schülerinnen und Schüler in der Schule auftreten können.
e)  Gib eine Empfehlung, wie das Thema Handynutzung unter Schülerinnen und Schülern an eurer Schule in Zukunft geregelt werden könnte.

**2** Untersuche den folgenden Schülertext.
    a)  Wie hat der Schüler seinen Text gegliedert? Kennzeichne am Rand Einleitung, Hauptteil und Schluss.
    b)  Welche Verbesserungen schlägst du vor?

*Handys sind wichtig, auch in der Schule!*
*In dieser Gesamtkonferenz soll wieder einmal darüber diskutiert werden, wie wir mit dem Thema Handygebrauch unter Schülern an unserer Schule umgehen wollen. Im Schülerrat haben wir deshalb über dieses Thema gesprochen und uns eine Meinung dazu gebildet. Stellvertretend für die Schülerinnen und Schüler unserer Schule will ich unseren Standpunkt zu diesem Thema deutlich machen und möchte eine*
5  *Regelung vorschlagen, die für alle klar verständlich und verbindlich sein soll.*
*Momentan dürfen Schülerinnen und Schüler unserer Schule ihre Handys auf dem Schulgelände nicht benutzen und auch nicht offen herumzeigen. Beim Verstoß gegen diese Regelung werden die Handys durch die Lehrkräfte eingesammelt und können erst nach Schulschluss am Nachmittag wieder im Sekretariat abgeholt werden.*
10 *Diese Regelung hat dazu geführt, dass viele Schüler sich unerlaubter Weise vom Schulgelände entfernen oder die Pausen auf den Toiletten verbringen, um ihr Handy dort heimlich zu nutzen.*
*Wieso stellt ein übermäßiger Gebrauch des Handys bzw. Smartphones aber überhaupt ein Problem dar? Zu diesem Thema gibt es mittlerweile viele Untersuchungen. So wurde festgestellt, dass Jugendliche unter 25 Jahren auf eine durchschnittliche Nutzungsdauer ihres Handys von nahezu vier Stunden täglich*
15 *kommen, dabei ist das Musikhören über Kopfhörer noch nicht mal eingerechnet. Das ist eine Menge Zeit und viele Menschen leiden mittlerweile unter regelrechten Entzugserscheinungen, wenn sie das Handy nicht regelmäßig in die Hand nehmen können.*
*Eine andere Untersuchung ergab, dass 48 Prozent der Befragten (8- bis 14-Jährige) zugeben, dass sie durch das Handy von den Hausaufgaben abgelenkt werden. 25 Prozent fühlen sich durch die ständige*
20 *Kommunikation gestresst.*

*Auch stellen Ärzte immer häufiger orthopädische Schäden bei Handynutzern fest. Dazu gehören Schäden an der Wirbelsäule oder Verspannungen der Muskulatur, die durch die typische Haltung mit gesenktem Kopf, gebeugten Schultern und krummem Rücken entstehen können. Gewarnt wird auch davor, dass der übermäßige Gebrauch des Handys bei Jugendlichen zu Kurzsichtigkeit und nachlassender Konzentration führen kann oder gar zu Entzündungen der Sehnen im Daumen durch das permanente Tippen von Kurznachrichten.* 25

*All die genannten Probleme sind jedoch eher allgemeiner Art. Wie sieht es mit den Problemen aus, die an Schulen entstehen können, wenn Schülerinnen und Schüler dort ihre Handys benutzen?*

*Zunächst einmal stört das Klingeln der Handys den Unterricht natürlich stark und wenn unter dem Tisch heimlich Nachrichten gesendet werden, lenkt dies natürlich auch ab. Störend ist oft auch das Getue, das* 30 *um die Geräte gemacht wird: Wer hat das neueste Modell auf dem Markt? Wer hat vielleicht nur ein sehr altes Gerät? Da sind Streitigkeiten und Neid vorprogrammiert und wenn ein teures Gerät kaputtgeht oder vielleicht sogar geklaut wird, muss sich am Ende noch die Schule damit auseinandersetzen.*

*Ein anderes Problem ist, dass das Handy mittlerweile auch oft genutzt wird, um andere zu mobben, indem z. B. ungefragt Fotos von Schülerinnen und Schülern gemacht und verbreitet werden, vielleicht sogar* 35 *noch mit gemeinen oder erlogenen Kommentaren.*

*Meiner Meinung nach muss es uns Schülern trotzdem erlaubt sein, das Handy mit in die Schule zu bringen und es dort auch zu benutzen. Ich finde, dass das Handy mittlerweile zum täglichen Leben gehört. Fast jeder besitzt eins, damit sind Handys aus unserer Gesellschaft nicht mehr wegzudenken. Die Schule kann das Thema daher nicht einfach ignorieren, sondern sollte im Hinblick auf das Thema „Handy" eher Aufklä-* 40 *rungsarbeit leisten.*

*Gegen ein Verbot der Handynutzung spricht meiner Meinung nach auch das Recht auf freie Entfaltung der Persönlichkeit. Jeder muss doch mit anderen in Verbindung treten können. Besonders der Kontakt zu Freunden aus anderen Schulen muss in den Pausen möglich sein. Auch Verabredungen für den Nachmittag oder den Abend, die man möglichst am Vormittag treffen muss, werden durch ein Handyverbot* 45 *gestört. Noch wichtiger ist es aber, bei Notfällen in der Schule, z. B. bei Krankheiten oder bei kurzfristigen Unterrichtsausfällen, zuhause anrufen und Bescheid geben zu können. Und unsere Eltern möchten natürlich auch, dass wir zumindest während der Pausen erreichbar sind.*

*Deshalb schlage ich vor, dass das Handy in unserer Schule innerhalb des Gebäudes nur mit Genehmigung der Lehrkräfte benutzt werden darf. Das betrifft natürlich auch die Unterrichtsstunden selbst, wo die* 50 *Handys selbstverständlich ausgeschaltet sein müssen. So können Störungen durch Anrufe und Nachrichten vermieden werden. Vor und nach dem Unterricht und in den großen Pausen sollten die Handys außerhalb des Gebäudes auf dem Schulhof benutzt werden dürfen. Sollte es im Zusammenhang mit der Handynutzung zu Verstößen, Streit oder Mobbing kommen, sollten die Lehrkräfte die Handys weiterhin einsammeln. Da niemand sein Handy gerne abgibt, wird dies sicher Anreiz genug sein, sich an die verein-* 55 *barten Regeln zu halten!*

_____

_____

_____

_____

_____

_____

_____

_____

## Wahlteil B

**An deiner Schule habt ihr einen Ausschnitt aus dem Jugendbuch „Ohne Handy – voll am Arsch!"
von Florian Buschendorff gelesen (Material 3). Dort wird ein Experiment beschrieben, in dem die
Hälfte der Schülerinnen und Schüler einer Schulklasse zwei Wochen auf das Handy verzichten
soll.**
**In deiner Klasse kam es danach zu dem Vorschlag, ebenfalls ein solches Experiment durchzuführen. Es wurde heftig darüber gestritten. Als Klassensprecher schreibst du deshalb eine Stellungnahme zu diesem Vorschlag, den du der Klasse vorstellst.**

### AUFGABENSTELLUNG  Wahlteil B

Bearbeite nun die folgenden Aufgaben in einem zusammenhängenden Text. Gehe so vor:

a)  Erkläre in einer Einleitung den Anlass für deinen Text.
b)  Fasse Material 3 kurz zusammen und beschreibe das Experiment, das in dem Textausschnitt dargestellt wird.
c)  Stelle kurz die Probleme dar, die eine übertriebene Handynutzung mit sich bringt.
d)  Erläutere, welche Probleme entstehen könnten, wenn du zwei Wochen lang dein Handy nicht benutzen darfst.
e)  Nimm dazu Stellung, ob du für oder gegen die Durchführung dieses Experiments bist.

---

**3**  Untersuche den folgenden Schülertext.
   a)  Wie hat der Schüler seinen Text gegliedert? Kennzeichne am Rand Einleitung, Hauptteil und
       Schluss.
   b)  Welche Verbesserungen schlägst du vor?

*Vierzehn Tage ohne Handy — Geht das?*
*Gestern haben wir im Deutschunterricht einen Textausschnitt aus dem Buch „Ohne Handy — voll am
Arsch!" von Florian Buschendorff gelesen, in dem ein Experiment beschrieben wurde, in dem ein Teil der
Schüler einer Schulklasse zwei Wochen auf ihr Handy verzichten musste. Danach haben einige in unserer
Klasse den Vorschlag gemacht, auch so ein Experiment durchzuführen. Mit dieser Stellungnahme möchte*
5  *ich meine Ansicht zu diesem Vorschlag deutlich machen.*
*Herr Schmidt, der Lehrer im Buch „Ohne Handy — voll am Arsch!" von Florian Buschendorff, schlägt vor,
dass eine Hälfte der Klasse 9a zwei Wochen auf ihr Handy verzichten soll, während die andere Hälfte so
weitermacht wie bisher. Ziel dieses Experiments ist es, eine ganze Menge über sich selbst zu lernen, weil
man für eine gewisse Zeit auf etwas verzichtet, was man sonst immer tut. Die abzugebenden Handys*
10  *werden eingesammelt, damit niemand mogeln kann. Wer sein Handy abgeben muss und wer seines behalten darf, wird durch das Los bestimmt. In der Klasse 9a gibt es erstmal großen Widerstand, als der Lehrer
das Experiment vorschlägt, man einigt sich schließlich darauf, darüber abzustimmen, ob das Experiment
durchgeführt werden soll oder nicht.*
*Zurzeit wird über die Probleme, die ein übermäßiger Handygebrauch mit sich bringt, viel diskutiert. Einige*
15  *Forscher beschäftigen sich mit der Handysucht, denn viele Menschen können ohne ihr Smartphone nicht
mehr auskommen. Sie leiden unter Entzugserscheinungen, wenn sie das Mobiltelefon nicht regelmäßig
in die Hand nehmen können, um beispielsweise nach möglicherweise eingegangenen Kurznachrichten
zu sehen. Es wurde außerdem festgestellt, dass Jugendliche unter 25 Jahren auf eine durchschnittliche
Nutzungsdauer ihres Handys von nahezu vier Stunden täglich kommen, dabei ist das Musikhören über*
20  *Kopfhörer noch nicht mal eingerechnet. Das ist eine Menge Zeit, wenn man bedenkt, dass einem Schüler
heutzutage kaum noch Freizeit bleibt.*

Eine andere Untersuchung ergab, dass 48 Prozent der Befragten (8- bis 14-Jährige) zugeben, dass sie durch das Handy von den Hausaufgaben abgelenkt werden, 25 Prozent fühlen sich durch die ständige Kommunikation gestresst.

Wenn ich, wie ein Teil der Schülerinnen und Schüler der Klasse 9a im Buch von Florian Buschendorff, vier-  25
zehn Tage ohne mein Handy auskommen müsste, hätte ich damit auch Probleme.

Zwar geht es mir auch manchmal so, wie in Material 1 beschrieben, und ich schaue häufig und in kurzen Abständen auf mein Handy. Auch war ich, wie in Material 2 beschrieben, schon einmal während der Haus-aufgaben von meinem Handy abgelenkt. Insgesamt achte ich aber darauf, nicht ständig einfach so am Handy zu hängen, sondern es sinnvoll einzusetzen. Deshalb glaube ich auch nicht, dass mich das Experi-  30
ment weiterbringt, und ich möchte auch nicht auf mein Handy verzichten. Ich trage z.B. keine Uhr mehr, also könnte ich nie nachschauen, wie spät es ist. Auch sind Kontakte zu meinen Mitschülern über das Han-dy dann nicht mehr möglich, sodass ich mich für nachmittags und abends nicht mehr verabreden könnte. Sollte es unterwegs einen Notfall geben, könnte ich nicht so schnell Hilfe holen und auch für meine Eltern wäre ich nicht erreichbar, wenn ich nicht zuhause bin.  35

Deshalb bin ich auch nicht dafür, dass wir in unserer Klasse das beschriebene Experiment durchführen. Ich glaube auch nicht, dass dies durch die Mehrheit der Klasse beschlossen werden kann, schließlich darf ich mein Handy in der Schule ohnehin nicht nutzen und was ich in meiner Freizeit damit mache, geht in der Schule niemanden etwas an. Wer an dem Experiment teilnehmen und sein Handy freiwillig abgeben möchte, kann sich ja dafür melden. Ich werde es nicht tun und werde mich auch nicht dazu zwingen las-  40
sen, mein Handy abzugeben.

---

---

---

---

---

---

---

# Wonach richtet sich die Note?

Die Aufgaben **1** – **4** zum Hörverstehen und die Aufgaben **1** – **6** im Hauptteil 2 werden nach den Punkten bewertet, die bei den Teilaufgaben angegeben sind. Vergleiche deine Ergebnisse mit den erwarteten Ergebnissen, die du in dem FINALE-Lösungsheft findest. Dann kannst du leicht deine erreichte Punktzahl ausrechnen.

Für die Beurteilung der Wahlaufgaben gibt es nachfolgend einen Bewertungsbogen. Beurteile nach diesen Gesichtspunkten die Beispiellösungen auf den Seiten 21 – 22 und 23 – 24.

| Wahlteil A | erfüllt | zum Teil erfüllt | nicht erfüllt |
|---|---|---|---|
| Der Schüler hat …<br><br>• in einer Einleitung erklärt, warum er diesen Text schreibt.<br>• im Hauptteil beschrieben, wie die Handynutzung an seiner Schule geregelt ist.<br>• kurz die Probleme im Zusammenhang mit einer übertriebenen Handynutzung dargestellt.<br>• die speziellen Probleme im Zusammenhang mit der Handynutzung in der Schule erläutert.<br>• zum Schluss eine persönliche Empfehlung zur Regelung der Handynutzung von Schülerinnen und Schülern an seiner Schule gegeben. | | | |
| **Wahlteil B** | erfüllt | zum Teil erfüllt | nicht erfüllt |
| Der Schüler hat …<br><br>• in einer Einleitung erklärt, warum er diesen Text schreibt.<br>• im Hauptteil den Textausschnitt (Material 4) kurz zusammengefasst und das darin vorgesehene Experiment beschrieben.<br>• kurz die Probleme im Zusammenhang mit einer übertriebenen Handynutzung dargestellt.<br>• die Probleme erläutert, die aus seiner Sicht entstehen könnten, wenn er 14 Tage sein Handy nicht benutzen darf.<br>• zum Schluss Stellung dazu genommen, ob er für die Durchführung des beschriebenen Experiments ist. | | | |
| **Allgemeine Bewertungskriterien**<br>(beziehen sich auf alle Aufgaben)<br><br>• Werden die Regeln der Grammatik beachtet, z. B. beim Satzbau, bei der Zeitenbildung …?<br>• Ist der sprachliche Ausdruck angemessen (treffende Wortwahl, Überleitungen …)?<br>• Sind äußere Form und Handschrift angemessen? | | | |

# B Arbeitstechniken und Strategien der Aufgabenbearbeitung

## B 1 Arbeitstechnik: Hörverstehen üben

Die Prüfungsaufgaben können einen Hörtext enthalten, der vorgelesen oder mithilfe einer Tonaufnahme vorgestellt wird. In der Regel handelt es sich um einen Sachtext. Teile des Inhalts können auch in Form eines Dialogs oder eines Interviews dargeboten werden. Deine Aufgabe ist es, wesentliche Inhalte des gehörten Textes zu erfassen und wiederzugeben. Dazu musst du verschiedene Teilaufgaben bearbeiten. Die folgenden Aufgaben beziehen sich auf den Text von Seite 27.

### Erster Schritt: Sich orientieren

Auch, wenn du während des **ersten** Zuhörens bereits schreiben darfst, macht es Sinn, beim ersten Vortrag erst einmal nur konzentriert zuzuhören. Nach dem ersten Hören solltest du wissen, um was es in dem Text geht: Wird ein Sachverhalt erklärt? Wird eine Problemfrage erörtert? Formuliere im Kopf einen Satz dazu. *In dem Text geht es um …*

### Zweiter Schritt: Inhalt sichern

Beim **zweiten** Hören solltest du nicht versuchen, alles mitzuschreiben. Folge dem Verlauf des Textes und notiere dir nach Möglichkeit nur wichtige Stichpunkte. Notiere dir keine ganzen Sätze.

| TIPP zum ersten Schritt |
| --- |
| 1. Schließe die Augen und höre konzentriert zu. |
| 2. Achte auf Fragewörter und auf strukturierende Wörter im Text (*erstens, zweitens, zum Schluss, zusammenfassend, abschließend …*). |
| 3. Gibt es Schlüsselwörter, Fachbegriffe, Fremdwörter? |
| 4. Grübele nicht über ein unverstandenes Wort nach. |

### Dritter Schritt: Aufgaben beantworten

Halte dich nicht zu lange mit dem zweiten Schritt auf, denn sonst fehlt dir die Zeit zur Beantwortung der Aufgaben. Es gibt verschiedene Arten von Aufgaben, die möglich sind.

**1** Streichen von falschen Aussagen:
   *Streiche den falschen Begriff durch.*

Es gibt *genügend/kaum* Zeit für Ausflüge, wenn man nach dem Konzept „Urlaub gegen Hand" verreisen möchte.

**2** Ankreuzen der richtigen Antwort unter mehreren Vorgaben:
   *Kreuze die zutreffende Aussage an.*

Es fallen keinerlei Kosten an für diese Art von Urlaub. ☐

Es sind hauptsächlich junge Menschen, die dieses Angebot nutzen. ☐

Mit „Urlaub gegen Hand" kann man kostengünstig Urlaub machen. ☐

**3** Sätze sinngemäß ergänzen:
   *Ergänze folgenden Satzanfang sinngemäß.*

Urlaub gegen Hand bietet die Möglichkeit, _____

**4** Fragen zu inhaltlichen Begründungen und Zusammenhängen:
   *Nenne zwei Gründe, warum Anael „Urlaub gegen Hand" gut findet.*

Hier liegt ein Hörtext in gedruckter Form vor. Lass ihn dir zweimal in einem normalen Sprechtempo vorlesen, um die Prüfungssituation zu simulieren. Die Vorlesezeit beträgt ca. 3 Minuten für das einmalige Lesen. Decke den Text ab, wenn du die dazugehörigen Aufgaben bearbeitest.

## Urlaub gegen Hand

Ein neuer Trend erobert die Urlaubswelt: „Urlaub gegen Hand". Im Internet findet man in Social-Media-Gruppen immer häufiger Gesuche und Angebote zu dieser Möglichkeit des Reisens. Was verbirgt sich dahinter?
„Urlaub gegen Hand" ist ein konkretes Konzept: Man hilft Menschen im Tausch gegen Unterkunft und/oder Verpflegung mit seiner Arbeitskraft bzw. seinen  5
Fähigkeiten und Kenntnissen. Je nach Absprache hilft man entweder täglich einige Stunden und hat anschließend frei; oder man arbeitet an festgelegten, ganzen Tagen und hat dann auch ganze Tage frei. Außer Geld für die Reise und – je nach Angebot – auch für die Verpflegung fallen kaum Kosten an.
Dieses Konzept ist nicht auf junge Leute beschränkt, man findet mittlerweile  10
alle Altersstufen, Singles, Paare und sogar Familien.
In Zeiten wie diesen, in denen Urlaub für viele Menschen unerschwinglich wird, kann man ganzjährig seine helfende Hand anbieten und dafür günstig Urlaub machen. Die Angebote und Gesuche erstrecken sich über die ganze Welt; die Arbeitsfelder reichen von Housesitting über Hunde- oder Katzen-  15
betreuung bis zu Garten- und Renovierungsarbeiten oder dem Erstellen von Homepages. Auch die Zeiträume sind variabel. Auf jeden Fall spart man Geld, lernt neue Arbeitsbereiche kennen und kann auf der ganzen Welt neue Freundinnen und Freunde finden.
Der 22-jährige Anael R. hat über dieses Konzept Urlaub in Deutschland ge-  20
macht und berichtet darüber: „Ich habe ‚Urlaub gegen Hand' gemacht, weil ich eine neue Sprache lernen wollte. Ich wohne in der Schweiz und meine Muttersprache ist Französisch. Ich habe bei meiner Gastfamilie gewohnt, bei der ich auch gearbeitet habe. Ich habe ihren Garten wieder in Form gebracht und sie auf ihrer Reitanlage unterstützt. Wenn man sonst immer vor einem  25
Computer sitzt, tut das Arbeiten im Freien gut. Persönlich hat es mir geholfen, mit Abstand über mein Leben nachzudenken. Wenn du weit weg von zu Hause bist und draußen körperlich arbeitest, befreit sich dein Verstand. Manchen fällt es vielleicht schwer, die gewohnte Umgebung zu verlassen, aber wenn man sich traut, kann man viel lernen. Zusammenfassend möchte ich sagen, dass  30
sich für mich der ‚Urlaub gegen Hand' sehr gelohnt hat. Ich habe eine tolle Gastfamilie getroffen und von ihnen Einblicke in das Leben in Deutschland bekommen. Umgekehrt konnte ich erzählen, wie es in der Schweiz läuft. Ich finde es schön, neue Menschen kennenzulernen, das schafft Verbindungen. Zudem hat es mich entspannt, so viel draußen zu arbeiten. Eine Auszeit im  35
Leben tut gut. Und schließlich habe ich auch mein Deutsch verbessert."
Der Trend „Urlaub gegen Hand" nimmt weiter zu. Natürlich kann man auch Pech haben mit der Arbeit, der Unterkunft oder den Gastgebenden, aber das gehört zum Leben dazu. Die meisten Menschen sind allerdings sehr zufrieden mit ihren Erfahrungen, sowohl als Gäste als auch als Arbeitsanbietende.  40
Es profitieren beide Seiten.

Autorentext

## B 2  Arbeitstechnik: Schaubilder, Tabellen und Karikaturen auswerten

Häufig findest du in Prüfungsaufgaben auch Schaubilder wie Diagramme und Tabellen. Diese enthalten Zusammenfassungen von Daten, die nach bestimmten Gesichtspunkten geordnet sind.

Folgende Aufgabenstellungen sind bei Schaubildern möglich:
- Du musst überprüfen, ob die vorgegebenen Aussagen zu einem Schaubild richtig sind oder nicht.
- Du musst feststellen, ob die Informationen eines Schaubildes die Aussagen eines Textes bestätigen, ergänzen oder widerlegen. Dazu musst du ein Schaubild richtig lesen und verstehen.

### Schaubilder auswerten

**1** Werte Schaubild A (Seite 29) nach folgenden Schritten aus:

**Erster Schritt: Sich orientieren**

a)  Worum geht es in dem Schaubild A? Notiere stichpunktartig.

*Thema:* _____

*Zahlenangaben:* _____

*Orangefarbene Balken:* _____

*Grüne Balken:* _____

*Vergleiche zwischen:* _____

| **TIPP** zum ersten Schritt |
|---|

Lies die Überschriften und Erläuterungen. Um welches Thema geht es?
- Welche Zahlenangaben werden gemacht? Werden sie in Prozent, Promille oder in absoluten Zahlen (z. B. Tausend) angegeben?
- Worauf beziehen sich diese Angaben?
- Was wird miteinander verglichen?

**Zweiter Schritt: Den Inhalt des Schaubildes erfassen und stichpunktartig aufschreiben**

b)  Schreibe die Informationen auf, die du dem Schaubild entnehmen kannst.

_____

_____

_____

_____

| **TIPP** zum zweiten Schritt |
|---|

- Sieh dir das Schaubild genauer an. Worauf bezieht sich der größte Wert?
- Worauf bezieht sich der niedrigste Wert?
- Gibt es Auffälligkeiten?

**Dritter Schritt: Aufgabenstellung beantworten und Ergebnisse aufschreiben**

c)  Beantworte die Fragen zu Schaubild A. Achte genau auf die Aufgabenstellung.

_____

_____

_____

_____

| **TIPP** zum dritten Schritt |
|---|

- Formuliere in ganzen Sätzen.
- Verwende folgende Formulierungen:
  *es gibt weniger als ...*
  *mehr als bei ... / seit ....*
  *genauso oft ...*
  *seltener ...*
  *auffällig ist, dass ...*

**2** Bearbeite in gleicher Weise die Schaubilder B und C. Schreibe auf gesonderte Blätter.

## Schaubild A: Balkendiagramm Heimtiere in Deutschland

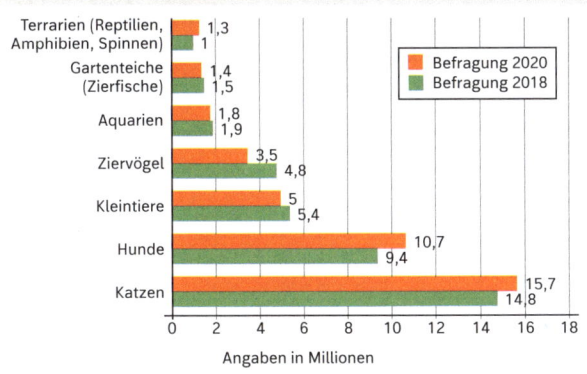

**Quelle der Daten:** Industrieverband Heimtierbedarf e.V. (IVH) / Zentralverband Zoologischer Fachbetriebe Deutschlands e.V. (ZZF) 2019 und 2021 (jeweils Befragung von 7.000 Haushalten)

Balkendiagramme zeigen oft absolute Zahlen oder Prozentzahlen an. Die Länge des Balkens gibt die Anzahl an, die man meist auf der x-Achse ablesen kann. Neben der y-Achse wird angegeben, worauf sich die Balken beziehen.

**AUFGABENSTELLUNG**

**1** Welche Haustiere sind in Deutschland die beiden beliebtesten?

**2** Bei welchen Haustieren hat sich der Bestand seit 2018 vergrößert?

## Schaubild B: Kreisdiagramm Stromverbrauch in Privathaushalten

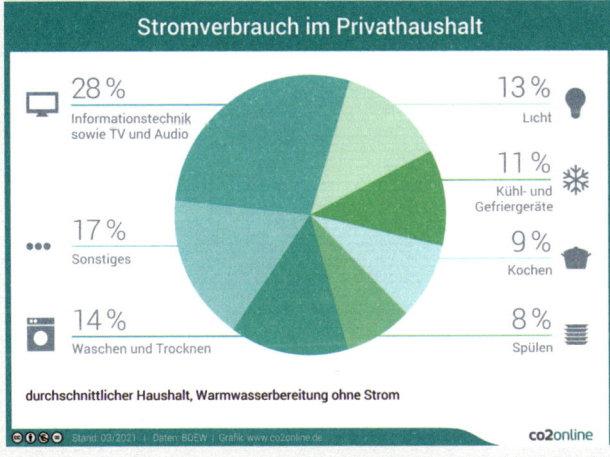

**Quelle:** www.co2online.de, Berlin (Stand 03/2021)

Kreisdiagramme zeigen die prozentuale Zusammensetzung einer Gesamtmenge. Dabei ist der Kreis in mehrere Teile unterteilt, die jeweils den Anteil an der Gesamtmenge wiedergeben.

**AUFGABENSTELLUNG**

**1** Wie viel Prozent des Stroms werden für Haushaltstätigkeiten verbraucht?

**2** Vergleiche die gefundene Zahl mit dem Stromverbrauch für „Informationstechnik sowie Audio und TV." Wie bewertest du das Ergebnis?

## Schaubild C: Verlaufsdiagramm Anteil der Raucher (12- bis 17-Jährige)

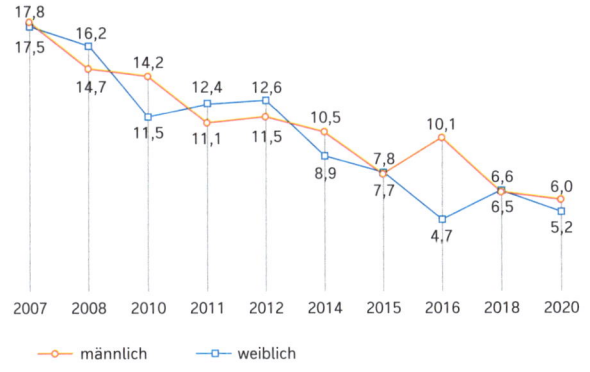

**Quelle der Daten:** Bundeszentrale für gesundheitliche Aufklärung (BZgA), KÖLN

Kurven- oder Verlaufsdiagramme eignen sich dazu, Daten von verschiedenen Zeitpunkten grafisch vergleichend darzustellen.

**AUFGABENSTELLUNG**

**1** Welche Entwicklung ist seit 2007 zu erkennen?

**2** Zu welcher Zeit ist der größte Unterschied zwischen den Geschlechtern zu erkennen?

## Tabellen auswerten

## Tabelle

**Gerätebesitz Jugendlicher 2022 (12 bis 19 Jahre)** (Zahlenangaben in Prozent, Basis: alle Befragten, n = 1.200)

|  | Jungen | Mädchen |
|---|---|---|
| Smartphone | 96 | 97 |
| Computer/Laptop | 75 | 71 |
| Feste Spielekonsole | 63 | 37 |
| Fernsehgerät | 60 | 56 |
| Tablet | 48 | 53 |

**Quelle:** Zahlenangaben aus der JIM-Studie 2022, Medienpädagogischer Forschungsverbund Südwest

1 Werte die Tabelle nach folgenden Schritten aus. Achte genau auf die Aufgabenstellungen.

**Erster Schritt: Sich orientieren**

a) Worum geht es in der Tabelle? Notiere stichpunktartig.

*Thema / Überschrift:* _____

*Zahlenangaben:* _____

*Spalten:* _____

*Zeilen:* _____

**Zweiter Schritt: Den Inhalt der Tabelle erfassen und stichpunktartig notieren**

b) Schreibe die Informationen auf, die du der Tabelle entnehmen kannst.

_____

_____

_____

**TIPP** zum zweiten Schritt

Sieh dir die Tabelle genau an.
1. In welcher Reihenfolge sind die Begriffe in den Spalten angeordnet?
2. Was steht oben, was steht unten?

**Dritter Schritt: Aufgaben lösen und Ergebnisse aufschreiben**

c) Bei welchem Gerät unterscheiden sich die Werte zwischen Jungen und Mädchen am meisten?

_____

d) Gibt es ein Gerät bzw. mehrere Geräte, die deiner Meinung nach in der Tabelle fehlen?

_____

## Karikaturen auswerten

Eine Karikatur ist eine Zeichnung, die durch übertriebene Darstellung einen Sachverhalt kritisiert. Es ist wichtig, drei Dinge herauszufinden:
- Was sehe ich auf dem Bild?
- Was bedeutet das, was ich sehe?
- Was will die Zeichnerin oder der Zeichner damit aussagen?

### Karikatur

**Quelle:** © Michael Hüter, Bochum / Stiftung Jugend und Bildung

**1** Werte die Karikatur nach folgenden Schritten aus und notiere deine Antworten stichpunktartig.

**Erster Schritt: Sich orientieren – Was sehe ich?**

a) Was siehst du auf dem Bild?

_____

_____

**Zweiter Schritt: Was bedeutet das, was ich sehe?**

b) Welche Szene ist auf dem Bild dargestellt?

_____

_____

**Dritter Schritt: Was will der Zeichner damit aussagen?**

c) Worauf spielt der Zeichner an? Was will er kritisieren?

_____

_____

**2** Fasse die gefundenen Informationen zu der Karikatur auf einem gesonderten Blatt in höchstens fünf Sätzen zusammen.

## B 3 Arbeitstechnik: Argumente aufbauen

Wenn du jemanden von deinem Standpunkt überzeugen willst, brauchst du gute Argumente.
Niemand glaubt dir „einfach so" – du musst deine Meinung klar belegen und damit deine Zuhörerinnen und Zuhörer zum Nachdenken bringen.

---

**INFO** zur Bildung von Argumenten

Ein **Argument** besteht in der Regel aus drei Teilen:
- **Behauptung:** In einem kurzen Satz wird auf den Punkt gebracht, was du aussagen möchtest. (z. B.: „Hausaufgaben sind sinnvoll.")
- **Begründung:** Du erklärst deine Behauptung so, dass jeder versteht, was genau du damit meinst. (z. B.: „Bei der Anfertigung der Hausaufgaben haben Schülerinnen und Schüler die Möglichkeit, den Lernstoff zu wiederholen. Sie finden heraus, was sie schon können und was nicht.")
- **Beispiel:** Das Beispiel ist ein Beweis für die Richtigkeit deiner Behauptung. Es sollte etwas sein, was du selbst erlebt oder gelesen hast, ein Textzitat oder eine genaue Erklärung zu einem Teilaspekt. (z. B.: „Wenn ich in Mathematik nicht regelmäßig meine Hausaufgaben gemacht hätte, wäre es mir nie gelungen, in der letzten Arbeit des Halbjahres endlich eine Drei zu schreiben. Weil ich durch die Erledigung der Hausaufgaben den Stoff wiederholt und an meinen Schwächen gearbeitet habe, habe ich keine Fünf im Zeugnis bekommen und meine Versetzung war nicht gefährdet.")

---

**1** Ergänze die folgenden Behauptungen zu aussagekräftigen Argumenten.

| Behauptung | *Eine Klarnamenpflicht im Internet ist sinnvoll.* |
|---|---|
| Begründung | *Im Schutz der Anonymität überschreiten viele Internetuser immer wieder moralische Grenzen. So kann man in vielen sozialen Netzwerken erleben, dass …* |
| Beispiel | *Ich habe selbst schon negative Erfahrungen gemacht: …* |
| Behauptung | *Haustiere sind wichtig für Kinder.* |
| Begründung | … |
| Beispiel | … |

**2** Es ist wichtig, Argumente aus dem eigenen Erfahrungsschatz heraus formulieren zu können. Dann fällt es dir auch leichter, Argumente in anderen Texten zu erkennen. Unterstreiche in der folgenden Meinungsäußerung die Behauptung, die Begründung und das Beispiel mit unterschiedlichen Farben.

**TIPP** zu **2**

Es ist wichtig, dass du lernst, Behauptungen, Begründungen und Beispiele zu unterscheiden und in Texten zu erkennen. Nur wenn du das sicher kannst, ist es dir möglich, deine eigenen Gedanken und Argumente zu ergänzen und Textpassagen teilweise zu übernehmen und in deine eigene Argumentation einzubauen. Es ist dann trotzdem <u>dein</u> Text und wirkt nicht einfach abgeschrieben.

---

*Bücher sollten an Schulen durch Tablets ersetzt werden. Heutzutage besitzt schon fast jeder Haushalt ein Tablet. Man kann Apps darauf laden, die es ermöglichen, das Tablet auf unterschiedlichste Weise zu nutzen. Über Schreibprogramme kann man seine Mappen virtuell führen, außerdem bieten mittlerweile auch viele Schulbuchverlage Programme an, die das Schulbuch 1:1 auf dem Tablet als Digitalversion abbilden. Ein gutes Beispiel ist meine eigene Schule. Dort wurde im letzten Jahr entschieden, die Bücher nur noch via Tablet zur Verfügung zu stellen. Dies hat zur Folge, dass ich nicht mehr jeden Tag sechs verschiedene Bücher einpacken muss. Zudem kann ich in den Büchern auf dem Tablet direkt unterstreichen und markieren, was eine enorme Arbeitserleichterung ist.*

**3** Deine Schule plant eine Projektwoche. Für die inhaltliche Gestaltung sollen die Schülerinnen und Schüler Vorschläge machen. Deine Klasse befürwortet das Thema „Unsere Klasse wird ein Team". Du als Klassensprecherin hast deine Klassenkameraden darum gebeten, dir kurz aufzuschreiben, warum das Thema für sie wichtig ist. Du möchtest diese Notizen als Hilfestellung nutzen, um die Schulleitung von eurem Vorschlag zu überzeugen.
Es erreichen dich folgende Zettel. Unterstreiche die Stellen, die dir helfen können, gute Argumente zu formulieren.

A *Das ist deshalb wichtig, weil viele von uns den Tag hauptsächlich vor dem Computer verbringen. Kommunikation findet nur noch über das Handy oder soziale Netzwerke statt. Wir unternehmen gar nichts miteinander.*

B *Ein Beispiel dafür, dass eine Klasse als Team gut ist, ist unsere letzte Klassenfahrt. Wir haben in den Tagen viel zusammen gemacht und uns besser kennengelernt. Ich habe viele neue Kartenspiele gelernt, die auch später in meinem Freundeskreis gut ankamen.*

C *In unserer Klasse gibt es oft Streit und die Stimmung ist schlecht. Irgendwie will jeder besser sein als der andere und gönnt dem anderen nichts. Marie hat Marc neulich andauernd geärgert, nur weil der eine bessere Note als sie in der Mathearbeit geschrieben hat.*

D *Mobbing ist ja wohl überall ein Problem, deshalb ist das Thema wichtig. Auch in unserer Klasse gibt es Schülerinnen und Schüler, die oft ausgelacht und gehänselt werden. Ich nenne jetzt keine Namen, aber du weißt, wen ich meine.*

**4** Warum ist das Thema „Unsere Klasse wird ein Team" eine gute Idee für die Projektwoche?
Formuliere drei vollständige Argumente, die du im Gespräch mit der Schulleitung vorbringen willst.

**TIPP** zu **4**

Denke daran, dass die Notizen deiner Klassenkameraden nur Hilfestellungen sind. Du kannst die Argumente um Behauptungen, Begründungen und Beispiele aus deinem eigenen Erfahrungsschatz ergänzen oder komplett selbstständig formulieren.

| | |
|---|---|
| Behauptung | *Es herrscht Streit in den Klassen.* |
| Begründung | *Schülerinnen und Schüler werden geärgert, oft aus Gründen, für die sie nichts können und die kein Anlass sind, jemanden zu beleidigen.* |
| Beispiel | *In unserer Klasse …* |
| Behauptung | |
| Begründung | |
| Beispiel | |
| Behauptung | |
| Begründung | |
| Beispiel | |

# B 4  Arbeitstechnik: Überfliegendes Lesen

Auch wenn du alle Tipps zur Entscheidung für eine Prüfungsaufgabe beachtest (siehe A 3, Seite 13), bist du in den 15 Minuten, die dir zur Verfügung stehen, um dir einen Überblick über die Aufgaben zu verschaffen, unter starkem Zeitdruck. Du musst alle Texte und die Aufgabenstellungen lesen und verstehen. Dabei hilft dir die Strategie des **überfliegenden Lesens**.

---

**INFO**  zur Technik des überfliegenden Lesens

Beim **überfliegenden Lesen** geht es darum, sich einen ersten Eindruck über die vorhandenen Materialien und Aufgabenstellungen zu verschaffen. Hierbei gleiten deine Augen nur oberflächlich über den Text, du liest nicht jede einzelne Silbe oder jedes einzelne Wort. Vielmehr „scannen" deine Augen den Text ab und bleiben dabei an Schlüsselbegriffen hängen.
Das Markieren einiger dieser besonders wichtigen Stellen kann später hilfreich sein.
Um Zeit zu sparen, lässt du unwichtigere Stellen erst einmal aus.
Später, wenn du dich für eine Aufgabe entschieden hast, musst du natürlich alle für dich wichtigen Textinhalte gründlich lesen.

---

**1** Hier findest du einen **Sachtext**, in dem bereits einige Kernaussagen markiert sind. Du hast zwei Minuten Zeit, den Text zu überfliegen und weitere Kernaussagen zu markieren.

**TIPP**  zu **1** und **2**

Bei einem Text liest du zuerst die Überschrift. Beim weiteren „Scannen" achte besonders auf die Stellen im Text, die auf die **W-Fragen** antworten:
- Worum geht es?
- Wo und wann spielt die Handlung?
- Welche Personen handeln?
- Wer erzählt?
- Was wird ausgesagt?

## Was fällt auf bei der Ernährung der Jugendlichen?

Um das Essverhalten von 6- bis 17-Jährigen zu untersuchen, wurden im Auftrag des Robert-Koch-Instituts zwischen 2015 und 2017 2.644 Kinder und Jugendliche an 170 Orten, verteilt auf ganz Deutschland, befragt. Die Ergebnisse legten die Forscher in den sogenannten „EsKiMo-Studien I und II" vor. Bei den jüngeren Kindern füllten ihre Eltern Ernährungsprotokolle für einen mehrtägigen Untersuchungszeitraum aus. Jugendliche zwischen 12 und 17 Jahren beantworteten selbst in Interviews detaillierte Fragen zu den Speisen, die sie normalerweise essen.
Dabei zeigten sich für die Gruppe der Jugendlichen zwei besonders auffällige 10 Aspekte: Zum einen stehen die jungen Menschen heutzutage unter einem erheblichen Schlankheitsdruck. Ein Drittel der eigentlich normalgewichtigen Jugendlichen unter den Studienteilnehmern fühlt sich deutlich zu dick und 40 Prozent der untergewichtigen schätzt ihr geringes Gewicht als „genau richtig" ein. Dementsprechend hat schon jeder fünfte Befragte in dieser Altersklasse 15 bereits eine längere Diät hinter sich – wobei der Prozentsatz bei den Mädchen noch einmal deutlich höher ist als bei den Jungen. Viele Jugendliche achten sogar ständig darauf, nicht zu viel zu essen, und zählen bei jeder Mahlzeit die Kalorien aus Sorge, sie könnten zunehmen.
Zum anderen fiel auf, dass jeder sechste der befragten Jugendlichen in den 20 vergangenen vier Wochen Nahrungsergänzungsmittel geschluckt hatte. Vor allem Jugendliche, die viel Sport machen und normalgewichtig sind, greifen öfter zu Nahrungsergänzungsmitteln als andere. Auch unter Vegetariern war der Anteil auffallend hoch, in dieser Gruppe nahmen fast 30 Prozent Pulver und Kapseln. Der Großteil gab an, mit den Mineralstoffen oder Vitaminen 25

seine Gesundheit verbessern zu wollen. Ein Fünftel sagte, sie würden die Mittel auf Anraten ihres Arztes nehmen.

Außerdem zeigt die Studie, dass der Anteil der Vegetarier unter den Jugendlichen zunimmt. Fünf Prozent der befragten 12- bis 17-Jährigen ernährt sich
30 aktuell vegetarisch, bei den Mädchen sind es sogar 8,1 Prozent. Diese Zahlen liegen deutlich über dem Bundesdurchschnitt von 4,3 Prozent bei Erwachsenen. Dabei könnte nicht nur das Tierwohl eine Rolle spielen, sondern der Verzicht auf Fleisch ist auch beim Klimaschutz wichtig.

Autorentext

**2** Überfliege diesen Textauszug aus einer Kurzgeschichte und markiere die Kernaussagen. Dazu hast du zwei Minuten Zeit.

**TIPP** zu **1** und **2**

Achte darauf, dass du wirklich nur einzelne Wörter bzw. Wortgruppen und nur in Ausnahmefällen einen Satz unterstreichst. Du wirst merken, dass es dir dann viel leichter fällt, die Übersicht zu behalten!

### Clown

Seit vier Jahren arbeitete er nun schon als Clown. Obwohl – eigentlich nicht wirklich. Im richtigen Leben, fernab der Zirkuswelt, war er der Inhaber
5 eines kleinen Buchgeschäftes.

„Junge", hatte sein Vater ihn gewarnt, „Junge, das wird nichts. Mach dich nicht lächerlich. Warum wirst du nicht Tischler, so wie ich? Handwerk, weißt du, Handwerk hat goldenen Boden."

Seine Mutter, die hatte zu ihm gehalten, so lange er denken konnte. Sie glaubte
10 an ihn. Stets und immer hatte sie allen wieder und wieder gesagt, dass sie an ihren Jungen glaube, an ihn und an seinen Traum von einem eigenen, gut besuchten Buchladen. [...]

„Spot an!" Die klassische Zirkusmusik ertönte, während er mit seinen Kollegen in die Manege einmarschierte. Er winkte, sah kleine Kinder auf sich zeigen.
15 Es war so einfach: Er stolperte, oder besser gesagt, er tat so und die Kinder im Publikum jauchzten und klatschten vor Begeisterung.

Nach der Pause hatten viele dieser Kinder kleine Luftballontiere im Arm, die er in der Pause an sie zu verschenken pflegte. Mittlerweile war er gut darin, konnte blitzschnell die verschiedensten Tiere formen.
20 „Hund!", „Giraffe!", „Katze!", brüllten sie begeistert – und er gab ihnen, was immer sie sich wünschten.

Bis hierhin war es okay für ihn. Was er hasste, war der Teil, in dem er mit einem anderen Clown zusammen als eigene Zirkusnummer auftrat. Er fragte sich, wie man sich als erwachsener Mann dermaßen der Lächerlichkeit
25 preisgeben konnte. [...]

Autorentext

# B 5 Arbeitstechnik: Texte erschließen und zusammenfassen

Bevor du dich mit der Aussage eines Textes auseinandersetzen kannst, musst du ihn zunächst genau lesen, um seinen Inhalt zu verstehen. Dabei helfen dir unterschiedliche Lesestrategien. Einige kannst du bereits **vor dem Lesen** anwenden, auf andere kannst du **während des Lesens** zurückgreifen.

**Nach dem Lesen** helfen dir weitere Lesestrategien dabei, dein Textverständnis noch einmal zu überprüfen. Die folgenden Textbeispiele stammen aus dem Text *„Was ist ein Blog und was macht ein Blogger eigentlich genau?"* (siehe Seite 38/39).

**Erster Schritt: Vor dem Lesen → Sich orientieren**

## „Was ist ein Blog und was macht ein Blogger eigentlich genau?"

**1** Notiere stichpunktartig, was dir zum Titel einfällt.

*Es geht um das Schreiben und Veröffentlichen von Texten.*

**2** Stelle anhand des Titels Fragen an den Text oder äußere Vermutungen zu seinem Inhalt.

*Welche Geschichte hat der Weblog?*
*Wie kann man selbst einen Blog erstellen?*

> **TIPP** zum ersten Schritt
>
> Überlege:
> • Was weißt du bereits über das Thema?
> • Geht der Text kritisch mit einem Thema um?

**Zweiter Schritt: Während des Lesens → Markieren**

> **TIPP** zum zweiten Schritt
>
> • Lies immer „mit dem Stift". Es kann hilfreich sein, verschiedene Farben zu benutzen.
> • Manche Unklarheiten kann man auch mithilfe des Textes, der unmittelbar vor oder hinter dem unbekannten Wort steht, klären.

**3** Markiere unverständliche Textstellen und kläre sie z. B. durch Nachschlagen im Wörterbuch.

**4** Mache dir Randnotizen. Dafür gibt es verschiedene Möglichkeiten.
   a) Wichtige Aussagen unterstreichen und dazu Stichworte an den Rand schreiben.

> **TIPP** zu **3** und **4**
>
> Schau dir im Text auf Seite 38 die Unterstreichungen, Markierungen und Kommentare an und bearbeite den Rest des Textes in gleicher Weise.

Das Weblog, das Blog oder mittlerweile laut Duden auch der Blog ist aus dem Ursprung heraus nichts anderes als ein Online-Tagebuch. User, die das Internet früh für sich entdeckt hatten, stellten ihre Lebensereignisse online. Das Kunstwort Weblog als Kurzform für World Wide Web & Logbuch entstand und die ersten Web-Logger, also Blogger, waren geboren.

*Online-Tagebuch*

*Definition*

   b) Mit Symbolen (! !! ?) verdeutlichst du, welche Textstellen oder Abschnitte dir besonders wichtig erscheinen oder wo du noch Klärungsbedarf siehst.

Dank Kategorien und Schlagwörtern können Blogleser schnell und einfach durch den Blog navigieren.

**??**

**5** Hilfreich ist es auch, Fragen oder Kommentare zum Gelesenen am Rand zu notieren. So verschaffst du dir einen intensiveren Zugriff auf den Text.

*Sind kostenfreie Blogging-Dienste genauso gut wie kostenpflichtige?*

Möchte man einen eigenen Blog erstellen, findet man im Netz kostenlose Blogging-Dienste und kann so ohne finanziellen Aufwand und mit wenigen Klicks sofort loslegen. Für eine einfache und schnelle Einrichtung ist in der Regel keine Registrierung vonnöten, es reicht, einen Nickname sowie eine Mailadresse anzugeben.

## AUFGABENSTELLUNG

**1** Lies zunächst den folgenden Textausschnitt und bearbeite ihn danach, indem du die Hilfen **6** und **7** zur Texterschließung benutzt (siehe Seite 39).

### Was ist ein Blog und was macht ein Blogger eigentlich genau?

Für die meisten Menschen ist ein Blog oder das Bloggen so selbstverständlich wie die Luft zum Atmen. Es gibt jedoch auch viele, vor allem viele ältere Menschen, die nicht wissen, was ein Blog ist und was ein Blogger eigentlich macht. [...]

*Online-Tagebuch*

5 Das Weblog, das Blog oder mittlerweile laut Duden auch der Blog ist aus dem Ursprung heraus nichts anderes als ein <u>Online-Tagebuch</u>. User, die das Internet früh für sich entdeckt hatten, stellten ihre Lebensereignisse online. [...] Wofür einst das gute alte Tagebuch aus Papier herhalten durfte, wurde nun das World Wide Web als Medium genutzt. Das Kunstwort Weblog als Kurzform

*Definition*

10 für <u>World Wide Web & Logbuch</u> entstand und die ersten Web-Logger, also Blogger, waren geboren.

Mittlerweile ist das Medium Blog aus den Kinderschuhen entwachsen und schon lange kein reines Tagebuch mehr für persönliche Gedanken und Träume. Blogs entstehen aus den unterschiedlichsten Gründen, Zielsetzungen und mit

15 den vielfältigsten Themen.

Der Unterschied zwischen teilweise überladenen Webseiten und Blogs ist der einfache und schlichte Aufbau. [...] Reine Blogs bieten dem Leser eine sauber strukturierte Informationsquelle ohne viel Drumherum. In der Regel sind Blogbeiträge absteigend nach Datum aufgelistet und geben dem Blogleser

20 eine genaue Übersicht über die Aktualität eines Beitrags.

**??**

Dank Kategorien und Schlagwörtern können Blogleser schnell und einfach durch den Blog <u>navigieren</u>. Die entsprechende interne Verlinkung und Auflistungen aller Artikel, die einer Kategorie oder einem Schlagwort zugeordnet sind, tragen erheblich zur Nutzerfreundlichkeit bei. [...] Die Faszination Blog

25 hat weltweit mittlerweile viele Millionen Anhänger und täglich werden es mehr. Das Tolle an einem Blog ist, dass ein Blog dank der Kommentarfunktion ganz einfach zu einem regen Gedankenaustausch von Gleichgesinnten beitragen kann. Möchte man einen eigenen Blog erstellen, findet man im Netz kostenlose Blogging-Dienste und kann so ohne finanziellen Aufwand und mit

*Sind kostenfreie Blogging-Dienste genauso gut wie kostenpflichtige?*

30 wenigen Klicks sofort loslegen. Für eine einfache und schnelle Einrichtung ist in der Regel keine Registrierung vonnöten, es reicht, einen Nickname sowie eine Mailadresse anzugeben. [...]

Egal, ob jemand aus Spaß an der Freude im Hobbybereich oder seinen Lebens-

unterhalt mit dem Bloggen bestreiten möchte, inzwischen ist alles möglich. Dabei gibt es zahlreiche unterschiedliche Blogthemen, wie Fashion-Blogs, 35 Kunstblogs, News-Blogs, Mikroblogs (Bsp. Twitter), Wissenschafts-Blogs und viele mehr. Die Liste lässt sich endlos verlängern. [...]
Vom Einzelkämpfer bis zu ganzen Gruppen gibt es Blogger, die einzelne Blogs oder gar Blognetzwerke betreiben. Der Blog ist global betrachtet weitaus mehr als nur ein Tagebuch oder eine Website, sondern ein Medium, das mitunter 40 eine sehr große Meinungsmacht mit sich bringt. [...]
Von professionellen Journalisten werden Blogger oft fachlich nicht ernst genommen, sei es wegen der fehlenden journalistischen Ausbildung oder einfach, weil man die neue Konkurrenz fürchtet. [...] Zudem sind Blogger oftmals schneller und damit aktueller in ihrer Berichterstattung.                  45

**Quelle:** Andreas Meyhöfer: Blog Bloggen, blogsheet.info, Bremen, o.ED., https://blogsheet.info/blog-blogger-genau-erklaert-18677, (verändert, aufgerufen am 28.01.2022)

**6** Teile den Text in sinnvolle Abschnitte, damit er für die Weiterarbeit übersichtlicher wird. Trenne dabei die Abschnitte durch Querstriche und fasse den jeweiligen Inhalt in einem Satz zusammen.

**7** Schlüsselwörter sind die wichtigen Wörter in einem Abschnitt, da sie dessen Kerngedanken tragen. Unterstreiche in jedem Abschnitt die Schlüsselwörter.

> **TIPP** zu **6** und **7**
> Unterteile den Text in nicht zu viele kleine Abschnitte. Unterstreiche möglichst nur ein Schlüsselwort pro Abschnitt. Deine Vorlage wird sonst leicht zu unübersichtlich.

**Dritter Schritt: Nach dem Lesen → Notieren**

**8** Inhaltliche Zusammenfassung
a) Diese kannst du mithilfe von Markierungen, Stichpunkten und Randnotizen vorbereiten.
Fasse den Text kurz zusammen und beachte dabei folgende Punkte:
– Um welches Thema geht es?
– Wer berichtet über das Thema?
– Warum wird über das Thema berichtet?
– Gibt es wichtige Zitate?
– Um welche Textsorte handelt es sich?
– Mit welcher Absicht wurde der Text verfasst? (Will der Autor unterhalten, informieren, kritisieren ...)

> **TIPP** zum dritten Schritt
> Wenn du vor dem Lesen anhand des Titels Fragen oder Vermutungen an den Text gestellt hast, solltest du nun dein Wissen dahingehend überprüfen:
> • Welche Antworten hast du im Text auf deine Fragen gefunden?
> • Haben sich deine Vermutungen bestätigt?
> • Welche Erkenntnisse hat dir der Text darüber hinaus gebracht?

b) Du kannst außerdem ein Cluster oder eine Mindmap anlegen. Dazu schreibst du das zentrale Thema des Textes in die Mitte eines Blattes Papier. Darum herum notierst du die im Text genannten verschiedenen thematischen Aspekte, Inhalte oder Personen. Du kannst auch weitere Aspekte hinzufügen bzw. hast die Möglichkeit, besonders wichtige Details durch Farben oder Ähnliches hervorzuheben.

*Warum?*
– ...

*Wer berichtet?*
– ...

*BLOG / BLOGGER*

*Absicht?*
– ...

*Wichtige Zitate, Erklärungen?*
– ...

## B 6 Eine Wahlaufgabe mit Sachtext in fünf Schritten bearbeiten

Im Folgenden lernst du die wichtigsten Arbeitsschritte zur Erarbeitung einer Prüfungsvorlage mit informierendem Text kennen. Dieses Kapitel stellt eine Art Grundkurs dar. Es enthält Aufgabenstellungen, wie sie auch in der Prüfung vorkommen können. Ab Seite 43 findest du Lösungshilfen.

Zielsetzung: Du sollst dich mit einem Text zum Thema „Die Bedeutung von modernen Zoos" beschäftigen. Zum Schluss verfasst du einen Artikel für die Schülerzeitung, in welchem du umfassend über das Thema informierst.

### Der Zoo als modernes Freizeiterlebnis

„Hast du schon einmal einen Löwen gesehen?" Fast jeder kann diese Frage mit Ja beantworten. Dank der zahlreichen Zoos in Deutschland ist diese Erfahrung für viele von uns bereits als Kind selbstverständlich – und das, obwohl der eigentliche Lebensraum dieser Tiere so weit von unserem entfernt liegt, dass
5 wir ohne diese Einrichtungen die majestätischen Tiere wohl nur aus dem Fernsehen kennen würden. Etwa 53 Zoos gibt es in Deutschland. Hinzu kommen 800 zooähnliche Anlagen, in denen ein ausgewählter Teil von Tierarten gezeigt wird, wie etwa Vogelparks, Aquarien oder Wildtiergehege.
Der älteste, heute noch existierende Zoo entstand 1752 in der österreichischen
10 Hauptstadt Wien. Der Tiergarten Schönbrunn wurde von Kaiser Franz I. und der Kaiserin Maria Theresia gegründet. Deutschland erhielt im Jahr 1844 in Berlin den ersten zoologischen Garten. Inzwischen gibt es Tausende von Zoos auf allen Kontinenten der Erde.
Früher erfüllten Zoos vor allem den Zweck, die weitreichende Macht und den
15 Einfluss der königlichen oder kaiserlichen Herrscher aufzuzeigen, indem sie eine bestaunenswerte Sammlung wilder Tiere aus aller Welt der Allgemeinheit präsentierten.
Heute hat sich dieser Zweck gewandelt. Zoos sind ein beliebtes Ausflugsziel für Jung und Alt geworden. Im Jahr 2018 war sogar ein Anstieg der Besu
20 cherzahlen zu verzeichnen. Der Verband der Zoologischen Gärten (VdZ) in Deutschland nannte für 2018 insgesamt 34,9 Millionen Besucher im Vergleich zu 31 Millionen Besuchern im Jahr davor.
Während im 19. Jahrhundert die Zoos eine überschaubare Menge von Tieren auf vergleichsweise kleiner Fläche zeigten, wuchsen mit der zunehmenden
25 Zahl der Tiere und mit der Größe ihrer Gehege die Anlagen. Der Berliner Tierpark Friedrichsfelde ist mit einer Fläche von 160 ha, auf der ca. 7700 Tiere in 950 Arten leben, der größte Zoo Deutschlands.
Gleichzeitig wandelt sich das Bild der Tiergärten. Während die Anfänge vor allem eine Tiersammlung darstellten, setzen heutige Zoos Schwerpunkte und
30 spezialisieren sich auf bestimmte Arten von Tieren. So macht z. B. im Kölner Zoo ein riesiger Elefantenpark ein Zehntel der Gesamtfläche aus.
Wenn man Menschen fragt, was sie an einem Zoobesuch so mögen, werden vor allem das Gemeinschaftserlebnis mit der Familie und das Spazierengehen in den schönen Anlagen als Gründe angeführt. Ebenso bieten Zoos die Mög
35 lichkeit, Tiere „live" zu erleben, die man sonst vermutlich niemals mit eigenen Augen sehen könnte. Für Eltern sind Zoos deshalb auch eine gute Gelegenheit, ihren Kindern eine Menge Bildung mit auf den Lebensweg zu geben. In vielen Zoos gibt es schon sogenannte „Zooschulen", in denen Schulklassen

und Kindergartengruppen von Zoomitarbeitern Spezialwissen über Tiere aus
nächster Nähe vermittelt bekommen.                                            40
Doch nicht alle Menschen sind glücklich über dieses moderne Freizeiterlebnis. In den letzten Jahrzehnten wurde die Kritik an Zoos immer lauter.
Tierschützer kritisieren vor allem die Haltung der Tiere in Käfigen und zu
kleinen Gehegen. Wildtiere, wie man sie in Zoos findet, sind für ein Leben in
Freiheit ausgestattet. Ihr Lebensraum im Zoo entspricht naturgemäß nicht 45
einmal einem Bruchteil des Lebensraums, der ihnen in der freien Natur zur
Verfügung stünde. Ebenso verkümmert der Jagdinstinkt der Tiere, wenn sie
zu festgelegten Zeiten gefüttert werden. Dies sind nur zwei Aspekte, die dem
eigentlichen Wesen der Tiere entgegenstehen. Es ist schlichtweg nicht möglich,
Tiere im Zoo artgerecht zu halten und all ihre Bedürfnisse zu erfüllen. Moderne 50
Zoos versuchen, dem Rechnung zu tragen, indem sie z. B. statt Fleischbrocken
Beutetiere verfüttern und den einzelnen Tiergruppen größere Gehege zur
Verfügung stellen. Sie verteidigen die Tierhaltung „hinter Gittern" damit, dass
sie dazu beitragen, dass viele Tierarten nicht aussterben. In Zoos sind oft die
letzten Exemplare einer Population zu sehen. So wären z. B. die Goldlöwen- 55
äffchen oder die Przewalskipferde schon ausgestorben, wenn sie nicht hinter
Zoomauern geschützt und weiter gezüchtet worden wären.
Heutzutage sind fast alle Tiere in den Zoos auch dort geboren. Auch darum
mahnen Kritiker, dass die Instinkte der Tiere für ein „normales Leben" im Zoo
verkümmern. Eine Entlassung in die freie Wildbahn und ein Leben in Freiheit 60
scheinen somit meist unmöglich. Dann wird es die „wilden" Tiere eines Tages
nur noch in den Tiergärten geben.
Autorentext

**??**

**??**

---

**AUFGABENSTELLUNG**

**1** Erkläre in eigenen Worten, was ein Zoo ist.

_____

_____

_____

_____

_____

_____

**2** Beschreibe mithilfe des Textes und deiner eigenen Erfahrungen, warum Zoos bei vielen Menschen
so beliebt sind.

_____

_____

_____

_____

_____

_____

**3** Erkläre, aus welchen Gründen Menschen mit der Haltung der Tiere im Zoo nicht einverstanden sind.

_____

_____

_____

_____

_____

_____

_____

_____

**4** Nenne die drei wichtigsten Gründe, die aus deiner Sicht für und gegen einen Zoobesuch sprechen.

| Für Zoobesuche | Gegen Zoobesuche |
| --- | --- |
|  |  |
|  |  |
|  |  |

**5** Verfasse zur Fragestellung „Sollten Tiere in Zoos gehalten werden?" einen informierenden Text für eure Schülerzeitung.

a) Beginne damit, dass du erklärst, warum du dich mit dem Thema Zoo beschäftigt hast.

b) Beschreibe, seit wann es Zoos gibt und welchen Zweck sie damals erfüllten. Erkläre, wie sich dieser Zweck gewandelt hat.

c) Beschreibe mit zwei Argumenten, was für die Haltung von Tieren in Zoos spricht.

d) Stelle dem gegenüber zwei Argumente, die erklären, warum Tierschützer die Haltung von Tieren in Zoos kritisieren.

e) Formuliere begründet deine eigene Meinung zum Thema. Bist du dafür oder dagegen? Appelliere an deine Mitschülerinnen und Mitschüler, über die Tierhaltung in Zoos nachzudenken.

**Erster Schritt: Sich orientieren**

Stürze dich nicht gleich in die Arbeit, sondern verschaffe dir eine erste Übersicht:

- Was verrät dir die Überschrift?
- Um welches Thema geht es in dem Text?
- Vor allem solltest du an dieser Stelle schon einmal alle Aufgaben genau lesen. Besonders Aufgabe **5** ist für dich wichtig, um zu verstehen, worauf du eigentlich hinarbeiten musst.

**1** Notiere stichpunktartig, was dir zum Thema Zoos einfällt. Hast du selbst schon einmal einen Zoo besucht? Wie hat es dir gefallen?

_____

_____

_____

_____

_____

**2** Lies die Aufgabenstellungen zu Aufgabe **5** auf Seite 42 genau. Unterstreiche wichtige Arbeitsaufträge in der Aufgabenstellung. Gib dann in eigenen Worten wieder, was du tun sollst.

_____

_____

_____

_____

_____

_____

_____

_____

**Zweiter Schritt: Den Text lesen und verstehen**

- Lies den Text mehrmals, benutze dabei immer einen Stift zum Markieren.
- Unterstreiche alle Wörter oder Textstellen, die dir unbekannt sind, und kläre sie mithilfe eines Wörterbuches oder aus dem Sinnzusammenhang.
- Schreibe deine Erklärungen an den Textrand oder auf ein gesondertes Blatt.
- Kennzeichne wichtige, auffällige oder unklare Textstellen mit Zeichen wie *?* oder *!*.

**3** Schau dir im Text auf Seite 40 die Unterstreichungen und Markierungen an. Bearbeite den Rest des Textes in gleicher Weise „mit dem Stift".

**4** Fasse den Materialtext stichwortartig zusammen.

*– Zoos sind ein beliebtes Ausflugsziel ...*

_____

_____

_____

_____

_____

_____

**Dritter Schritt: Fragen/Aufgaben zum Text beantworten**

**TIPP** zum dritten Schritt

Nun musst du überprüfen, welche Informationen du für die Aufgaben **1** – **4** und für den informierenden Text (Aufgabe **5**) nutzen kannst.
Lies dir dazu noch einmal genau die Aufgabenstellungen der einzelnen Aufgaben durch. Achte besonders gut auf die Aufgabenstellung der Aufgabe **5**.

**5** Bearbeite die Aufgabe **1** der Prüfungsvorlage.

**6** Markiere im Text Stellen, die erklären, warum Zoos beliebt sind, und notiere die Angaben in Stichworten. Beantworte mithilfe dieser Stichworte die Aufgabe **2** der Prüfungsvorlage.

_____

_____

_____

_____

_____

**7** Schreibe stichwortartig auf, was Tierschützer an Zoos kritisieren.

_____

_____

_____

_____

_____

_____

_____

**TIPP** zu **6** und **7**

Lies das Material auf Seite 40 – 41 noch einmal gründlich durch und markiere alle Stellen, die zum einen positive Aspekte sowie zum anderen Kritik an Zoos deutlich machen.
Am besten nutzt du für die negativen und die positiven Informationen verschiedene Stiftfarben.

**8** Lies die von dir im Text markierten Stellen sowie deine Stichpunkte noch einmal genau durch. Formuliere dann je ein Argument für und gegen die Tierhaltung in Zoos. (Wenn du nicht mehr weißt, wie man Argumente formuliert, schlage auf den Seiten 32 – 34 nach.)

_____

_____

_____

_____

_____

_____

_____

_____

**Vierter Schritt: Schreibplan anlegen**

**TIPP** zum vierten Schritt

Aufgabe **5** besteht darin, einen informierenden Text zusammenhängend zu schreiben. Nutze dazu auch die Ergebnisse, die du bei den vorangegangenen Aufgaben erarbeitet hast. Gehe so vor:

1. Finde eine passende **Überschrift** und orientiere dich dabei an der Vorgabe des Themas. Achte auch darauf, dass die Überschrift neugierig macht und zum Lesen anregt.
2. In der **Einleitung** führst du in das Thema ein und weckst das Interesse deiner Leserinnen und Leser, indem du beschreibst, warum du dich mit dem Thema Zoo beschäftigt hast. Beziehe deine persönlichen Gedanken aus Aufgabe **2** ein. Damit hast du die Aufgabenstellung a) bearbeitet.
3. Im **Hauptteil** wendest du dich den Aufgaben b) – d) zu. Hier beschreibst du, welchen Zweck Zoos damals und heute in der Gesellschaft erfüllen. Zudem führst du jeweils zwei Argumente an, die für und gegen die Tierhaltung in Zoos sprechen.
4. Im **Schlussteil** e) formulierst du deine persönliche Meinung zum Thema und forderst deine Mitschülerinnen und Mitschüler auf, sich ebenso mit der Thematik zu beschäftigen.

**9** In einem Schreibplan legst du die Abfolge deiner Gedanken in Stichpunkten fest. Stelle diese Gliederung für deinen informierenden Text zusammen. So fällt es dir leichter, deine Gedanken vollständig und zusammenhängend aufzuschreiben. Vervollständige den folgenden Schreibplan als Grundlage für deinen Text. Wenn der Platz hier nicht reicht, verwende gesonderte Blätter.

<u>Schreibplan</u>

*Überschrift:* _____

*Einleitung:*

**5** *a) Zoos sind uns allen bekannt, jeder war schon einmal mit seiner Familie da, immer wieder*

*Kritik an Zoos, welche Vor- und Nachteile gibt es bei der Tierhaltung dort? …*

_____

_____

*Hauptteil:*

**5** *b) Zoos gibt es seit 1752, sie sollten früher die Macht der Könige unterstreichen, heute anderer Zweck: …*

_____

_____

**5** *c) Pro Tierhaltung in Zoos: Kinder können Tiere sehen, die sie sonst nie in freier Natur sehen könnten. Außerdem …*

_____

_____

**5** *d) Kontra Tierhaltung in Zoos: Tierschützer sehen sie kritisch, weil …*

_____

_____

*Schluss:*

**5** *e) Persönliche Stellungnahme: …*

_____

_____

*Appell: Setzt euch doch auch einmal mit dem Thema auseinander, weil …*

_____

_____

**Fünfter Schritt: Eigenen Text schreiben und überarbeiten**

**TIPP** zum fünften Schritt

1. Schreibe deinen Text. Lass an der Seite und unten einen breiten Rand, damit du Platz für die Überarbeitung und Ergänzung hast.
2. Formuliere eine Überschrift, die die Neugier deiner Leserinnen und Leser weckt.
3. Bringe die Ergebnisse deiner Vorarbeit in einen sinnvollen und zusammenhängenden Gedankengang. Orientiere dich an den **Aufgaben a) – e)**. Setze nach jeder erledigten Teilaufgabe einen **Absatz**.
4. Schreibe sachlich, aber auch anschaulich und lebendig in vollständigen Sätzen.
5. Halte dich an die dargestellten Fakten und Zahlen. Verwende Fachbegriffe, wenn du kannst. Erkläre aber auch Begriffe und Namen, die in der Alltagssprache nicht oft vorkommen.

**10** Verfasse deinen informierenden Text. Orientiere dich dazu an deinem Schreibplan. Beginne mit der Einleitung.

*Ich habe schon oft mit meiner Familie einen Zoo besucht und den Tag dort sehr genossen, weil ich Tiere mag. Aber ich habe auch Kritik an Zoos gehört und frage mich, ob die Tierhaltung in Zoos sinnvoll ist oder nicht.*

**11** Fange einen neuen Absatz an, bevor du mit dem <u>Hauptteil</u> weitermachst:

*Zoos gibt es seit 1752. Der erste Tierpark wurde in Wien vom damaligen Kaiserpaar gegründet. Der Zoo sollte vor allem ihre Macht unterstreichen. Es zeugte von Einfluss in der Welt, Tiere von allen Kontinenten präsentieren zu können. Das ist heute nicht mehr so …*
*Es spricht für die Tierhaltung in Zoos, dass man dort Tiere sehen kann, die man sonst nur in der freien Natur sehen könnte. Nicht jeder hat das Geld, weit zu reisen, deshalb hätten ohne den Tierpark viele Menschen gar nicht die Möglichkeit, Tiere wie Elefanten, Löwen oder Erdmännchen mit eigenen Augen zu sehen. Ich bin zum Beispiel mit meinen Eltern …*
*Zudem ist ein Zoo ein echtes Freizeiterlebnis für die ganze Familie. Er gehört zu den Dingen, die Eltern und Kindern gut gefallen und wirklich jedem Spaß machen. Ein Tag im Zoo ist immer ein besonderes Erlebnis. In meiner Familie zum Beispiel …*
*Auf der anderen Seite werden Tiergärten von Tierschützern durchaus kritisch gesehen. Ihrer Meinung nach werden Tiere dort nicht artgerecht gehalten. Sie …*
*Zudem bedeutet die Haltung in Zoos, dass die Tiere vermutlich nicht mehr in freier Wildbahn leben können. Wie soll ein Tier, das sich dort nicht auskennt und im Zoo keine Feinde hat, dort überleben und wissen, wann es in Gefahr ist? Ich kann mir gut vorstellen, dass …*

**12** Im <u>Schlussteil</u> beziehst du Stellung zum Thema und richtest einen Appell an deine Mitschülerinnen und Mitschüler..

*Wie ihr seht, gibt es für beide Seiten gute Gründe. Also was ist nun richtig? Ich persönlich finde …*
*Ich fände es toll, wenn ihr euch auch mit dem Thema beschäftigen würdet, weil …*

**13** Überarbeite deinen Text. Verwende dazu die Checkliste.

**CHECKLISTE** zur Überarbeitung des Textes

1. **Den Text inhaltlich überprüfen (Inhaltsleistung)**
   - ☑ Hast du in deinem Text alle Unterpunkte der Schreibaufgabe berücksichtigt?
   - ☑ Hast du den Text sinnvoll gegliedert? Ist er durch Absätze überschaubar gestaltet?
   - ☑ Sind die Informationen für den Leser nachvollziehbar und interessant dargestellt?
   - ☑ Wurden die Informationen (Fakten, Zahlen) richtig aus den Materialien übernommen?
   - ☑ Hast du unterschiedliche Beobachtungen miteinander verknüpft und Zusammenhänge hergestellt?
   - ☑ Hast du deine Stellungnahme nachvollziehbar gestaltet und deine Meinung begründet?

2. **Den Text sprachlich überprüfen (Darstellungsleistung)**
   - ☑ Hast du Wiederholungen vermieden?
   - ☑ Fallen dir beim Lesen unklare Formulierungen oder Begriffe, die du noch erklären musst, auf?
   - ☑ Sind deine Sätze vollständig?
   - ☑ Wo kannst du komplizierte Sätze vereinfachen?
   - ☑ Hast du Zusammenhänge durch sinnvolle Satzverknüpfungen verdeutlicht?
   - ☑ Überprüfe auch Rechtschreibung, Zeichensetzung und Grammatik.

Alle wichtigen Rechtschreibregeln findest du auch im Internet auf **www.finaleonline.de**. Einfach „Hauptschulabschluss" und dein Bundesland eingeben und das kostenlose „EXTRA-Training Rechtschreibung" herunterladen.

## B 7  Eine Wahlaufgabe mit erzählendem Text in fünf Schritten bearbeiten

Im Folgenden werden die wichtigsten Arbeitsschritte für die Bearbeitung einer Prüfungsvorlage mit erzählendem Text vorgestellt. Dieses Kapitel stellt eine Art Grundkurs dar. Es enthält Aufgabenstellungen, wie sie auch in der Prüfung vorkommen können. Ab Seite 52 findest du Lösungshilfen.

Zielsetzung: Du sollst dich mit einer Kurzgeschichte auseinandersetzen. Anschließend sollst du einen Tagebucheintrag aus Sicht einer der Hauptpersonen verfassen.

### Tanzen gehen  *Nils Mohl*

Er steht im Badezimmer vor dem Spiegel, öffnet die oberen vier Knöpfe seines Hemdes, zieht den Kragen des T-Shirts nach unten und betrachtet die streichholzlange, strichartige Stelle zwischen Schlüsselbein und Brustwarze. Er berührt die Narbe und streicht mit den Fingern darüber hinweg. Die Narbe fühlt sich
5 glatt an, ein bisschen wie Plastik. Wenn er dagegen drückt, verfärbt sie sich. In ein paar Monaten wird er sie vermutlich kaum noch wahrnehmen. Er hat eine ganz ähnliche Narbe am Kinn, seit über fünfzig Jahren schon, und eine viel größere am Unterschenkel. Überhaupt ist sein Körper voll von Narben. Die meisten sind für ihn inzwischen unsichtbar. Er beugt sich vor, betrachtet seine
10 Augen im Spiegel. Die Pupillen weiten sich ein Stück, dann ziehen sie sich wieder zusammen. Er streicht den Kragen seines T-Shirts glatt, knöpft das Hemd zu, betätigt die Klospülung. Er hat die Toilette nicht benutzt. Die Klospülung betätigt er, weil er nicht möchte, dass seine Frau Verdacht schöpft.
Gus schaltet das Licht aus und verlässt das Bad. Er weiß an diesem Sams-
15 tag wenig mit sich anzufangen. Er könnte im Garten arbeiten, aber es nieselt draußen. Er könnte die Steuererklärung machen, er hat sich extra ein entsprechendes PC-Programm besorgt, und der Rechner läuft auch, doch er ist mit den Gedanken gerade woanders und biegt deshalb auch vom Flur nicht ins Arbeitszimmer ab, sondern landet im Wohnzimmer. Ob er wieder
20 vor dem Spiegel gestanden habe? Das ist die Frage, die Gus von Ella, seiner Frau, eigentlich erwartet, aber Ella sagt bloß: Hier, der Sportteil. Ella sitzt am Wohnzimmertisch, vor ihr ausgebreitet liegt die Zeitung: Geburtsanzeigen, Hochzeitsanzeigen, Todesanzeigen. Eine Liza mit Zett, murmelt Ella vor sich hin, seltsam sieht das geschrieben aus, ganz ungewohnt.
25 Gus nimmt den Sportteil zur Hand, setzt sich Ella gegenüber in den Sessel, liest aber nicht. Er blickt, die Zeitungsseiten auf den Knien, zu Ella und beobachtet, wie diese mit wachen Augen die Spalten mit den Geburts- und Hochzeitsanzeigen abfährt. Sie lacht des Öfteren leise auf oder quittiert hier und da einen ihrer Meinung nach allzu extravaganten Namen mit einem halb
30 verblüfften, halb ironischen: Wie kann man das seinem Kind nur antun!, um dann nach kurzer Pause meist auch noch ein Also wirklich! oder Ist das zu glauben? hinzuzufügen. Gus räuspert sich. Er sagt aber nichts. Ella blättert die Seite um. Das Zeitungspapier raschelt. Gus fragt: Warum schaust du dir das immer an? Ella ist bei der Seite mit den Todesanzeigen angekommen.
35 Was meinst du? Die Todesanzeigen? Überhaupt, sagt Gus, diese Anzeigen eben. Kann ich nicht erklären, ich gucke, wie alt diese Leute geworden sind, ob man vielleicht jemanden davon gekannt hat ... Ella macht eine Pause, dann sagt sie: Warum nicht? Sie schaut Gus an, zuckt mit den Schultern. Gus schaut zurück. Schon gut, nicht so wichtig, sagt er und blickt zum Fenster.

Er sagt: Ich wollte ja eigentlich noch in den Garten, aber ... Gus beendet den 40
Satz nicht. Ella sagt: Morgen. Sie sagt: Vielleicht ist das Wetter morgen besser.
Dann blickt sie wieder auf die Zeitungsseiten, auf die vielen, unterschiedlich
großen, schwarzumrandeten Kästchen.
Gus erhebt sich vom Sessel. Er geht in Richtung Fenster, macht aber nach ein
paar Schritten vor dem Regal halt. Ella hat kürzlich die gerahmten Fotos, die 45
dort stehen, neu arrangiert. Gus betrachtet ein Porträt von sich, das er seit
Jahren nicht mehr betrachtet hat. Es zeigt ihn als Mann von knapp dreißig
Jahren.
Hier, diese Anzeige zum Beispiel, sagt Ella, da ist eine Frau ums Leben gekommen bei einem Unfall, mit 57. Gus starrt auf den Bilderrahmen, das Glas 50
spiegelt die Silhouette seines Kopfes. Gus lehnt sich mit dem Oberkörper ein
Stück zurück, neigt den Kopf, versucht seinen Schattenriss mit dem Umriss
des Porträts in Übereinstimmung zu bringen. Ella liest: Es war ein Leben,
ausgefüllt mit viel Arbeit, Freude und Erfüllung in 27 wunderbaren Ehejah-
ren. Sie war ein wunderbarer Mensch. Sie war mein Leben. Gus nimmt den 55
Bilderrahmen vom Regal, dreht sich zu seiner Frau um. Ella schaut auf, sagt:
Ist das nicht schön? Gus antwortet nicht. Dann, nachdem er den Rahmen
zurück ins Regal gestellt hat, sagt er: Lass uns tanzen gehen.
Er steht mit dem Rücken zum Regal, hat den Kopf geneigt, betrachtet die Arm-
lehne des Sessels, das Teppichmuster, wirft dann einen Blick zu Ella. Sie sitzt 60
wie zuvor auf dem Sofa, schaut ihn an. Gus meint etwas wie Traurigkeit oder
vielleicht auch Mitleid in ihren Augen zu lesen. Er wendet seinen Blick ab.
Tanzen gehen? Ella macht eine kurze Pause. Vor oder nach dem Essen?,
fragt sie dann. Gus tritt einen Schritt zur Seite, stockt in der Bewegung,
verlagert das Gewicht zurück auf das Standbein. Mach dich nur lustig, sagt 65
er und ist über die Schärfe seines Tons selbst ein wenig überrascht. Ruhiger
setzt er deshalb noch hinzu: War nur ein Gedanke. Ella seufzt. Gus zieht
die Mundwinkel gequält nach oben, geht zum Wohnzimmerfenster. Er sagt:
Ich wüsste, ehrlich gesagt, gar nicht, keine Ahnung ... Disco, Seniorentanz?
Gus lacht kurz auf: Wo geht man denn heute hin? Wo könnte man denn 70
hingehen? Leute wie wir.
Ella faltet die Zeitung zusammen. Gus hört das Rascheln der Seiten, tritt dichter
ans Fenster, schiebt seine Lippen vor, haucht einen kräftigen Stoß Atem gegen
die Scheibe. Sie beschlägt. Er fragt: Soll ich Kartoffeln schälen? Du könntest
Musik auflegen, sagt Ella. Gus beobachtet das Verschwinden des Hauchflecks. 75
Er fragt: Musik zum Kartoffelschälen? Aber er weiß natürlich, was Ella meint.
Er hat sich zu ihr umgedreht. Sie sitzt nach wie vor auf dem Sofa, hat sich aber
jetzt gegen die Rückenpolster zurückgelehnt und die Hände im Schoß liegen.
Gus sagt: Komm her. Ella lächelt. Komm schon. Gus macht eine auffordernde
Bewegung mit dem Kopf. Ella erhebt sich vom Sofa. Gus geht auf sie zu. Er 80
winkelt seinen rechten Arm an, streckt seinen linken zur Seite hin aus. Ella
steht vor ihm und amüsiert sich. Gus sieht die Grübchen in ihren Wangen
tiefer werden, aber sie legt die eine Hand auf seine Schulter und greift mit der
anderen nach seiner Linken. So stehen sie da, in Tanzhaltung, und dann führt
Gus Ella rechtsherum und immer weiter im Eins-zwei-drei eines unhörbaren 85
Walzertakts, und weder er noch Ella sagen irgendetwas. Schließlich streifen
sie mit den Ellbogen leicht die Stehlampe, die bedenklich kippelt, und Gus
ruft ein Ups! und Ella ein Oh!, und beide haben Mühe, das Gleichgewicht zu
halten. Gus spürt seinen Puls schlagen. Ella wischt sich eine Strähne aus dem

**??**

90 Gesicht. Beide atmen sie flach. Gus bemerkt die kleinen Schweißperlen auf ihrer Oberlippe. Er drückt den Rücken durch, spannt die Bauchmuskeln, zieht Ellas Körper dichter an seinen. Ob sie mit ihm ins Schlafzimmer käme, jetzt? Gus nähert seinen Kopf Ellas Gesicht. Das Sofa. Er fährt mit der einen Hand Ellas Rücken abwärts bis zur Hüfte, drängt seine Frau dabei ein wenig plump,
95 wie es ihm vorkommt, zurück in Richtung des Platzes, an dem die Zeitung liegt. Ella fängt die Bewegung auf, wie selbstverständlich, mit einem Schritt zur Seite. Sie bleiben stehen. Viel haben wir nicht verlernt, was meinst du?, sagt Ella. Sie streichelt Gus über die Wange. Dann legt sie ihm beide Hände, eine rechts, die andere links, auf die Schultern. Er riecht ihren Schweiß, ganz
100 leicht nur – atmet tief ein.

Erst als Ella dann längst in der Küche ist, fallen Gus ein paar Dinge ein, die er gerne gesagt hätte. Nichts Großartiges, aber er formuliert es sogar im Kopf. Er steht im Flur vor dem Garderobenspiegel, stopft sein Hemd zurück in den Bund der Hose. Gus hört, wie Ella am Spülstein in der Küche hantiert. Sie
105 lässt Wasser in einen Topf fließen. Gus berührt einmal kurz durch die Kleidung hindurch die Stelle zwischen Brust und Schlüsselbein. Anschließend lässt er die Hand sinken und betrachtet sich im Spiegel, sein Gesicht, schaut sich in die Augen. Er beugt sich vor, bis seine Nase fast das Glas des Spiegels berührt, blickt auf. Seine Pupillen weiten sich ein Stück, dann ziehen sie sich
110 wieder zusammen.

**Quelle:** Nils Mohl: Tanzen gehen: Kurzgeschichten. Verlag Literatur Quickie, Probsthayn, 2019, S. 2 ff. ISBN 9783945453544. Rechte beim Autor: Nils Mohl, Hamburg

Shutterstock/Mykhailo Hnutiuk

1 Schreibe in wenigen Sätzen auf, worum es in der Kurzgeschichte geht.

_____

_____

_____

_____

_____

_____

**2** Was erfährst du über die beiden Hauptpersonen Gus und Ella? Belege deine Aussagen mit Textstellen. Denke auch an die Zeilenangaben.

| Gus | | Ella | |
|---|---|---|---|
| | | | |
| | | | |
| | | | |
| | | | |

**3** Gus betrachtet im Spiegel seine Narben. Stelle Vermutungen an, woher die Narben stammen könnten.

_____

_____

**4** „Erst als Ella dann längst in der Küche ist, fallen Gus ein paar Dinge ein, die er gerne gesagt hätte. Nichts Großartiges, aber er formuliert es sogar im Kopf." Was könnte er ihr wohl sagen wollen? Nenne zwei Beispiele und begründe.

_____

_____

_____

**5** Was will der Autor deiner Ansicht nach mit der Kurzgeschichte darstellen, was ist sein Thema? Kreuze an, was deiner Ansicht nach zutrifft.

Die Eheleute Ella und Gus haben sich nichts mehr zu sagen. ☐

Der Tanz ist eine Flucht aus dem Alltag. ☐

Gus wird von alten Narben gequält. ☐

Im Alltag eines lange verheirateten Ehepaares geschieht etwas Unerwartetes. ☐

Gus und Ella lieben sich nicht mehr. ☐

**6** Ella schreibt am Samstagabend wie jeden Tag in ihr Tagebuch. Verfasse ihren Tagebucheintrag.
   a) Beginne damit, dass du aus Ellas Sicht zuerst die Ereignisse des Tages darstellst.
   b) Beschreibe deine Gefühle und Gedanken, als Gus dich zum Tanz auffordert und auch während des Tanzes.
   c) Erkläre, warum du ihm die Hände auf die Schultern legst und dann aber doch in die Küche gehst.
   d) Stelle Überlegungen an, wie du dein Leben mit Gus nach diesem Samstag ändern kannst.

**Erster Schritt: Sich orientieren**

**TIPP** zum ersten Schritt

Stürze dich nicht gleich in die Arbeit, sondern verschaffe dir eine erste Übersicht:

- Worum geht es im Text? Was verrät dir die Überschrift?
- Lies den Text langsam und sorgfältig.
- Lies die Aufgabenstellungen **1** bis **6**. Besonders Aufgabe **6** ist für dich wichtig, damit du weißt, worauf du hinarbeiten musst.

**1** Notiere stichpunktartig, was dir zum Titel der Kurzgeschichte „Tanzen gehen" einfällt.

_____

_____

**2** Schau dir die Schreibaufgabe genau an. Gib mit eigenen Worten wieder, was du tun sollst.

_____

_____

_____

_____

_____

**Zweiter Schritt: Den Text lesen und verstehen**

**TIPP** zum zweiten Schritt

- Lies den Text mehrmals, benutze einen Bleistift oder Textmarker zum Markieren.
- Unterstreiche alle Wörter oder Textstellen, die dir unbekannt sind, und kläre sie mithilfe eines Wörterbuches oder aus dem Textzusammenhang.
- Schreibe deine Erklärungen an den Textrand oder auf ein extra Blatt.
- Kennzeichne wichtige, auffällige oder unklare Textstellen mit Zeichen (? ! oder →).

**3** Schau dir im Text auf Seite 48 – 49 die Unterstreichung und Markierung an. Bearbeite den Rest in gleicher Weise.

**4** Notiere den Aufbau der Kurzgeschichte stichwortartig.

_____

_____

_____

_____

_____

_____

_____

**TIPP** zu **4**

Ein Text besteht aus mehreren Sinnabschnitten. Solch ein Sinnabschnitt kann einen oder mehrere Absätze umfassen. Notiere für jeden Sinnabschnitt eine Überschrift oder fasse den Inhalt in einem kurzen Satz mit eigenen Worten zusammen.

**Dritter Schritt: Fragen/Aufgaben zum Text beantworten**

TIPP zum dritten Schritt

Die Fragen bereiten die Schreibaufgabe **6** vor. Folgende Hinweise können dir helfen:

1. Für die Erklärung von Begriffen schlage im Wörterbuch nach oder erschließe die Bedeutung aus dem Textzusammenhang.
2. Wenn du zu einem Satz oder einer Aussage die passende Textstelle suchen sollst, arbeite so:
   - Unterstreiche Schlüsselwörter, die für die Bedeutung des Satzes wichtig sind.
   - Suche dann im Text einen Satz, der die gleiche Bedeutung hat. Unterstreiche ihn.
   - Prüfe, ob diese Textstelle mit dem Satz oder der Aussage übereinstimmt. Erst dann schreibe die Stelle aus dem Text ab.
3. Achte auf die Formulierung der Aufgaben. Wenn du „stichwortartig" etwas notieren oder „in ganzen Sätzen" schreiben sollst, musst du das auch tun. Achte auf grammatikalisch korrekte Formulierungen und die richtige Rechtschreibung/Zeichensetzung.

**5** Bearbeite schrittweise die Aufgaben **1** bis **5** der Prüfungsvorlage.
Berücksichtige dabei die Hinweise in den Tippkästen.

**Vierter Schritt: Schreibplan anlegen**

TIPP zum vierten Schritt

Sieh dir die Aufgabe **6** genau an. In einem Tagebuch kannst du deine Gedanken und Gefühle zu Erlebnissen aufschreiben, aber auch Hoffnungen, Wünsche und Träume notieren und darüber nachdenken. Du führst sozusagen ein „Gespräch" mit dir selbst. Deshalb schreibst du auch in der Ich-Form.

**6** Lege einen Schreibplan für deinen Tagebucheintrag an. Ergänze oder verändere das Beispiel.

<u>Schreibplan</u>

**Anrede:** *Liebes Tagebuch,*

**6** *a) Einleitung und Beschreibung der Ereignisse: Gus im Badezimmer, ich lese die Zeitung*

**6** *b) Gefühle, Gedanken beim Tanzen: bin überrascht, dass Gus sich an unser Tanzen erinnert, bin aufgeregt, weil endlich etwas passiert. Tanzen fühlt sich gut an*

**6** *c) Hände auf die Schultern/Küche: Hände auf die Schultern, weil ich ihn anfassen wollte; traute mich aber nicht richtig; in die Küche gegangen, in vertrautes Gebiet*

**6** *d) Schluss: Änderungen, Wünsche, Hoffnungen: gern wieder mehr mit Gus unternehmen, tanzen gehen, spazieren gehen*

**Fünfter Schritt: Eigenen Text schreiben und überarbeiten**

**TIPP** zum fünften Schritt

1. Schreibe deinen Text auf DIN-A4-Papier. Lass an der Seite und unten einen breiten Rand, damit du Platz zum Überarbeiten und Ergänzen fehlender Aspekte hast.
2. Schreibe deinen Tagebucheintrag in ganzen Sätzen.
3. Lass die Figur (hier Ella) die Ereignisse erzählen und schreibe die Gedanken und Gefühle anschaulich auf.
4. Schreibe in der Ich-Form.
5. Versuche, die Sprechweise der Figur (hier Ella) zu übernehmen.
6. Nutze sprachliche Bilder wie: *aus allen Wolken fallen, Schmetterlinge im Bauch haben, vom Donner gerührt sein, …*
7. Nutze passende Satzzeichen, um Gefühle, Gedanken usw. deutlich zu machen: Fragezeichen bei unklaren Gedanken oder Ausrufezeichen für Wichtiges.

**7** Verfasse deinen Tagebucheintrag auf gesonderten Blättern.
Beginne mit der <u>Anrede</u>, einer <u>Einleitung</u> sowie der <u>Beschreibung</u> des Tagesablaufs / der Ereignisse:

*Liebes Tagebuch,*
*heute ist ein komischer Samstag gewesen. Zuerst hat alles begonnen wie sonst. Ich war in der Küche und Gus stand im Badezimmer und betrachtete seine Narben. Er glaubt noch immer, ich weiß nichts davon! Erst habe ich wie jeden Tag die Zeitung gelesen. Gus wusste mal wieder nicht, was er tun sollte …*

**8** Fange einen neuen Absatz an, bevor du mit dem <u>Hauptteil</u> weitermachst und „deine" Gefühle und Gedanken in dein Tagebuch schreibst. Denke an gliedernde Absätze zwischen den Aufgaben:

*Ich war wie vom Donner gerührt, als Gus plötzlich vom Tanzen anfing. Zuerst wollte er doch tatsächlich tanzen gehen! Das haben wir schon seit Jahren nicht mehr gemacht! Wieso kam er plötzlich auf diese Idee? …*
*Ich legte meine Hände auf seine Schultern nach dem Beinahesturz. Wie gern hätte ich jetzt …!*
*Aber irgendwie traute ich mich nicht …*
*Und dann bin ich wieder in die Küche gegangen …*

**9** Schreibe im <u>Schlussteil</u> auf, wie du dir die Zukunft vorstellst oder was du ändern möchtest:

*Es sind so viele Gefühle von früher wieder aufgetaucht …*
*Ich muss morgen unbedingt mit Gus darüber reden …*
*Ob er wohl auch …?*

**10** Überarbeite deinen Text. Verwende dazu die Checklisten auf den Seiten 47 und 62.

## B 8  Eine Wahlaufgabe mit lyrischem Text in fünf Schritten bearbeiten

Im Folgenden werden die wichtigsten Arbeitsschritte für das Erarbeiten einer Prüfungsvorlage mit lyrischem Text dargestellt. Ein lyrischer Text kann ein Gedicht, aber auch, wie in diesem Beispiel, ein Lied sein. Dieses Kapitel stellt eine Art Grundkurs da. Es enthält Aufgabenstellungen, wie sie auch in der Prüfung vorkommen können.

Zielsetzung: Du sollst dich mit einem Liedtext auseinandersetzen, diesen interpretieren und anschließend eine persönliche Stellungnahme verfassen.

### Horizont (2020)  *Johannes Oerding / Gentleman*

Oh

Wenn die Hoffnung fehlt und dein Horizont auch
Kannst du auf mich zählen, ja, dann hol ich dich raus

Wieder mal besorgt, weil du nicht rangehst
5  Kann dich schon seit Tagen nicht erreichen
Obwohl's mich eigentlich nichts angeht
Hilft es manchmal, wenn man nicht allein ist

Könn' uns, wenn du Zeit hast, ja mal sehen
Sag Bescheid, komm vorbei, meine Einladung steht, yeah
10 Kann auch was kochen, wenn du möchtest
Meine Dumplings sind köstlich

Ich bin da, für dich da
Auch wenn die Geister in dir mich nicht sehen wollen
Ich bin da, wieder da
15 Sag mir, wohin ich den Wind für dich drehen soll

Wenn die Hoffnung fehlt und dein Horizont auch
Kannst du auf mich zählen, ja, dann hol ich dich raus
Wenn du dir nicht traust und auf einmal glaubst, dass keiner dich vermisst, dann
Kannst du auf mich zählen, ja, dann hol ich dich raus

20 Deine Gedanken sind leise und deine Flügel schwer wie Blei
Du bist auf einsamer Reise, hast nur die Dunkelheit dabei
Ey, du weißt, Glück lasst sich teilen
Und das gilt auch für unsern Schmerz
Ich lass dich nicht alleine leiden
25 Wenn du durch die Hölle fährst

Ich bin da, ist doch klar
Auch wenn die Geister in dir mich nicht sehen wollen
Ich bin da, ist doch klar
Sag mir, wohin ich den Wind für dich drehen soll

30 Wenn die Hoffnung fehlt und dein Horizont auch
Kannst du auf mich zählen, ja, dann hol ich dich raus
Wenn du dir nicht traust und auf einmal glaubst, dass keiner dich vermisst, dann
Kannst du auf mich zählen, ja, dann hol ich dich raus

Kann dich verstehen, mir gehts genauso
35 (Steht der Herr dir bei, auch wenn es wieder mal schwer ist)
Wir schalten alles auf lautlos
(Trotz all den singenden Möwen und dem Rauschen des Meeres)

Kann dich verstehen, mir gehts genauso
(Auch wenn die Geister in dir mich nicht sehen wollen)
40 Wir schalten alles auf lautlos
Sag mir, wohin ich den Wind für dich drehen soll

Wenn die Hoffnung fehlt und dein Horizont auch
Kannst du auf mich zählen, ja, dann hol ich dich raus
Wenn du dir nicht traust und auf einmal glaubst, dass keiner dich vermisst, dann
45 Kannst du auf mich zählen, ja, dann hol ich dich raus

**Quelle:** Horizont. Liedtext von Leopold Schuhmann Ferdinand / Johannes Oerding / Tillmann Otto;
© WCZ Publishing GbR/Captain Hut Publishing Edition/ BMG Rights Management GmbH, Berlin

## AUFGABENSTELLUNG

**1** a)  Notiere die äußere Form des Liedes in Stichworten.

_____

_____

_____

b)  Welchen Eindruck hast du von der Sprache?

_____

_____

_____

**2** Stelle den Inhalt der Strophen stichwortartig dar.

_____

_____

_____

_____

_____

**3** Der Refrain beginnt mit der Zeile „Wenn die Hoffnung fehlt und dein Horizont auch". Was wollen Johannes Oerding und Gentleman mit dem fehlenden Horizont (den man am Meer sonst immer wahrnimmt) aussagen? Kreuze die passende Antwort an.

Der Horizont ist nicht da. ☐

Der Horizont ist die Trennlinie zwischen Himmel und Erdoberfläche. ☐

Der Horizont ist erkennbar, aber die Person kann nicht darüber hinaus schauen. ☐

**4** Nenne drei sprachliche Mittel, mit denen Johannes Oerding und Gentleman die Situation des Freundes verdeutlichen.

| Beispiel | sprachliches Mittel |
|---|---|
| *„deine Gedanken sind leise"* | *Personifikation* |
|  |  |
|  |  |

**5** Was ist für dich Freundschaft?

_____

_____

_____

_____

**6** Im Lied ist der Ort der Handlung am Meer. Warum wohl? Stelle Vermutungen an.

_____

_____

_____

_____

**7** Setze dich mit dem Thema „Freundschaft" auseinander. Verfasse dazu einen Text, in den du auch das Lied „Horizont" einbeziehst. Gehe dabei folgendermaßen vor:

a) Schreibe eine Einleitung, in der du das Lied kurz vorstellst.

b) Gib im Hauptteil den Inhalt des Liedes in eigenen Worten wieder und erläutere die Wirkung des Lieds.

c) Erkläre, was Johannes Oerding und Gentleman mit diesem Lied aussagen wollen.

d) Nimm zum Schluss Stellung zu dem Begriff „Freundschaft" und begründe, warum das Lied deiner Meinung nach Freundschaft und damit verbundene Konsequenzen zum Thema hat.

## Erster Schritt: Sich orientieren

Stürze dich nicht gleich in die Arbeit, sondern verschaffe dir eine erste Übersicht:

• Was verrät dir die Überschrift?
• Worum geht es in dem Text?
• Lies die Aufgabenstellung der Schreibaufgabe **7**. Du weißt dann, worauf du beim Lesen des Textes achten musst.

**1** Welche Gedanken kommen dir, wenn du den Titel „Horizont" hörst? Was meinst du, worum es in dem Lied gehen könnte? Wovon könnte das Lied handeln? Notiere einige Stichpunkte.

_____

_____

_____

**2** Schau dir die Schreibaufgabe **7** an. Schreibe mit eigenen Worten auf, was du tun sollst.

_____

_____

_____

_____

## Zweiter Schritt: Den Text lesen und verstehen

• Lies den Text genau. Unterstreiche alle Wörter oder Textstellen, die dir unbekannt sind. Verwende zur Klärung ein Wörterbuch oder erschließe die Bedeutung aus dem Textzusammenhang.
• Schreibe deine Erklärungen an den Textrand oder auf ein gesondertes Blatt.
• Kennzeichne wichtige oder unklare Textstellen mit Zeichen (? !).
• Verweise kannst du mit → verdeutlichen, z. B. Wiederholungen einer Textstelle oder eines Wortes.

**3** Lies den Liedtext, unterstreiche dabei dir unbekannte Wörter und kläre ihre Bedeutung.

**4** Lies erneut. Schreibe auf, worum es in dem Lied geht. Du kannst auch deinen ersten Eindruck von dem Lied aufschreiben.

_____

_____

_____

_____

_____

_____

**Dritter Schritt: Den Text untersuchen und Fragen zum Text beantworten**

**TIPP** zum dritten Schritt

Um einen lyrischen Text untersuchen und interpretieren zu können, musst du als **Vorarbeit** die **inhalt-lichen**, **formalen** und **sprachlichen Elemente** erschließen. Du benötigst sie, um die **Wirkung** des Textes zu erklären. Diese Vorarbeiten helfen dir, bestimmte Aufgabenstellungen der Prüfungsaufgaben **1** bis **7** leichter bearbeiten zu können.
- **Inhaltlicher Aufbau:** Überschrift, Thema/Motive, Atmosphäre, Handlung, Gefühle, Gedanken
- **Formaler Aufbau:** Gedichtform, Strophenaufbau, Reimschema (wenn vorhanden)
- **Sprachliche Gestaltung:** Schlüsselwörter, Wortwahl, sprachliche Bilder, Satzbau, Zeichensetzung

**5** Betrachte nun das Lied genauer.

Unterstreiche im Liedtext auf S. 55/56 bzw. notiere am Rand zu folgenden Punkten deine Beobachtungen:
- formaler Aufbau (Aufgabe **1** a)
- Inhalt (Aufgabe **2**)
- Sprache (Aufgabe **1** b und **4**)
- Wirkung (Aufgabe **6**)

**6** Sieh dir folgende Anmerkungen zur zweiten Strophe an. Überlege, welche Aspekte du in deine Vorarbeit übernehmen willst.

**TIPP** zu **5** und **6**

- Wenn dir Fachbegriffe unklar sind, schlage im Glossar unter dem Stichwort Lyrik nach.
- Notiere deine Ergebnisse am Rand des Texes.
- Arbeite mit verschiedenfarbigen Stiften, um den Überblick zu behalten (z. B. um Wiederholungen zu markieren).
- Markiere passende Textstellen, die du später zitieren willst, um deine Ergebnisse zu stützen und zu veranschaulichen.

Wieder mal besorgt, weil du nicht rangehst
Kann dich schon seit Tagen nicht erreichen
Obwohl's mich eigentlich nichts angeht
Hilft es manchmal, wenn man nicht allein ist

→ *Freund/Sänger macht sich Sorgen*
→ *Unerreichbarkeit trotz Handyzeitalter*
→ *sich nur mit eigenen Problemen beschäftigen*
→ *trotzdem da sein für den anderen*

**7** Sieh dir jetzt noch einmal die Strophen des Liedes an und beschreibe mit eigenen Worten in Stichworten ihren Inhalt. Schreibe auf gesonderte Blätter. Aufgabe **2** hast du damit beantwortet.

*Strophe 1: Bestätigung der Freundschaft/Unterstützung*

*Strophe 2: Beschreibung der Situation – Freund meldet sich seit Tagen nicht*

*Strophe 3: …*

**8** Unterstreiche bzw. markiere im Lied Textstellen oder Wörter, die dir ins Auge fallen.

*Strophe 1: beginnt mit Alliteration (Hoffnung – Horizont)*

*Strophe 2: beginnt mit unvollständigem Satz – Umgangssprache*

*Strophe 3: …*

**9** Wie wirkt das Lied auf dich? Welchen Eindruck hast du davon?

*Freund meldet sich nicht; ist nicht zu erreichen; scheint Probleme zu haben; Freunde sind da, auch in der*

*Not; macht Mut …*

**10** Diese Fragen sollen dir nun bei der Erarbeitung der Aufgaben **2** bis **7** helfen.

a) Beschreibe die äußere Form (Strophe, Versanzahl, …). Welchen Eindruck hast du von dem Lied? Erkläre, warum die beiden Sänger eine bestimmte Art der Sprache gewählt haben.

*Das Lied besteht aus 11 Strophen sowie …*

*Die Sprache wirkt auf mich …*

b) Im Liedtext heißt es immer „ich" und „du/dein". Wie wirkt das auf dich? Warum wurde diese persönliche Form gewählt?

c) Das Lied „spielt" am Meer. Notiere Belege dafür.

### Vierter Schritt: Schreibplan anlegen

**TIPP** zum vierten Schritt

Sieh dir die Schreibaufgabe **7** genau an. Sie besteht darin, in einem zusammenhängenden Text zu einer Frage Stellung zu nehmen. Dazu musst du die Aussagen des Liedtextes mit deinen eigenen Vorstellungen vergleichen. Außerdem wird in einer Stellungnahme verlangt, dass du deinen Standpunkt klar und deutlich darstellst. Die Ergebnisse der Aufgaben **1** bis **6** helfen dir beim Schreiben deines Textes. In der **Einleitung** stellst du den Text vor, machst Angaben zu Titel, Autoren, Textart, Entstehungsjahr sowie zum Thema.
Im **Hauptteil** gibst du den Inhalt des Liedes wieder und stellst dar, wie das Lied auf dich wirkt. Durch die Verknüpfung mit den formalen, sprachlichen und inhaltlichen Beobachtungen begründest du deine Einschätzung. Mit passenden Textstellen belegst du deine Aussagen. Dabei erklärst du, was die Autoren mit dem Lied „Horizont" aussagen möchten. Begründe, warum das Lied das Thema „Freundschaft" behandelt und nimm Stellung dazu, wie du Freundschaft siehst.

**11** Ergänze oder verändere den Schreibplan. Schreibe auf gesonderte Blätter.

<u>Schreibplan</u>

<u>*Überschrift:* Horizont</u>

*Einleitung:*

**7** <u>a) Vorstellung des Liedes: Das Lied „Horizont" von Johannes Oerding und Gentleman stammt aus</u>

<u>dem Jahr 2020 und hat das Thema ...</u>

_____

*Hauptteil:*

**7** <u>b) Strophe 1: Das lyrische Ich versucht erfolglos, den Freund zu erreichen, ...., eigene Probleme ...,</u>

<u>trotzdem für ihn da ...</u>

_____

_____

**6** <u>c) Aussage des Liedes: Freundschaft, auch in schwierigen Lebenslagen ... das Meer und der Horizont</u>

<u>stehen für Hoffnung und ...</u>

_____

_____

*Schluss:*

**6** <u>d) Persönliche Stellungnahme: Für mich bedeutet Freundschaft ...</u>

<u>Im Lied „Horizont" wird Freundschaft mit allen Konsequenzen dargestellt ...</u>

_____

## Fünfter Schritt: Eigenen Text schreiben und überarbeiten

**TIPP** zum fünften Schritt

1. Schreibe deinen Text auf DIN-A4-Papier. Lass einen breiten Rand, damit du für die Überarbeitung Platz hast.
2. Schreibe so, als würde die Leserin oder der Leser das dir vorliegende Gedicht nicht kennen.
3. Schreibe im Präsens.
4. Bringe die Ergebnisse deiner Vorarbeit in einen schlüssigen und zusammenhängenden Gedanken-gang. Fasse ähnliche Beobachtungen zusammen und beschreibe ihre Wirkung, damit man versteht, warum die Autoren bestimmte inhaltliche, sprachliche und formale Merkmale ausgewählt haben.
5. Verwende Zitate, wenn du damit etwas Typisches oder Bemerkenswertes herausstellen oder eigene Aussagen belegen willst. Kennzeichne Zitate durch Anführungszeichen und Zeilenangaben in Klam-mern, z. B. so: „kannst du auf mich zählen" (Z. 3).
6. Verwende Fachbegriffe (siehe Glossar).
7. Damit dein Text zusammenhängend wirkt, verwende passende Satzverknüpfungen wie *deshalb, somit, weil, da, denn, dies zeigt, daraus kann man schließen, dass ...*

**12** Schreibe nun deinen Text. Nutze dazu den Schreibplan. Starte mit der Einleitung. Du kannst z. B. folgende Formulierung verwenden:

*Das Lied „Horizont" von Johannes Oerding und Gentleman wurde 2020 veröffentlicht. Darin geht es um Freundschaft und darum, wie wichtig es in der heutigen Zeit ist, füreinander da zu sein.*

**13** Schließe dann deinen Hauptteil an. Denke dabei an einen Absatz. Innerhalb des Hauptteils benötigst du ebenfalls Absätze – jedes Mal, wenn du einen neuen inhaltlichen Punkt beginnst.

*Der Horizont ist die Trennlinie zwischen Erde und Himmel, den man sieht, wenn man am Meer steht. Dies wird u. a. in dem Lied beschrieben und als Ausgangspunkt für die Beschreibung von Freundschaft verwendet.*

*Zum Aufbau des Liedes lässt sich sagen, dass es aus elf Strophen besteht, wovon die meisten vier Verse haben … Auch gibt es kein Reimschema, da sich …*

*Die beiden Sänger beschreiben mithilfe des Schauplatzes und des Horizonts die Situation einer Freundschaft, in der …*

**14** Im Schlussteil gehst du genauer auf deine persönliche Vorstellung von Freundschaft ein. Beziehe dabei die Aussagen des Liedes mit ein.

*Wenn mich jemand fragt, was Freundschaft für mich bedeutet, dann antworte ich, dass mir Dinge wie Vertrauen oder Unterstützung wichtig sind, gerade, wenn ich Probleme habe …*

*Aber auch …*
*Im Lied wird besonders Wert gelegt auf … und das ist auch mir wichtig …*

**15** Überarbeite deinen Text mithilfe der Checkliste.

**CHECKLISTE** zur Überarbeitung des Textes

**1. Den Text inhaltlich überprüfen (Inhaltsleistung)**
- ☑ Hast du den Text sinnvoll gegliedert? Ist er durch Absätze überschaubar gestaltet?
- ☑ Ist nachvollziehbar, wie und warum du etwas so empfunden und verstanden hast?
- ☑ Wird klar, welche Bedeutung Form und Sprache des Textes für die Wirkung haben?
- ☑ Hast du unterschiedliche Beobachtungen miteinander verknüpft und Zusammenhänge hergestellt?
- ☑ Nennst du Begründungen zu den eigenen Schlussfolgerungen oder Sichtweisen?
- ☑ Hast du deine Beobachtungen und Schlussfolgerungen durch passende Textstellen untermauert?

**2. Den Text sprachlich prüfen (Darstellungsleistung)**
- ☑ Hast du Wiederholungen vermieden?
- ☑ Fallen dir unklare Formulierungen auf?
- ☑ Sind deine Sätze vollständig?
- ☑ Kannst du komplizierte Sätze vereinfachen?
- ☑ Hast du Zusammenhänge durch sinnvolle Satzverknüpfungen verdeutlicht?
- ☑ Überprüfe auch Rechtschreibung, Zeichensetzung und Grammatik.

# C  Prüfungsaufgaben angeleitet bearbeiten

## C 1   Prüfungsbeispiel: Smartphones

Bearbeite auch diese Prüfungsvorlage so, wie du es im Kapitel B 1 (Seite 26 / 27) sowie in den Grundkursen B 6 – B 8 (Seite 40 – 62) gelernt hast. Gehe dabei schrittweise vor. Auf den Seiten 71 – 72 findest du Lösungs-hilfen.

### Hörverstehen: Forscher schlagen Alarm

Hier liegt ein Hörtext in gedruckter Form vor. Lass ihn dir zweimal in einem normalen Sprachtempo vorlesen, um die Prüfungssituation zu simulieren. Decke ihn ab, wenn du die dazugehörigen Aufgaben bearbeitest.

### Hauptteil 1

## Forscher schlagen Alarm – So sehr stressen Smartphones die Kinder und Jugendlichen

Hausaufgaben, Sportwettkämpfe, Nachhilfe, Klavierstunde, Liebeskummer – das alles stresst Kinder von heute. Doch der größte Stressfaktor ist das Smart-phone. Die permanente Kommunikation setzt die Jugend unter Druck, das ergab eine Studie. [...]
Die internetfähigen Handys sind zum ständigen Begleiter von Kindern und   5
Jugendlichen geworden. Die große Mehrheit von ihnen besitzt solch einen mobilen Zugang zum Internet und wickelt ihre Kommunikation darüber ab. Wer keins hat, ist ausgeschlossen. [...]
Viele Eltern beobachten den Umgang mit gemischten Gefühlen. Mannheimer Forscher geben ihnen nun recht: Die ständige digitale Versuchung in der Ho- 10
sentasche ist durchaus problematisch. Fast jeder zehnte junge Smartphone-Besitzer ist suchtgefährdet. Eine Verbannung der Multifunktionsgeräte halten die Wissenschaftler aber dennoch für keine gute Idee.
Für die Studie im Auftrag der Landesmedienanstalt NRW haben die Forscher 500 Kinder und Jugendliche im Alter von 8 bis 14 Jahren, aber auch Eltern befragt. 15
Die Studie sei damit repräsentativ für die Handybesitzer dieser Altersgruppe. Viele Kinder und Jugendliche beurteilten gegenüber den Forschern durchaus selbstkritisch den Umgang mit den mobilen Computern. [...]
Fast die Hälfte gibt zu, durch das Handy abgelenkt zu werden, etwa von den Hausaufgaben (48 Prozent), oder unüberlegt persönliche Daten preiszuge- 20
ben (43 Prozent). Mehr als jeder vierte junge Befragte gab an, schon einmal Nachrichten von Fremden erhalten zu haben. Jeder Vierte fühlt sich durch die permanente Kommunikation über Messenger-Dienste wie WhatsApp ge-stresst (24 Prozent).
Jeder Fünfte (21 Prozent) ist schon auf nicht jugendfreien Seiten gelandet, gibt 25
schulische Probleme durch seine starke Handy-Nutzung zu (20 Prozent) und hat via Smartphone schon Gewaltvideos mit entwürdigenden Darstellungen bekommen (19 Prozent).
Jeder Siebte (15 Prozent) bemängelt, dass die echten Kontakte zu Freunden zu kurz kommen. Jeder Zehnte (11 Prozent) ist bereits Opfer digitalen Mobbings 30
oder von Ausgrenzung aus WhatsApp-Gruppen geworden. Am geringsten scheint bei den Acht- bis Vierzehnjährigen noch das Problem des sogenann-ten Sextings: Nur knapp jeder zwanzigste Befragte (4 Prozent) gab an, bereits intime Fotos verschickt zu haben.

35 Die Forscher gehen davon aus, dass viele junge Befragte dazu neigen könnten,
die Schattenseiten des geliebten Smartphones herunterzuspielen. Die Zahlen
seien Mindestgrößen – eine Dunkelziffer nach oben hin könne nicht ausgeschlossen werden, sagt Karin Knop von der Uni Mannheim.
Die exzessive Nutzung der Smartphones durch Kinder und Jugendliche sei zu
40 einem Teil durch die Angst getrieben, aus dem Kommunikationsprozess der
Freunde ausgeschlossen zu werden. So entstehe ein „permanenter Kommunikationsdruck". „Acht Prozent müssen als suchtgefährdet eingestuft werden",
sagt Knop.
Grundsätzlich bescheinigen die Wissenschaftler der Smartphone-Nutzung auch
45 positive Effekte für Freundschaften, etwa durch das gemeinsame Anschauen von
Fotos und Videos oder gemeinsame Handyspiele. Als Kommunikationsmittel
stärke das Handy auch die Bindungen untereinander. Hier liegt nach Ansicht
der Experten aber auch die Schattenseite in Form von Cybermobbing oder
Sexting, also die Kommunikation über sexuelle Themen und das Verschicken
50 erotischer Bilder. Auch das sogenannte Happy Slapping, bei dem Gewaltszenen
mit dem Handy gefilmt und weiterverbreitet werden, stellten ein Risiko dar.
Die befragten Eltern sehen sich bei der „Handy-Erziehung" vor Schwierigkeiten
gestellt: Sie leiden unter Machtlosigkeit, Kontrollverlust und Überforderung.
Um das Ausmaß der Handy-Nutzung der Kinder gibt es häufig Streit in den
55 Familien. Viele Eltern kontrollieren heimlich, was ihre Sprösslinge mit dem
Smartphone treiben. [...]
Technische Nutzungseinschränkungen sind den meisten Eltern unbekannt.
Medienpädagogischen Rat aus dem Internet holen sich ebenfalls die wenigsten,
fanden die Forscher heraus.

**Quelle:** © dpa (verändert), Stroer Digital Publishing GmbH, Frankfurt am Main, 03.10.2015. https://
www.t-online.de/leben/familie/schulkind-und-jugendliche/id_75634586/smartphones-sind-groesster-
stressfaktor-fuer-jugendliche-und-kinder.html, aufgerufen am 16.12.2022

## AUFGABENSTELLUNG

**1** Fasse kurz den Inhalt des Hörtextes zusammen.

**2** Kreuze an, welche der folgenden Aussagen richtig ist.

a) Die Mehrheit der Jugendlichen ist durch die Smartphone-Nutzung suchtgefährdet. ☐

b) Die Kommunikation über das Smartphone stärkt die Bindungen der Jugendlichen untereinander. ☐

c) Die größte Gefahr für Jugendliche ist das Sexting. ☐

d) Viele Eltern informieren sich im Internet, wie sie ihre Kinder schützen können. ☐

**3** Es wird behauptet, Jugendliche seien einem „permanenten Kommunikationsdruck" ausgesetzt. Erkläre diesen Ausdruck in eigenen Worten.

_____

_____

_____

**4** Nenne stichwortartig drei Gefahren, denen Jugendliche durch die Nutzung des Smartphones ausgesetzt sind.

_____

_____

_____

Zielsetzung: Die folgenden Materialien befassen sich mit dem Thema „Smartphone-Nutzung". Bearbeite zunächst die Aufgaben in Hauptteil 2. Im Anschluss daran musst du dich entscheiden, ob du die Schreibaufgabe im Wahlteil A oder B bearbeitest.

## Hauptteil 2

**MATERIAL 1** **Ein Leben ohne Smartphone ist kaum vorstellbar**
_Andreas Herrler_

Man muss gar nicht weit in die Vergangenheit blicken, um festzustellen, wie rasant Handy und Smartphone in den Alltag von Kindern vordringen. Fünf Jahre reichen. 2014 hat nur jedes fünfte Kind zwischen sechs und sieben Jahren ein Smartphone genutzt. Heute macht das mehr als jedes zweite. Und bei den etwas älteren Kindern ist das Handy quasi Pflicht, sagt Bitkom-Präsident 5 Achim Berg.
„Man sieht hier ganz klar, dass das Handy aus dem Leben der Jugendlichen nicht mehr wegzudenken ist. Wenn man sieht, dass nahezu hundert Prozent der Ab-Zwölfjährigen ein eigenes Handy haben oder Zugriff auf ein Handy haben, ist das eine Größenordnung, die vor einigen Jahren noch zehn, zwölf 10 Punkte niedriger war."
Aber was machen Kinder und Jugendliche mit dem Smartphone? Das Telefonieren, für das das Telefon eigentlich mal erfunden worden ist, ist jedenfalls nicht die Hauptbeschäftigung.
„Mit 88 Prozent Musikhören und mit 87 Prozent Videoanschauen sind das die 15 Themen, die die Jugendlichen eigentlich am meisten mit ihren Handys machen."

**65**

Und so sagen 56 Prozent der Jugendlichen: Ein Leben ohne Smartphone kann ich mir nicht mehr vorstellen – allein schon, um auf diversen Social-Media-Plattformen unterwegs zu sein. Deren Nutzung ändert sich je nach Altersgruppe.

20 Sind zehn- bis elfjährige Kinder noch am ehesten auf der Videoplattform TikTok unterwegs, wird ab dem zwölften Lebensjahr Instagram viel beliebter. Ältere Jugendliche nutzen am ehesten Facebook, Twitter spielt dagegen kaum eine Rolle.

Und ganz egal ob mit Smartphone, Tablet oder Computer: Ab zwölf Jahren ist 25 fast jeder online. Und zwar nicht nur, um Videos zu gucken oder mit Freunden zu chatten. 72 Prozent der 16- bis 18-Jährigen nutzen das Internet, um sich für Schule oder Ausbildung zu informieren. Bloß: Im Schulunterricht kommen Smartphones und Internet kaum vor. Ein krasser Widerspruch, sagt der Bitkom-Präsident.

30 „Ich finde es völlig falsch, dass man ein selbstverständliches Medium, wo sich die Schüler tagtäglich mit beschäftigen und auch informieren, komplett aus dem Unterricht verbannt, anstatt es aktiv zu nutzen, aktiv die Schüler und die Jugendlichen anzulernen, wie man damit umgehen kann. Das komplett aus den Schulen zu verbannen, halte ich für falsch, und es wird auch nicht 35 funktionieren."

Doch obwohl die Schüler im Unterricht seiner Meinung nach zu wenig digitale Kompetenz vermittelt bekommen, sind sie im Internet verantwortungsvoller als noch vor einigen Jahren. Zwei Drittel der Jugendlichen achten mittlerweile darauf, welche Informationen sie über sich selbst ins Internet stellen:

40 „Also, da gibt es eine gewisse Sensibilität für Informationen. Mittlerweile hat man auch die Erfahrung gemacht, dass nichts verschwindet, was man jemals ins Internet gestellt hat."

Hier aber sei es auch Aufgabe der Eltern, mit den Kindern über Gefahren und Erfahrungen im Internet zu sprechen.

**Quelle:** Andreas Herrler, Sendung vom 28.05.2019, Deutschlandfunk, Deutschlandradio, Köln. https://www.deutschlandfunk.de/bitkom-studie-jugendliche-ein-leben-ohne-smartphone-ist.769.de.html?dram:article_id=449968, aufgerufen am 16.12.2022

## AUFGABENSTELLUNG

1 Fasse in höchstens fünf Sätzen zusammen, worum es in diesem Text geht.

**2** Nenne mithilfe des Textes und deiner eigenen Erfahrungen drei Tätigkeiten, für die deiner Meinung nach Jugendliche ihr Smartphone besonders oft nutzen.

1. _____

_____

2. _____

_____

3. _____

_____

MATERIAL 2  **Karikatur**

**Quelle:** © Michael Hüter, Bochum / Stiftung Jugend und Bildung

**3** Erkläre, warum Eltern oder Lehrkräfte sich vielleicht über die Antworten der Mädchen ärgern würden.

_____

_____

_____

_____

_____

_____

_____

_____

**67**

**MATERIAL 3**  **Abseitsgedicht**  *Timo Brandt*

Ich schrieb, wir könnten uns heute noch sehen,
   du schriebst zurück, du hättest da noch was
zu erledigen, in der Stadt, hättest ziemlich viel zu tun.

Ich habe einen Witz gemacht und du schriebst „Haha",
5   ich habe dich gesehen, (du weißt es ja nicht)
wie du es ernst und gründlich eingetippt hast,

   bevor du in die U-Bahn nach Hause stiegst.

**Quelle:** lyrikmond.de, Hans-Peter Kraus, Essen, o. ED. (aufgerufen am 16.12.2022)

**4** a) Die Verfasserin der Nachricht im Gedicht gibt eine falsche Information an.

| Wohin fährt die Schreiberin der Nachricht? | Wohin sagt sie, dass sie fährt? |
|---|---|
|  |  |

b)   Welche Rolle spielt das Smartphone deiner Meinung nach bei dieser Lüge?

_____

_____

_____

_____

**MATERIAL 4**  **Der Blick aufs Smartphone wiegt schwer**

Jahrtausende der Evolution hat es gedauert, bis wir endlich aufrecht standen.
Unsere gesamte Anatomie ist heute auf einen anmutig geraden Gang gepolt:
Unsere Muskeln, jeder Knochen und alle Gelenke helfen uns dabei. Seit An-
beginn der Smartphone-Ära scheinen wir uns jedoch schleichend zurückzu-
5 entwickeln, hin zu jenen Ahnen, die noch mit gebeugtem Haupt und dickem
Nacken Mammuts erlegten. Für diese scheinbare Regression hat sich der Begriff
„Generation Kopf unten" oder auch „Head-down-Generation" eingebürgert.
Er beschreibt das Phänomen, dass immer mehr Menschen nur noch mit dem
Blick nach unten anzutreffen sind, weil sie auf ihren Endgeräten unablässig
10 Nachrichten tippen, im Netz surfen oder ihre neusten Selfies durch Farbfilter
jagen müssen.
Experten warnen nicht erst seit gestern vorm „Handy-Nacken", jenen gesund-
heitlichen Folgen des notorischen Head-down-Syndroms. Die Überdehnung
des Halsmuskels kann zu Nackenschmerzen und -verspannungen sowie Kopf-
15 schmerzen führen, sind sich Mediziner einig. [...]
Beugen wir unseren Kopf nach unten, belasten wir unsere Nacken- und die
obere Rückenmuskulatur. In dieser angespannten Position verharren wir
mitunter recht ausdauernd: In Deutschland liegt die tägliche Smartphone-

Nutzung bei etwa einer bis anderthalb Stunden. Der Kopf eines Erwachsenen
wiegt in aufrechter Position etwa vier bis sechs Kilo. Je stärker wir unseren 20
Kopf nach vorne oder hinten neigen, desto höher wird die Zugkraft auf die
Halswirbelsäule. [...]
Würde die natürliche Wirbelsäulenkurve durch die anhaltende Gesicht-nach-
unten-Position fortwährend verändert, führe dies zu Schädigungen und einer
frühzeitigen Degeneration der Bandscheiben, die dann möglicherweise operiert 25
werden müsste. [...]
Was also tun, um einem Handy-Nacken und damit verbundenen Haltungsschä-
den entgegenzuwirken? Die Antwort ist simpel: Haltung bewahren. Von einer
guten Haltung ist die Rede, wenn die Ohren auf einer Linie mit den Schultern
lägen und die Schulterblätter wie „Engelsflügel" aufgestellt seien, so Hansraj. 30
Dies sei die gesündeste Ausrichtung der Wirbelsäule – mit ihr könne eine
Abnutzung oder Schädigung der Wirbelsäule klar verringert werden. Für den
Smartphone-Gebrauch bedeutet dies, dass das Gerät möglichst oft auf Höhe
der Augen gehalten werden sollte.
Für eine gute Haltung spricht im Übrigen nicht nur das Wohl unseres Rückgrats. 35
Ein gerader Rücken lässt uns größer und laut diverser Studien auch attraktiver
und selbstbewusster erscheinen. Wissenschaftler haben zudem belegt, dass sich
ein aufrechter Gang auf unser psychisches Befinden auswirkt. Psychologen
an der Universität Witten/Herdecke und der kanadischen Queen's University
in Kingston haben herausgefunden, dass Menschen, die aufrecht gehen, Er- 40
eignisse positiver deuten als jene, die Schultern und Kopf hängen lassen. Für
eine schlechte Haltung, wie sie etwa auch häufig vor dem PC eingenommen
wird, zahlen wir dagegen einen hohen Preis: Sie wird in Zusammenhang mit
Kopf- und Nackenschmerzen, chronischen Rückenschmerzen, Verdauungsschwierigkeiten, Depressionen und Herzerkrankungen gebracht. Also Kopf 45
hoch, Brust raus und Schultern aufgestellt!

**Quelle:** Mirja Hammer, STERN online, G+J Medien GmbH, Hamburg, 22.11.2014.

Shutterstock/Rawpixel.com

**5** Beschreibe in eigenen Worten, was das „Head-down-Syndrom" ist.

_____

_____

_____

_____

**6** Nenne stichpunktartig drei <u>gesundheitliche</u> Gefahren, die durch dauerhafte Handy-Nutzung hervorgerufen werden können.

_____

_____

_____

_____

## Wahlteil A

**Deine kleine Schwester hat noch kein eigenes Smartphone, wünscht es sich aber nun zum 11. Geburtstag. Da eure Eltern noch unschlüssig sind, bittet sie dich um Unterstützung. Sie ist der Meinung, dass ihre Chancen auf die Zustimmung der Eltern größer sind, wenn du dich für sie einsetzt.**

### AUFGABENSTELLUNG Wahlteil A

Verfasse einen inneren Monolog, in welchem du darüber nachdenkst, ob du ihrer Bitte entsprechen solltest oder nicht.

a) Beschreibe das Problem.
b) Erläutere, warum du Verständnis für deine Schwester hast und verstehen kannst, dass sie gerne ein Smartphone haben möchte.
c) Überdenke die Gefahren, denen deine Schwester möglicherweise ausgesetzt ist, wenn sie ein Smartphone nutzen darf.
d) Komme zu einem Ergebnis und begründe, warum du das Anliegen deiner Schwester unterstützen wirst oder warum eben nicht.

## Wahlteil B

**Immer wieder erlebst du im Schulalltag, dass es aufgrund der Smartphone-Nutzung zu Diskussionen kommt. Deshalb bist du der Meinung, dass eure Schule einen Informationstag zum Thema gestalten sollte.**

### AUFGABENSTELLUNG Wahlteil B

Schreibe an die Schulleitung und bitte um die Durchführung einer entsprechenden Veranstaltung.

a) Beginne den Brief mit einer passenden Anrede und einer Erklärung, warum du den Brief schreibst.
b) Erkläre ausführlich, warum das Smartphone aus dem Alltag der Jugendlichen nicht wegzudenken ist.
c) Weise auf Gefahren der Smartphone-Nutzung hin und erkläre, warum ein Informationstag zum Thema Sinn machen würde.
d) Beende deinen Brief, indem du die Schulleitung bittest, eine entsprechende Veranstaltung durchzuführen.

## LÖSUNGSHILFEN Wahlteil A

**1** Lies die Aufgabenstellung und mache dir klar, in welcher Rolle du dich an wen (Adressat) wendest.

*Meine Rolle:* _____

_____

*Adressat:* _____

_____

*Situation/Thema:* _____

_____

_____

**2** Erstelle einen Schreibplan. Markiere oder unterstreiche in der Aufgabenstellung, was von dir erwartet wird. Formuliere anschließend so, dass du weißt, was du schreiben musst.

### Schreibplan zum Wahlteil A

*(Ich-Form)*

*a) Was ist das Problem?/Worüber mache ich mir Gedanken?* _____

_____

_____

_____

*b) Ich verstehe den Wunsch meiner Schwester, weil:* _____

_____

_____

_____

*c) Gefahren, die meiner Schwester drohen können:* _____

_____

_____

_____

*d) Ich bin dafür/dagegen, weil* _____

_____

_____

_____

_____

**3** Schreibe nun deinen Text. Kontrolliere ihn anschließend mithilfe der Checklisten auf den Seiten 47 und 62.

**LÖSUNGSHILFEN** Wahlteil B

**1** Lies die Aufgabenstellung und mache dir klar, an wen du dich wendest.

*Wen spreche ich an?* _____

_____

*Warum?* _____

_____

**2** Lies die Texte noch einmal genau und markiere die Stellen, die du für deinen Text nutzen möchtest.

**3** Markiere oder unterstreiche in der Aufgabenstellung, was von dir erwartet wird. Erstelle mit diesen Angaben einen Schreibplan. Wenn es dir hilft, darfst du hierfür die Aufgabenstellung auch in eigenen Worten ausdrücken.

> <u>Schreibplan zum Wahlteil B</u>
>
> *(Brief)*
>
> *a) Anrede:* _____
>
> *Grund des Schreibens;* _____
>
> _____
>
> *b) Das Smartphone ist wichtig für Jugendliche, weil* _____
>
> *1.* _____
>
> _____
>
> *2.* _____
>
> _____
>
> *3.* _____
>
> _____
>
> *c) Gefahren der Smartphone-Nutzung:* _____
>
> _____
>
> _____
>
> *d) Ein Informationstag ist wichtig, weil* _____
>
> _____
>
> *e) Bitte um Durchführung:* _____
>
> _____

**4** Schreibe nun deinen Text. Kontrolliere ihn anschließend mithilfe der Checklisten auf den Seiten 47 und 62.

# C 2  Prüfungsbeispiel: Geschlechterklischees im Sport

Bearbeite auch diese Prüfungsvorlage so, wie du es in den Grundkursen B 6 bis B 8 (Seite 40 – 62) gelernt hast. Gehe schrittweise vor. Auf den Seiten 77 – 78 findest du Lösungshilfen.

Zielsetzung: Die folgenden Materialien befassen sich mit dem Thema „Geschlechterklischees im Sport". Bearbeite zunächst die Aufgaben in Hauptteil 2. Im Anschluss daran musst du dich entscheiden, ob du die Schreibaufgabe in Wahlteil A oder B bearbeitest.

### Hauptteil 2

**MATERIAL 1**    Geschlechterklischees im Schulsport

**Mädchen und Jungen mögen Sport in der Schule nicht gleich gerne. Sie haben auch nicht die gleichen Noten. Wie kann Schulsport beiden Geschlechtern gerecht werden?**

Sportunterricht ist bei vielen Schülern beliebt – aber in unterschiedlichem Ausmaß. Mehr Jungen finden Sport gut und sehr gut (78 Prozent), bei den  5
Mädchen sind es nur 65 Prozent, das hat eine Umfrage von Sportschau.de und dem WDR ergeben. Jungen freuen sich auch eher auf den Sportunterricht als Mädchen.

**Im Sport trumpfen vor allem die Jungen auf**
Die Sportwissenschaftlerin und Soziologin Bettina Rulfos kann diese Unter-  10
schiede erklären: „Sport ist nach wie vor eine mit Männlichkeit assoziierte Domäne[1]", sagt Rulofs, die an der Kölner Sporthochschule am Institut für Soziologie und Genderforschung[2] tätig ist. Dort bekommen in der Regel besonders Jungen positives Feedback. „Diejenigen Jungen, die nicht gut im Sport sind, sind eigentlich die größten Verlierer – das kann sich negativ auf ihre  15
Identitätsbildung auswirken." Daher sei der Sportunterricht für schwächere Jungen besonders schwierig.

**Unterschiede anerkennen**
Ja, es gibt Unterschiede zwischen Mädchen und Jungen, betont Petra Guardiera, Rulofs Kollegin, die zur Lehrerausbildung an der Kölner Hochschule forscht.  20
„Wenn es um Kraftverhältnisse geht und die Ausdauer – das ist biologisch begründet, das muss man anerkennen."
Untersuchungen belegen, dass auch bei den Noten keine Gleichheit besteht: Werden Mädchen und Jungen gemeinsam unterrichtet – was die Regel an den meisten Schulen ist, bekommen die Mädchen schlechtere Noten, als wenn sie  25
getrennten Sportunterricht haben.

**Wie kann man Klischees abbauen?**
„Im Sportunterricht muss es auch darum gehen, Geschlechterstereotype[3] aufzubrechen", sagt Petra Guardiera. Verständnis entwickeln, Unterschie- de anerkennen, aber nicht ins Lächerliche ziehen, Klischees abbauen. Dafür  30
könnte es auch sinnvoll sein, in bestimmten Altersklassen oder bei bestimmten Sportarten Mädchen und Jungen zu trennen, betonten Rulofs und Guardiera. Zum Beispiel in der Pubertät, wenn den Jugendlichen Körperkontakt sogar bei

MATERIAL 1

der Hilfestellung extrem unangenehm ist. „Allerdings ist das auch immer eine
35 Zwickmühle, denn mit der Trennung betont man wieder die Unterschiede",
gibt Rulofs zu bedenken.

**1 die Domäne:** das Fachgebiet

**2 die Genderforschung:** Forschung, die sich mit den Beziehungen zwischen den Geschlechtern befasst

**3 die Stereotype:** das Vorurteil

**Quelle:** Geschlechter-Klischees im Schulsport, WDR, Sendung „Quarks", Köln, 29.11.2017.
https://www1.wdr.de/wissen/mensch/geschlechter-unterschiede-im-schulsport-100.html
(aufgerufen am 12.01.2022)

## AUFGABENSTELLUNG

**1** Fasse in höchstens fünf Sätzen zusammen, worum es in diesem Text geht.

_____

_____

_____

**2** Schreibe aus dem Text drei Schwierigkeiten heraus, die entstehen, wenn Jungen und Mädchen gemeinsam am Schulsport teilnehmen, und die dazu führen können, dass gemeinsamer Schulsport „ungerecht" sein kann.

_____

_____

_____

**3** Beschreibe in eigenen Worten, was ein Klischee ist.

_____

_____

_____

MATERIAL 2

Shutterstock/photobac

**4** Sieh dir das Foto auf S. 74 an. Erläutere, warum es die Jungen auf dem Bild im Schulsport schwer haben könnten.

_____

_____

_____

**MATERIAL 3**  Frauen im Fußball

Nicht nur tanzende oder turnende Jungen haben mit Vorurteilen zu kämpfen – auch Mädchen, die sich im „Männersport" Fußball bewegen, haben es
schwer. Immer wieder hört man Aussagen darüber, wie viel schlechter der
Frauen- als der Männerfußball sei. Es sei nicht spannend, die Frauen seien
taktisch schlechter und der ein oder andere abwertende Witz ist auch dabei.  5
Dabei gibt es mittlerweile viele Studien, die belegen, dass die taktischen Fähigkeiten der Frauen denen der Männer in nichts nachstehen. Zum Beispiel
hat die Sporthochschule Köln eine entsprechende wissenschaftliche Studie
durchgeführt. Professor Daniel Memmert hat mit seinem Team Spieltech-
niken und Positionsdaten von Spielerinnen und Spielern computergestützt  10
untersucht und genau analysiert. Es stellte sich heraus, dass in jedem der
untersuchten Bereiche kaum Unterschiede zwischen den Geschlechtern zu
finden waren. Demnach nahmen sich Frauen und Männer bezogen auf ihre
taktischen Fähigkeiten nichts.
Dennoch: Noch immer kämpft der Frauenfußball mit schlechten Zuschauer-  15
zahlen, auch kann kaum eine der Bundesligaspielerinnen von den Gehältern
leben.

Und wie steht es um das Zusammenspiel der Geschlechter? Nun, bis zur C-
Jugend dürfen in Deutschland Mädchen und Jungen noch gemeinsam „ihrem"
Sport nachgehen. Ab der B-Jugend ist es Mädchen dann nicht mehr erlaubt,  20
in diesem Team mitzuspielen – unabhängig davon, wie leistungsstark sie
sind. Viele Fußballkarrieren enden dann – denn es ist mitunter mühsam, sich
eine Frauenmannschaft zu suchen, die es nicht in jedem Verein gibt, weshalb
womöglich ein Ortswechsel nötig wäre. Den meisten macht es viel mehr Spaß,
mit den eigenen Freunden im Heimatort zu kicken. Mittlerweile überlegt der  25
Deutsche Fußball Bund (DFB), ob es Frauen in Zukunft erlaubt sein sollte, in
allen Männermannschaften mitzuspielen – es würde fortan also nach Leistung
und nicht nach Geschlecht entschieden. Die Niederlande gehen als Vorbild
voran: Dort gibt es bereits Frauen im (männlichen) Profifußball.
Autorentext

**5** Nenne auf der Grundlage von Material 3 drei Gründe, warum es Frauen erlaubt sein sollte, im Männerfußball mitzuspielen.

_____

_____

_____

## Wahlteil A

**Du hast den Artikel „Geschlechterklischees im Schulsport" gelesen. Auch an deiner Schule haben Jungen und Mädchen gemeinsam Sportunterricht und du kannst nachempfinden, dass dies einige deiner Mitschülerinnen und Mitschüler unfair finden. Du beschließt, einen Text für die Schülerzeitung zu schreiben und auf das Problem aufmerksam zu machen.**

### AUFGABENSTELLUNG  Wahlteil A

Verfasse einen Text für die Schülerzeitung.

a)  Stelle den Artikel „Geschlechterklischees im Sport" vor.

b)  Beschreibe Ungerechtigkeiten, die durch das gemeinsame Unterrichten von Jungen und Mädchen im Schulsport zustande kommen. Beziehe dabei auch eigene Erfahrungen ein.

c)  Schlage eine Lösung vor: Wie könnten diese Ungerechtigkeiten deiner Meinung nach aufgefangen werden? Was müsste sich an eurer Schule ändern?

d)  Natürlich interessiert dich auch, ob deine Mitschülerinnen und Mitschüler der gleichen Meinung sind: Bitte sie darum, über dieses Thema nachzudenken und ihre Gedanken an die Schülerzeitung zu senden.

## Wahlteil B

**Im Sportunterricht deiner Klasse kommt es immer wieder zu Hänseleien. Fußball spielende Mädchen oder Jungen, die lieber turnen als Ball spielen, werden einfach nicht ernst genommen und der ein oder andere böse Spruch fällt. Du beschließt, das Problem im nächsten Klassenrat anzusprechen. Damit du nichts vergisst, bereitest du deinen Vortrag schriftlich vor.**

### AUFGABENSTELLUNG  Wahlteil B

Verfasse einen Vortrag.

a)  Beginne deinen Text, indem du die Situation im Sportunterricht beschreibst.

b)  Erkläre deinen Mitschülerinnen und Mitschülern, mit welchen Verhaltensweisen sie andere verletzen.

c)  Erkläre, wie wichtig es ist, dass deine Mitschülerinnen und Mitschüler ihr Weltbild von Mädchen in Jungenmannschaften beim Fußball überdenken.

d)  Erkläre, wie viel besser es einem Jungen gehen würde, wenn er nicht wegen Hobbys wie Turnen oder Ballett geärgert werden würde.

e)  Beende deinen Text mit einem Hinweis darauf, wie wichtig es in der heutigen Zeit ist, nicht mehr in Geschlechterklischees zu denken, und bitte deine Mitschülerinnen und Mitschüler ihr Verhalten zu ändern.

### INFO  zur Bearbeitung der Wahlteile

Wie du deinen Text schreiben sollst, wird dir erklärt, indem die Aufgabe in einzelne Unterpunkte (a), b), c) ...) unterteilt wird. Das ist eine Hilfe für dich, damit die Aufgabe übersichtlicher wird.

Achte beim Schreiben aber darauf, einen **zusammenhängenden** Text zu schreiben. Dafür musst du die einzelnen Teilaufgaben wie eine große Aufgabe bearbeiten. Versuche, die einzelnen Teilaufgaben jedoch konzentriert der Reihe nach abzuarbeiten. Es ist wichtig, dass du den Arbeitsauftrag **genau** erfüllst. Dafür musst du die Fragen **konzentriert** lesen.

**LÖSUNGSHILFEN** Wahlteil A

**1** Lies die Aufgabenstellung und mache dir klar, in welcher Rolle du dich an wen (Adressat) wendest.

_Meine Rolle:_

_Adressat:_

_Situation/Thema:_


_Ziel:_


**2** Lies die Texte noch einmal genau und kennzeichne die Stellen, die du für deinen Artikel nutzen möchtest.

**3** Erstelle nun einen Schreibplan. Markiere oder unterstreiche in der Aufgabenstellung, was von dir erwartet wird. Anschließend formulierst du es so, dass du weißt, was du schreiben musst.

### Schreibplan zum Wahlteil A

**Einleitung:**

_a)  Anrede:_

_b) Vorstellung des Textes:_


**Hauptteil:**

_c) Ungerechtigkeiten im Schulsport:_

_1._


_2._


_3._


_d) Lösung / Was müsste sich ändern:_


**Schluss:**

_e) Bitte:_


**4** Schreibe nun deinen Text auf gesonderte Blätter. Kontrolliere ihn anschließend mit den Checklisten auf Seite 47 und 62.

**1**  Lies die Aufgabenstellung und mache dir klar, an wen du dich wendest.

*Wen spreche ich an?* _____

*Warum?* _____

_____

**2**  Markiere oder unterstreiche in der Aufgabenstellung, was von dir erwartet wird. Erstelle mit diesen Angaben einen Schreibplan. Du darfst hierfür die Aufgabenstellung auch in eigenen Worten ausdrücken, wenn es dir hilft.

### Schreibplan zum Wahlteil B

*a)  Situation im Schulsport:* _____

_____

_____

*b) Verletzende Verhaltensweisen:* _____

_____

_____

*c) Anderes Weltbild (Mädchen in Jungenmannschaften):* _____

_____

_____

*d) Dem Jungen ginge es besser, weil:* _____

_____

_____

*e) Erklärung (Geschlechterklischees):* _____

_____

_____

*f) Bitte, das Verhalten zu ändern:* _____

_____

_____

**3**  Schreibe nun deinen Text auf gesonderte Blätter. Kontrolliere ihn anschließend mit den Checklisten auf Seite 47 und 62.

## C 3  Prüfungsbeispiel: Schule im 21. Jahrhundert

Bearbeite auch diese Prüfungsvorlage so, wie du es in den Grundkursen B 6 – B 8 (Seite 40 – 62) gelernt hast. Gehe dabei schrittweise vor. Auf den Seiten 86 – 87 findest du Lösungshilfen.

Zielsetzung: Die folgenden Materialien befassen sich mit dem Thema „Schule im 21. Jahrhundert". Bearbeite zunächst die Aufgaben im Hauptteil 2. Im Anschluss daran musst du dich entscheiden, ob du einen Vortrag vorbereitest (Wahlteil A) oder einen inneren Monolog verfasst (Wahlteil B).

### Hauptteil 2

**MATERIAL 1**   **Alles zu seiner Zeit**   *Björn Lankert*

Heute konnten sie ausnahmsweise mal gemeinsam in Ruhe frühstücken. Tom fing sowieso immer erst am Dienstag in der dritten Stunde an. Bei ihm selbst war sein Kurs auf Fahrt und er musste ausnahmsweise mal keinen Vertretungsunterricht geben.

Leider wurde das Gespräch zwischen Vater und Sohn dann nicht so harmo- 5 nisch, wie er sich das gewünscht hätte. Denn sie hatten sich am Tag vorher gar nicht mehr gesehen und offensichtlich bestand Redebedarf:

Du kannst dir gar nicht vorstellen, wie das gestern mit der Besprechung der Klausur abgelaufen ist.

Welche Klausur? 10

Natürlich die in Deutsch. Da hatten wir so eine seltsame Warzengeschichte bekommen und sollten die analysieren.

Als Deutschlehrer kannte er natürlich die Kurzgeschichten, die am häufigsten drankamen: Ach, du meinst Flitterwochen, dritter Tag von Gabriele Wohmann?

Ja, kann schon sein. So ähnlich hieß die Frau wohl. 15

Ja, und wo ist das Problem? Das ist doch eine Kurzgeschichte, die immer wieder eingesetzt wird.

Umso schlimmer. Da geht es um Dinge, die erstens ganz schlecht dargestellt sind und von denen wir zweitens gar keine Ahnung haben.

Wieso habt ihr keine Ahnung, wenn Leute irgendwie nicht vernünftig kom- 20 munizieren können? Das kommt doch in den besten Familien vor.

Ja, aber dann geht es um Probleme, die wir miteinander haben, und nicht um irgendwelche Eheprobleme.

Es schadet doch nicht, wenn man sieht, welche Probleme auch Erwachsene haben. 25

Darüber kann man ja sprechen, aber das ist sicherlich kein gutes Thema, wenn man in einer Klausur den Text erst mal verstehen muss.

Und was war in dem Text zum Beispiel unverständlich?

Na ja, da wollte der Mann irgendwie nicht, dass seine Frau demnächst weiter arbeitet. Und dann standen in dem sogenannten Erwartungshorizont Begriffe 30 wie Autonomie, Fremdbestimmung und Geschlechterverhältnis. Wie soll ich mir vorstellen, was es für die Frau bedeutet, wenn sie demnächst nicht mehr arbeiten soll?!

Ja, vielleicht solltest du erst mal eine Runde arbeiten und dir selbst dein Geld verdienen, dann würdest du begreifen, was es bedeutet, wenn man zu Hause 35 nur rumsitzt und sich fragt, wie man dem Mann einen schönen Abend machen kann.

**MATERIAL 1**

Siehst du, jetzt habe ich dich: Diese Geschichte ist etwas, was man besprechen kann, wenn man selbst in der entsprechenden Situation ist. Soweit ich weiß,
40 ist bis jetzt kein Einziger aus dem Kurs in Flitterwochen gewesen.
Das saß. Da unterrichtete er schon zehn Jahre lang Oberstufenkurse in Deutsch. Aber er konnte sich nicht erinnern, dass ihn mal ein Schüler so zum Nachdenken gebracht hätte.

**Quelle:** https://www.schnell-durchblicken2.de/kg-lankert-alles-zu-seiner-zeit. Hrsg: Helmut Tornsdorf, Münster. Aufgerufen am 16.12.2022

**AUFGABENSTELLUNG**

**1** Fasse in höchstens fünf Sätzen zusammen, worum es in dieser Kurzgeschichte geht.

_____

_____

_____

_____

_____

_____

_____

**2** „Siehst du, jetzt habe ich dich: Diese Geschichte ist etwas, was man besprechen kann, wenn man selbst in der entsprechenden Situation ist." (Z. 38/39)
Hat der Junge Recht mit dieser Aussage? Begründe deine Antwort mit einer eigenen Unterrichtserfahrung.

_____

_____

_____

_____

_____

_____

**MATERIAL 2**  **Das wünschen sich junge Wähler von den Parteien**

_Die Jugend hat klare Vorstellungen davon, was Schule leisten sollte – glaubt aber nicht, dass die Politik ihre Interessen ausreichend berücksichtigt. [...]_
Das Thema Bildung, so scheint es, ist der größte gemeinsame Nenner in einem Wahlkampf.
5 Für besonders gelungen hält die junge Generation das deutsche Bildungssystem nicht. Die Schule bereite nur unzureichend auf das Berufsleben vor, Lehrpläne seien realitätsfremd und vermittelten nicht die Dinge, auf die es im Alltag und im Berufsleben ankomme – so die Quintessenz[1]. Rund drei Viertel der Befragten wollen demnach in der Schule lernen, wie Excel, Word und
10 PowerPoint funktionieren, wie man Bewerbungen schreibt und wie man ein Onlinekonto eröffnet.

Auch hält nur jeder zweite Schüler die Darstellung politischer und wirtschaftlicher Zusammenhänge für ausreichend berücksichtigt. Sehr wohl unterscheiden die jungen Menschen, wer den Missstand verantwortet. Nicht die Lehrer und Schulen seien das Problem – im Gegenteil: Die junge Generation ist mehr- 15 heitlich überzeugt, dass ihre Lehrer die Unterrichtsinhalte gut vermitteln. Nur jeder vierte Schüler beklagt, die Lehrer vermittelten die Lerninhalte mangelhaft, nur jeder fünfte kritisiert ihre Fachkompetenz. Fazit: Das Problem sind die Lehrpläne, nicht die Lehrer. [...]

Die Digitalisierung in der Arbeitswelt verunsichert viele Beschäftigte, die 20 unter 25-Jährigen blicken der digitalen Revolution gelassen entgegen, zwei Drittel betrachten sie als Chance. Doch heißt das nicht, dass jede Entwicklung, die unter den Oberbegriff „digitale Revolution" subsumiert[2] werden kann, vorteilhaft ist. Dass das Alltagsleben zunehmend von Maschinen bestimmt werden könnte, sorgt sie. Die ständige Erreichbarkeit, etwa per E-Mail oder 25 Smartphone, sehen 52 Prozent der Befragten skeptisch, nur 38 Prozent finden das nicht weiter schlimm.

Dass die Jugendlichen eher die Vorteile als die Nachteile der Digitalisierung sehen, werten die Herausgeber der Studie als Neuerung. Es zeige sich, dass diese Generation mit Smartphones groß geworden sei, schreiben sie. „Die di- 30 gitale Revolution ist ihr Verbündeter." Anders als ältere Generationen pflegen sie digitale Angebote selbstverständlich in ihren Alltag ein und genießen die Vorteile. Nur müsse man daraus auch etwas machen: „Gute Schulen nehmen diese Impulse auf und stellen den Unterricht um."

Wie steht es nun um die Politik in den Augen der Jüngsten? Nicht sehr gut, 35 wenn man der Studie glaubt. Jeder zweite 15- bis 24-Jährige sieht die Interessen der eigenen Generation unzureichend von der Politik berücksichtigt. Lediglich 28 Prozent der Befragten vertrauen darauf, dass die Politik ihre Interessen ausreichend im Blick hat. [...]

Was muss sich ändern? Drei Forderungen an die Politik stellen die Herausgeber 40 nach vorne: bessere Vorbereitung auf das Berufsleben in den Schulen, Chancengerechtigkeit auf dem Arbeitsmarkt und eine hohe soziale Durchlässigkeit.

1 **die Quintessenz:** zusammenfassendes Ergebnis einer Sache

2 **subsumieren:** unter einem Oberbegriff zusammenfassen

**Quelle:** Adrian Arab, WELTonline, Axel Springer SE, Berlin, 05.09.2017. https://www.welt.de/politik/deutschland/article168292854/Das-wuenschen-sich-junge-Waehler-von-den-Parteien.html, verändert, aufgerufen am 16.12.2022

**3** Sind die nachfolgenden Aussagen laut Material 2 richtig oder falsch? Kreuze an.

| Aussage | richtig | falsch |
| --- | --- | --- |
| Die Politik berücksichtigt die Interessen der Jugend ausreichend. | ☐ | ☐ |
| Die junge Generation hält das deutsche Bildungssystem für hervorragend. | ☐ | ☐ |
| Bewerbungen schreiben oder Excel interessiert die Jugendlichen nicht. | ☐ | ☐ |
| Schüler halten ihre Lehrer für wenig fachkompetent. | ☐ | ☐ |
| 38 % der Schüler finden es nicht schlimm, ständig erreichbar zu sein. | ☐ | ☐ |

**4** Im Text heißt es, die „digitale Revolution" sei ein „Verbündeter" der Jugendlichen (Zeile 30/31). Erkläre in eigenen Worten, was damit gemeint ist.

_____

_____

_____

**5** Nenne zwei Forderungen, welche die Herausgeber der Studie an die Politik richten (Zeile 40 – 42). Erkläre anhand eines Beispiels, was damit gemeint sein könnte.

*Forderung 1:* _____

*Beispiel:* _____

_____

*Forderung 2:* _____

*Beispiel:* _____

_____

MATERIAL 3    **Die Schule der Zukunft –**
**Was wünschen sich Kinder?**

*Die Schule der Zukunft, wie Schüler sie sich wünschen. Das war das Thema der KidsLife-Kindergesprächsrunde. Wie sieht die Schule der Zukunft nach den Vorstellungen der Schüler heutzutage aus? Was wäre anders, wenn sie bestimmen dürften? [...]*

5 In Hamburg sagten die Schüler der achten Klasse einer Hauptschule:
 – Lehrer-TÜV
 – Lernen mit den neuen Medien
 – Keine Gewalt an den Schulen
 – Mehr Vertrauenslehrer, denen man dann auch wirklich vertrauen kann
10 – Andere Form von Klassenarbeiten
 – Individuellerer Lernstoff
 – Freies Lernen
 – Mehr Vorbereitung auf das Berufsleben
 – Schöneres (neueres) Schulgebäude
15 – Wohlfühlräume
 – Mehr Methodentraining
 – Mehr Achtung vor Hauptschülern, durch verbesserte Hauptschulen
 – Mehr engagierte Lehrer
 – Auszeit nehmen können (im Unterricht), wenn nichts mehr geht

**Quelle:** Antje Szillat, © Kidslife Medienverlag, Mainz 2019, https://www.kidslife-magazin.de/allgemein/die-schule-der-zukunft/, verändert, aufgerufen am 16.12.2022

**6** Welchen Wunsch hast du an die Schule der Zukunft?

_____

_____

**MATERIAL 4** **Programmieren als Schulfach –**
**Wahl oder Pflicht?**

Im Jahr 2013 war das Internet laut Angela Merkel „für uns alle Neuland". [...]
2016 folgte dann die Aufforderung der Bundeskanzlerin: „Ich glaube, dass die
Fähigkeit zum Programmieren eine der Basisfähigkeiten von jungen Menschen
wird, neben Lesen, Schreiben, Rechnen."
Bis jetzt hat sich dennoch nicht allzu viel auf dem Stundenplan der deutschen 5
Schüler geändert. Aber ist es überhaupt notwendig, Programmieren auf eine
Stufe mit Lesen, Schreiben und Rechnen zu setzen? [...]
Für die jüngsten Schüler sollten die neuen Kurse nicht unbedingt auf das
Erlernen von Programmiersprachen wie Java, HTML oder C ++ ausgerichtet
sein. Vielmehr sollten die Kinder die notwendige Logik für das Programmie- 10
ren erlernen. [...]
Für die älteren Jahrgänge kann es mit den ausgebauten Grundlagen dann an
die ersten kleinen Programme gehen. Der Fokus sollte hier nicht auf der Er-
stellung ausgereifter Projekte liegen, sondern auf dem Verständnis des Großen
und Ganzen hinter dem Programmieren. 15
Ein Blick in andere Länder dieser Welt zeigt, dass es auch hier geteilte Mei-
nungen über Programmierkurse in Schulen gibt.
Anders als vielleicht erwartet, ist das Programmieren an chinesischen Schulen
kein Pflichtfach und wird hier nur selten angeboten. Viele chinesische Eltern
sind aber von der Bedeutung dieser Fähigkeit überzeugt und schicken ihre 20
Kinder daher in private Kurse. [...]
Egal ob bei Digitalisierung des Gesundheitssystems oder des Staatsapparats:
Estland gibt bei IT-Themen in Europa den Ton an. Schon 2012 etablierte Estland das Schulfach Programmieren an seinen Schulen. Und das ab der ersten
Klasse! [...] 25
Dass sich dieses Wagnis durchaus lohnt, zeigen aktuelle Zahlen. In keinem
anderen Staat gibt es so viele Start-ups pro Einwohner wie in Estland. Und
diese sind auch noch sehr erfolgreich. Mit einer großen Anzahl an sogenannten Unicorn-Firmen, also Start-ups mit einem Marktwert über eine Milliarde
Dollar, macht das kleine osteuropäische Land auf sich aufmerksam. Bekann- 30
testes Beispiel: Skype.
Auch in Deutschland sind sich Experten nicht ganz einig, ob die Einführung
des Programmierunterrichts an deutschen Schulen sehr sinnvoll ist.

**Quelle:** Sara Herrera, DOTSOURCE GMBH, Jena 13.05.2019, https://www.handelskraft.de/2019/05/
programmieren-als-schulfach-wahl-oder-pflicht-5-lesetipps, aufgerufen am 16.12.2022

**MATERIAL 5** **Schulfach Glück**

*Soziale Medien, Leistungsdruck und kulturelle Auseinandersetzungen. Es ist nicht*
*leicht, ein Teenager zu sein. In sechs Bundesländern wird nun Glück unterrichtet.*
*Kann man das wirklich lernen? Ein Ortstermin in der Berliner Jean-Krämer-Schule.*
Es sind oft die einfachen Fragen, die einen stutzig machen. Vielleicht weil man
sie sich so selten stellt. Diese zum Beispiel: Was hat euch in der vergangenen 5
Woche glücklich gemacht? Hm. Augenbrauen machen lassen, Pizza gegessen,
„Fifa" auf der PlayStation gespielt. [...]
Louay hat etwas im Internet gelesen, das ihn glücklich gemacht hat. Was es
war, mag er nicht sagen. Es ist laut im Raum. Neunte Klasse eben. Wie jeden

MATERIAL 5

10 Mittwoch in diesem Schuljahr übernehmen heute die Lehramtsstudentin-
nen Annika Meyer und Anne Schoenrock für zwei Stunden den Unterricht:
Glück steht auf dem Stundenplan. Ein Experiment, das schon 100 Schulen
wagen. […]
Die Idee geht auf den ehemaligen Berufsschulleiter Ernst Fritz-Schubert zurück,
15 der, zunächst als Spinner abgetan, in seinem Heidelberger Institut inzwischen
Glücks-Lehrer ausbildet. […] Es geht um Fragen wie: Wer bin ich? Wo sind
meine Stärken? Was treibt mich an? […] Der Blick richtet sich also immer
nach innen. […]
„Es geht um die Auseinandersetzung mit uns selbst", erklärt Ellen Scheiter,
20 die das Projekt „Schulfach Glück" bundesweit leitet. Die vielleicht schwerste
Aufgabe, die uns Menschen ein Leben lang beschäftigt. Ihr kommt aktuell
eine wesentliche Bedeutung zu.
Laut einer DAK-Studie hat sich die Anzahl psychischer Erkrankungen in den
letzten 20 Jahren verdreifacht, Depressionen sind die dritthäufigste Diagnose
25 bei Arbeitsunfähigkeit. Und es beginnt früh: 43 Prozent der Schüler in den
Klassen 5 bis 10 geben an, sich überfordert zu fühlen. In einer Welt, in der
Menschen ihren Selbstwert über Social-Media-Apps definieren, scheint es
schwerer denn je, ein Teenager zu sein. Happiness wird auf Plattformen wie
Instagram zur Religion erhoben. […]
30 „Ein großer Faktor von Glück sind soziale Kontakte. Ein besserer Umgang
miteinander gibt Kindern ein besseres Lebensgefühl", erklärt Ellen Scheiter.
Sie erzählt gern die Geschichte aus einer Münchner Klasse. Ein Mädchen,
das nie gesprochen hatte, weder auf dem Pausenhof noch im Klassenraum,
sagte nach einem halben Jahr Glücks-Unterricht zwei Sätze. „So ein Weg ist
35 schwierig", erklärt Scheiter. […]
Doch wie soll man den Fortschritt der Jugendlichen bewerten, den man nicht
abfragen oder vergleichen kann? An vielen Schulen wird ein Satz im Zeugnis
vermerkt. Hier wird das Streben nach Glück benotet. „Das müssen wir, weil
es im Rahmen des Ethik-Unterrichts stattfindet", erklärt Kaiser. „Es gibt keine
40 schlechten Zensuren. Darum geht es nicht."
Das sehen zumindest einige der Jungs am Ende der Stunde anders. Die Luft-
ballon-Türme werden zurück ins Klassenzimmer getragen. Ganz sorgsam,
hier soll es um Stabilität gehen. Was für eine schöne Metapher. Und obwohl
der Sieger sofort klar ist, wollen sie es hören. „Ja, Jungs. Ihr habt gewonnen."
45 Manchmal ist das so: Sieg gleich Erfolg gleich Glück.
Das Gefühl wird danach im Glücks-Heft festgehalten. Reflexion heißt das. Was
bleibt? Was bedeutet heute Glück? „Auch wenn ich etwas nicht schaffe, weiß
ich, dass ich es versucht habe", meint Ibrahim. Annika und Anne schauen sich
zufrieden an. Eine Lektion; die keine Wertung braucht.

**Quelle:** Corinna Baier, FOCUS Online Magazin Nr. 14 von 2018, München. https://www.focus.de/
familie/schule/politik-schulfach-glueck_id_8692751.html, verändert, aufgerufen am 16.12.2022

**7** Markiere drei Schülerwünsche aus Material 3, die durch die Einführung der Schulfächer Programmieren oder Glück erfüllt werden würden.

**8** Nenne jeweils zwei Gründe, die für Programmieren und Glück als Unterrichtsfach sprechen.

Programmieren                                              Glück

_____        _____

_____        _____

_____        _____

_____        _____

## Wahlteil A

**Du arbeitest an deiner Schule in der Schülervertretung mit. Zusammen überlegt ihr, wie ihr den Unterricht an eurer Schule noch mehr den Interessen der Schüler und Schülerinnen anpassen könnt. Im Internet bist du auf einen Artikel zu einem spannenden Unterrichtsfach gestoßen.**

### AUFGABENSTELLUNG  Wahlteil A

Erarbeite einen Vortrag, um auch die anderen Mitglieder der Schülervertretung bei eurem nächsten Treffen davon zu überzeugen, dass dieses Fach an eurer Schule unterrichtet werden sollte. Entscheide dich vor dem Schreiben, ob du das Fach Glück oder das Fach Programmieren für deinen Vortrag nutzen möchtest.

a) Beginne deinen Text mit einer Erklärung, warum der Schulunterricht heutzutage nicht unbedingt zeitgemäß ist.
b) Berichte von der Umfrage (Material 3) und nenne, welche Schülerwünsche durch das von dir gewählte Fach erfüllt werden könnten.
c) Berichte ausführlich von Inhalt und Zielsetzung des von dir gewählten Unterrichtsfaches. Nutze dazu entweder die Informationen aus Material 4 oder 5.
d) Erkläre deinen Mitschülerinnen und Mitschülern, wie du dir die Umsetzung an eurer Schule vorstellst, und bitte sie, deine Idee zu unterstützen.

## Wahlteil B

**Versetze dich in die Situation des Jungen aus der Kurzgeschichte (Material 1).**
**Am Abend verfasst er einen Tagebucheintrag, in dem er zum einen an die Situation mit seinem Vater zurückdenkt und zum anderen darüber nachdenkt, welche Themen im Unterricht Jugendliche interessieren würden. Nutze die Materialien 3, 4 und 5.**

### AUFGABENSTELLUNG  Wahlteil B

Verfasse diesen Tagebucheintrag in der Ich-Form.

a) Beginne den Tagebucheintrag mit einer passenden Anrede und fasse kurz das Gespräch mit deinem Vater zusammen.
b) Erkläre ausführlich, warum es dich ärgert, wenn Lehrkräfte bei der Planung des Unterrichts nicht an die Interessen ihrer Schüler und Schülerinnen denken.
c) Berichte kurz vom Inhalt der Unterrichtsfächer Glück und Programmieren.
d) Entscheide, ob diese beiden Fächer eine Lösung wären, um Unterricht für Jugendliche interessanter zu gestalten.

**LÖSUNGSHILFEN** Wahlteil A

**1** Lies die Aufgabenstellung und mache dir klar, in welcher Rolle du dich an wen (Adressat) wendest.

*Meine Rolle:* _____

_____

*Adressat:* _____

_____

*Situation/Thema:* _____

_____

**2** Erstelle einen Schreibplan. Markiere oder unterstreiche in der Aufgabenstellung, was von dir erwartet wird. Formuliere anschließend so, dass du weißt, was du schreiben musst.

### Schreibplan zum Wahlteil A

*Folgendes Fach möchte ich einführen:* _____

*a)  Darum ist Schule heute nicht zeitgemäß:* _____

_____

_____

*b)  Erklären der Umfrage:* _____

_____

_____

*Nennen der Schülerwünsche:* _____

_____

_____

*Welche Wünsche werden durch das Fach erfüllt?* _____

_____

_____

*c)  Inhalt des Faches:* _____

_____

*Ziel des Faches:* _____

_____

*d)  So soll es bei uns an der Schule unterrichtet werden?* _____

*Bitte um Hilfe:* _____

**3** Schreibe nun deinen Text auf gesonderte Blätter. Kontrolliere ihn anschließend mithilfe der Checklisten auf den Seiten 47 und 62.

## LÖSUNGSHILFEN Wahlteil B

**1** Lies die Aufgabenstellung und mache dir klar, in welcher Rolle du schreibst.

*Meine Rolle:* _____

*Was schreibe ich?* _____

*Mit welchem Inhalt schreibe ich?* _____

_____

**2** Lies die Texte noch einmal genau und kennzeichne die Stellen, die du für deinen Text nutzen möchtest.

**3** Markiere oder unterstreiche in der Aufgabenstellung, was von dir erwartet wird. Erstelle mit diesen Angaben einen Schreibplan. Wenn es dir hilft, darfst du hierfür die Aufgabenstellung auch in eigenen Worten ausdrücken.

---

### Schreibplan zum Wahlteil B

*(Ich-Form!)*

*a) Anrede:* _____

   *Zusammenfassung des Gesprächs mit meinem Vater:* _____

_____

_____

*b) Was ärgert mich? Warum?* _____

   1. _____

   _____

   2. _____

   _____

   3. _____

   _____

*c) Inhalt Unterrichtsfach Glück:* _____

   _____

   *Inhalt Unterrichtsfach Programmieren:* _____

   _____

*d) Sind diese Fächer eine gute Lösung? Warum? Warum nicht?* _____

_____

_____

---

**4** Schreibe nun deinen Text auf gesonderte Blätter. Kontrolliere ihn anschließend mithilfe der Checklisten auf den Seiten 47 und 62.

## C 4  Prüfungsbeispiel: Onlinedating

Bearbeite auch diese Prüfungsvorlage so, wie du es in den Grundkursen B 6 – B 8 (Seite 40 – 62) gelernt hast. Gehe dabei schrittweise vor. Auf den Seiten 93 – 95 findest du Lösungshilfen.

Zielsetzung: In diesem Kapitel setzt du dich mit dem Thema „Onlinedating" auseinander. Bearbeite zunächst die Aufgaben im Hauptteil 2. Im Anschluss daran verfasst du entweder ein Referat (Wahlteil A) oder du schreibst einen Brief (Wahlteil B).

**Hauptteil 2**

**MATERIAL 1**  **Erste Liebe, Online-Bekanntschaften und Internet**  *Barbara Buchegger*

Für Jugendliche besteht kein Unterschied – zwischen der Online- und der Offline-Welt. Was online und was offline passiert, gehört zusammen, wird nicht unterschieden und ist beides gleich relevant[1]. So ist zu erklären, dass es zu Phänomenen[2] kommen kann, die Erwachsene kaum nachvollziehen
5  können: „Mit jemandem gehen", den man nur aus der Online-Welt kennt oder per WhatsApp Schluss machen. [...]
Auch wenn Jugendliche in der Regel kaum klassische Dating-Plattformen nutzen, so lernen sie doch am laufenden Band neue Leute online kennen. Das können potenzielle Liebes-Partner/-innen sein, aber auch Freunde, mit
10  denen die Jugendlichen durch dick und dünn gehen können („BFF"[3]). Instagram, Snapchat oder Tiktok – also die genutzten Sozialen Netzwerke – sind dabei die Orte, wo neue Leute getroffen werden.  Immer wieder tauchen auch kurzfristige Online-Erscheinungen auf, wie anonyme Videochats, wo Teilnehmende mit zufälligen Personen in einem Videochat zusammengespannt
15  werden. Bei jüngeren Kindern sind auch Online-Spiele ein Ort, an dem sie neue Leute kennen lernen.
Je jünger die Kinder sind, desto weniger sind sie in der Lage, die Personen im Internet abzuchecken, und neigen eher dazu, alles zu glauben, was ihnen geschrieben oder gesagt wird. Je älter, desto mehr haben die Jugendlichen
20  schon ein entsprechendes Bauchgefühl ausgebildet, ob und wer das „Online-Gegenüber" denn wirklich sein könnte. Sie haben auch schon ihre ganz persönlichen Methoden entwickelt, mit denen sie neue Bekanntschaften „testen" bzw. welche Fragen sie da stellen können. Wenn beispielsweise die Frage nach einem Videochat immer verwehrt wird (Kamera kaputt, meine
25  Eltern erlauben es nicht ...), dann sei Skepsis angebracht, meint eine erfahrene Jugendliche. Wenn Fotos verlangt werden, die speziell seien, aber das Gegenüber selbst keine auf Aufforderung schickt, dann wird der Chat abgebrochen, meint die Jugendliche. Weil, das sei dann komisch und es zahle sich nicht aus, weiterzumachen. Und damit hat die Jugendliche auch sicher
30  recht, denn die Erfahrungen zeigen, dass potenzielle[4] Erpresser von Nacktfotos von Kindern und Jugendlichen sich auf jene Kinder und Jugendliche konzentrieren, wo sie sich mit wenig Aufwand viel erhoffen können. Starke Jugendliche mit einem eigenen Kopf verfügen meist über eine wichtige Basis zum Schutz eben solcher „Gefahren". [...]
35  In Elternabenden sprechen immer wieder Eltern an, dass sie am liebsten solche neuen Online-Bekanntschaften ihrer Kinder verbieten möchten. Sie hätten

gerne, dass ihre Kinder einfach mit niemandem Kontakt haben, den sie nicht aus „dem echten Leben" kennen. Doch dies ist eine für die Jugendlichen nicht realisierbare Forderung. Erstens lernen sie online zu viele Personen kennen und zweitens wird es im Laufe ihrer Entwicklung einfach zu interessant, das 40 Spektrum in der Schule und Wohnung mit vielleicht wirklich interessanten Personen zu ergänzen. Verbieten macht also wenig Sinn. Wichtiger sind die Begleitung und die Unterstützung in der Bewertung. Dazu zählt die Entwicklung eines entsprechenden Bauchgefühls und der Fähigkeit, auch mit einfachen Fangfragen hinter die Absichten von Personen zu kommen. Und es zählt auch 45 dazu, dass die Kinder lernen, „Nein" zu sagen. Und im Zweifelsfall ihre Eltern oder erwachsenen Bezugspersonen fragen können, ohne dass diese in Panik ausbrechen. Denn Panik und Angst sind hier keine guten Ratgeber.

1 **relevant:** bedeutsam, wichtig

2 **das Phänomen:** die bemerkenswerte Erscheinung; etwas, was man beobachten kann

3 **BFF:** Best friends forever (beste Freunde für immer)

4 **potenziell:** möglich, denkbar

**Quelle:** Website des Österreichischen Bundeskanzleramts, Sektion Familie und Jugend, Wien. https://www.eltern-bildung.at/expert-inn-enstimmen/erste-liebe-online-bekanntschaften-und-internet/ aufgerufen am 19.12.2022

### AUFGABENSTELLUNG

**1** Entscheide, ob die Aussagen richtig oder falsch sind. Kreuze die richtige Lösung an.

| Aussage | richtig | falsch |
|---|---|---|
| Online- und Offline-Welt gehören für Jugendliche zusammen. | ☐ | ☐ |
| Jugendliche nutzen häufig klassische Dating-Plattformen. | ☐ | ☐ |
| Ältere Jugendliche haben schon ein „Bauchgefühl" für ihr „Online-Gegenüber". | ☐ | ☐ |
| Das Verbieten von Dating-Apps macht Sinn. | ☐ | ☐ |

**2** Erkläre den Begriff „Online-Welt" mit eigenen Worten.

_____

_____

_____

_____

**MATERIAL 2** **Liebe über Social-Media**

Fragt man Jugendliche nach ihren Möglichkeiten, in der heutigen Zeit eine Liebesbeziehung zu finden, ist ihrer Meinung nach der einfachste Weg der über die Social-Media-Konten. Dazu gehören nicht nur Facebook, Instagram und Snapchat, sondern auch Dating-Plattformen wie Tinder oder Bumble bzw. Apps speziell für Jugendliche wie MyLol oder Yubo. Umfragen unter jungen 5 Menschen im Alter von 15 bis 24 Jahren in Deutschland haben ergeben, dass rund Zweidrittel der befragten Schülerinnen und Schüler Dating-Apps nutzen. Als Gründe dafür nennen alle Jugendlichen, dass sie durch den Onlinekontakt jederzeit die Möglichkeit haben, sich mit der „Partnerin" bzw. dem „Partner"

10 zu „treffen" oder mit ihr oder ihm zu „reden". Auch sind weite Entfernungen kein Hinderungsgrund, weil Jugendliche heutzutage überall Smartphones besitzen und somit der Kontakt weltweit jederzeit möglich ist.

Autorentext

**3** Wie groß ist der Anteil der Jugendlichen im Alter von 15 bis 24, die angeben, Dating-Apps zu nutzen?

---

**Sicheres Onlinedating**

[...] Egal, ob über spezielle Dating-Apps oder über Privatnachrichten bei Instagram, WhatsApp und Co. – im Internet kannst du immer und überall neue Leute kennenlernen. Viele Jugendliche setzen daher auch in Sachen Liebe vermehrt ihre Hoffnung auf das Internet. Jedoch ist die Suche nach deiner
5 oder deinem Seelenverwandten online nicht so leicht, wie es auf den ersten Blick scheint. Um beim Onlinedating keine Risiken einzugehen, solltest du ein paar **Sicherheitstipps** beachten.

**Blind vor Liebe? So bewahrst du den Durchblick beim Onlinedating**
Im Internet sind wir alle weitestgehend **anonym**[1] **unterwegs**. Natürlich prä-
10 sentieren sich viele auf Social Media und erstellen Profile[2] mit Bildern und Videos, aber diese Darstellungen müssen nicht immer der Wahrheit entsprechen. Viele Dinge werden im Internet weggelassen, um besser dazustehen. Ähnlich ist das auch beim Onlinedating. Du weißt nie, wer sich hinter einem Profil versteckt oder ob die- oder derjenige nicht vielleicht lügt.
15 Damit du beim Onlinedating nicht an die falschen Personen gerätst und online angelogen wirst, kannst du ein paar ganz einfache Tipps befolgen, die die Kommunikation mit Fremden online sicherer machen.

**Die Suche beginnt – So legst du dein Profil sicher an**
Wenn du bei der Suche nach Mr./Mrs. Right[3] auf Dating-Apps und Plattformen
20 vertraust, kannst du bereits **bei der Anmeldung auf deine Sicherheit achten**. Viele Apps möchten, dass du einen **Nicknamen**[4] für dich festlegst. Dieser sollte natürlich zu dir passen, aber nicht zu viel über dich verraten. Teile deines Namens, dein Wohnort oder dein Geburtstag sollten **nicht** in deinem Nicknamen auftauchen. Wenn du anschließend dein Online-Profil ausfüllst, solltest
25 du auch hier auf deine Privatsphäre achten. **Verrate nicht zu viel über dich** – das macht das Onlinedating nicht nur sicherer, sondern auch spannender für deine oder deinen Gesprächspartner:in. Außerdem solltest du nur Fotos von dir auswählen, die nicht allzu privat sind und allzu viel von dir zeigen.
Bevor du nun loslegst, lohnt es sich, nochmal in die **Privatsphäre-Einstel-**
30 **lungen** der App zu schauen. Hier kannst du darauf achten, dass die App **keinen Zugriff auf deinen Standort** hat, damit dich niemand gegen deinen Willen finden kann. Zudem solltest du auch hier auf Nummer sicher gehen und dein Profil so gut wie möglich mithilfe der Einstellungen schützen. [...]

1 **anonym:** nicht namentlich genannt, ohne Absenderangabe

2 **das Profil:** *hier* persönliche Angaben zu einer Person im Internet

3 **Mr./Mrs. Right:** *englisch* der oder die Richtige; die Person, mit der man eine Partnerschaft eingehen will

4 **der Nickname:** *englisch* der Spitzname; *hier* der selbstgewählte Benutzername für sich im Internet

**Quelle:** Infoportal „Ins Netz gehen" der Bundeszentrale für gesundheitliche Aufklärung (BZgA), Köln. https://www.ins-netz-gehen.de/internet/sicheres-online-dating/ aufgerufen 16.12.2022

**4** Nenne drei Sicherheitstipps.

_____

_____

_____

**5** Erkläre den Begriff **Privatsphäre-Einstellungen** in eigenen Worten.

_____

_____

_____

**MATERIAL 4**   **Mein Leben oder ein Haufen unvollkommener Momente**   _Peter Bognanni_

_Tess und Jonah haben sich online kennen gelernt. Während der letzten sieben Monate haben sie täglich gechattet und ihre Erlebnisse und Gefühle miteinander geteilt. Für Tess ist Jonah ihre große Liebe. Dann erfährt Tess plötzlich, dass Jonah Selbstmord begangen hat. Sie ist fassungslos. Um ihre Trauer zu verarbeiten, schickt sie weiter Nachrichten an Jonah. Und dann kommt eines Tages eine Antwort von einem Daniel ... Tess erkennt, dass Jonah ihr irgendwann nicht mehr geschrieben hatte, sondern ein anderer ..._

**Textauszug aus dem Jugendbuch:**

[...] Vor ein paar Jahren habe ich mal einen Bericht über einen Typen gesehen, der zehn Jahre lang in eine Frau verliebt war und dann feststellen musste, dass sie gar nicht existierte. Ein ganzes Jahrzehnt lang dachte er, er sei mit einem Fitnessmodel aus L.A.[1] zusammen, einem hübschen Mädchen mit blondem Pferdeschwanz, festen Titten und Lycra-Sportoutfit. In Wirklichkeit hatte ihn   5 eine gelangweilte Hausfrau aus West Virginia[2] verarscht. Seine große Liebe war lediglich eine digitale Collage aus Bildern und Videos, zusammenkopiert zu einem Frankenstein-Monster auf Facebook.
In den Berichten zeigten sie seine gesammelten Mails: Tausende von Seiten, die sich auf seinem Schreibtisch türmten wie der dickste Liebesroman aller   10 Zeiten. Außerdem Schachteln, aufeinandergestapelte Kisten voller Geschenke, Fotos und Andenken aus ihrer Beziehung. Der Typ hatte sich sogar ihr Gesicht auf die rechte Schulter tätowieren lassen.
Ich kann mich noch an seinen Gesichtsausdruck erinnern, als der Reporter ihn fragte, wie er auf diesen Schwindel nur hatte hereinfallen können. Wie er   15 die ganze Zeit über _nicht hatte bemerken können_, dass das alles nur ein großer Betrug gewesen war? Zehn Jahre! Zuerst war er rot geworden, dann hatte er eine trotzige Miene aufgesetzt, und seine feuchten Augen blitzten. „Ich war eben verliebt." Und was hätte der Reporter darauf noch erwidern können? Diesen Blick konnte ich jetzt gut verstehen.   20
Seit meinem Chat mit Daniel, dem Hochstapler, hatte ich so ziemlich alle Gefühle verspürt, die es gab. Wut und Selbstmitleid? Check. Überraschung mit einem Hauch von Nichtwahrhabenwollen? Check. Kurze Anflüge von Hoffnungslosigkeit, die gelegentlich in einem hysterischen Lachanfall endeten? Jawohl.   25

**MATERIAL 4**

Es gab so vieles, was ich neu überdenken musste. So viele Augenblicke, die nicht das waren, wofür ich sie gehalten hatte. Mir war, als würde ich sie alle noch einmal durchleben. Erinnerungen kehrten zurück, die ich völlig neu bewerten musste. Das Video mit den Staren zum Beispiel. Selbst etwas
30 so Unbedeutendes. Ein Filmschnipsel mit winzigen schwarzen Vögeln, die in immer neuen Mustern über einen pastellfarbenen Himmel flogen. Auch „Formationsflug" genannt. Und der Videodatei beigefügt ein Text: **So fühlt sich mein Körper an, wenn ich an dich denke.** Wer hatte das geschickt? Das war ungefähr drei Monate, nachdem ich Jonah kennengelernt hatte, in
35 meinem Posteingang gelandet. In diesem Niemandsland zwischen Jonah und Daniel. Das Video war deshalb so wichtig, weil ich als Antwort zum ersten Mal ein Nacktfoto von mir gemacht und zurückgeschickt hatte. [...]

1 **L.A.:** Los Angeles, Stadt in Kalifornien (USA), wichtiger Ort der Unterhaltungs- und Filmindustrie

2 **West Virginia:** Bundesstaat im Osten der USA, gilt als eher rückständig und arm

**Quelle:** Peter Bognanni, Mein Leben oder ein Haufen unvollkommener Momente. Aus dem Englischen von Anja Hansen-Schmidt. Carl Hanser Verlag, München 2018, Auszug aus Kapitel 14

stock.adobe/SophiaPics

**6** Kreuze an, welche Aussagen auf das Jugendbuch „Mein Leben oder ein Haufen unvollkommener Momente" von Peter Bognanni zutreffen.

| Aussage | trifft zu |
|---|---|
| Der Autor setzt sich mit Online-Beziehungen auseinander, hier besonders mit dem Verlust durch den Tod eines Online-Dates. | ☐ |
| Das Buch zeigt Gefahren auf, die durch unkritischen und unvorsichtigen Umgang mit Online-Dates auftreten können. | ☐ |
| Das Jugendbuch benennt Chancen für eine sinnvolle Online-Beziehung. | ☐ |

**7** Begründe eine deiner Entscheidungen aus Aufgabe 6. Belege anhand einer passenden Textstelle.

_____

_____

_____

## Wahlteil A

**Im Informatikunterricht hat sich deine Klasse mit dem Thema „Sicherheit im Internet" auseinandergesetzt. Während der Recherche zum Thema stoßt ihr auch auf Dating-Plattformen. Ihr stellt fest, dass einige von euch schon Erfahrungen damit gesammelt haben.**

### AUFGABENSTELLUNG Wahlteil A

Verfasse ein Referat zum Thema Onlinedating, das die Nutzung von Dating-Plattformen durch Jugendliche darstellt, aber auch die Gefahren benennt.

a) Die Einleitung soll den Anlass deines Referates beschreiben und in wenigen Worten den Inhalt des Artikels „Erste Liebe, Online-Bekanntschaften und Internet" (Material 1) wiedergeben.

b) Erkläre den Begriff „Online-Welt" und gehe auch auf die Nutzungsdaten von Dating-Plattformen bei Jugendlichen ein. (Material 2)

c) Erläutere die Möglichkeiten, per App eine Liebesbekanntschaft zu machen, gehe aber auch auf die Gefahren ein. (Material 1, 2, 3, 4)

d) Beende dein Referat mit einer persönlichen Stellungnahme zum Thema Onlinedating.

## Wahlteil B

**Der Textauszug aus dem Buch „Mein Leben oder ein Haufen unvollkommener Momente" von Tony Bognanni (Material 4) beschreibt Tess' Erfahrungen mit ihrer Online-Liebe zu Jonah. Schreibe einen Brief an eine Jugendzeitschrift, die sich gerade als Schwerpunkt mit dem Thema Onlinedating beschäftigt und viele Äußerungen ihrer Leserinnen und Leser sammelt.**

### AUFGABENSTELLUNG Wahlteil B

Stell dir vor, du erlebst die Situation von Tess. Versetze dich in ihre Lage und schreibe aus ihrer Sicht einen Brief an die Jugendzeitschrift.

a) Schreibe in der Einleitung über den „Typen", über den du in einem Bericht gesehen hast, dass er sich in eine Frau verliebte, die es gar nicht gab.

b) Berichte darüber, wie du dich dabei gefühlt hast.

c) Erläutere dann deine eigenen Erfahrungen im Onlinedating mit Jonah.

d) Beschreibe deine Gefühle, als du herausfindest, dass es irgendwann nicht mehr Jonah war, der dir geschrieben und geantwortet hat.

e) Formuliere einen Appell an die jugendlichen Leserinnen und Leser, mit Onlinedating vorsichtig umzugehen.

f) Beachte dabei die formalen Kriterien eines Briefes.

### LÖSUNGSHILFEN Wahlteil A

**1** Notiere stichpunktartig drei Erfahrungen mit Dating-Plattformen (selbst erlebte oder recherchierte).

_____

_____

_____

**2** Fasse den Inhalt von Material 1 („Erste Liebe …") kurz in eigenen Worten zusammen.

_____

_____

_____

_____

**3** Unterstreiche in Material 2 Informationen zur Nutzung von Dating-Plattformen bei Jugendlichen.

**4** Notiere stichpunktartig die Chancen und die Gefahren, die eine Dating-App bietet.

_____

_____

_____

_____

**5** Lege dir in Stichworten einen Schreibplan an. Schreibe auf gesonderte Blätter.

### Schreibplan zum Wahlteil A

**Einleitung:**
a) Anlass für Referat: Während unserer Recherche zum Thema „Sicherheit im Internet" sind wir auf Dating-Plattformen gestoßen. So kam die Diskussion auf …

**Hauptteil:**
b) Der Begriff „Online-Welt" bedeutet … Umfragen zur Nutzung haben ergeben, dass …
c) Chancen durch die App:
  – man ist ständig erreichbar, d. h., man kann jederzeit „sprechen" bzw. „schreiben"
  – Entfernungen spielen keine Rolle
  – während und nach Corona ist es eine weitere Kontaktmöglichkeit
  – man lernt neue Menschen und Möglichkeiten kennen
  – …

d) Gefahren:
  – man kann auf falsche Profile hereinfallen
  – Online-Partner kann beliebig Informationen weglassen oder hinzufügen
  – das Schicken von Fotos birgt Risiken (Nacktfotos!)
  – man kann sich selbst verlieren in der Online-Welt (Realitätsverlust)
  – …

**Schluss:**
e) persönliche Stellungnahme: Ich persönlich finde …

**6** Schreibe dein Referat mit abschließender persönlicher Stellungnahme. Überarbeite deinen Text mithilfe der Checklisten auf den Seiten 47 und 62.

**LÖSUNGSHILFEN** Wahlteil B

**1** Beschreibe stichpunktartig den „Typen" aus dem Bericht.

_____

_____

**2** „Seit meinem Chat mit Daniel, dem Hochstapler, hatte ich so ziemlich alle Gefühle verspürt, die es gab" (Material 4, Z. 21/22). Erläutere mit eigenen Worten, warum sich Tess so mit dem „Typen" aus dem Bericht identifizieren kann.

_____

_____

_____

**3** Führe stichpunktartig Gründe für einen vorsichtigen Umgang mit Internet-Dates auf.

_____

_____

**4** Lege dir in Stichworten einen Schreibplan an. Schreibe auf gesonderte Blätter.

Schreibplan zum Wahlteil B

*Einleitung:*

a)  *Liebe Redaktion der Jugendzeitschrift!*
    *Mit Interesse habe ich über euren Themenschwerpunkt gelesen. ... Mir ist sofort ein Bericht ein-*
    *gefallen, in dem ein Mann sich in eine Frau verliebte, die es gar nicht gab ...*

*Hauptteil:*

b)  *Ich kann die Erfahrungen und Gefühle des Mannes gut nachvollziehen, denn ...*

c)  *Ich habe selbst Erfahrungen mit Online-Beziehungen ... Mit meinem Online-Freund habe ich alle*
    *Gedanken geteilt ...*

d)  *Ich habe Bilder geschickt, sogar ein Nacktfoto ... Nachdem ich herausgefunden hatte, dass nicht*
    *Jonah, sondern sein Freund ...*

e)  *Gefahren:*
    *– man kann auf falsche Profile hereinfallen*
    *– Online-Partner kann beliebig Informationen weglassen oder hinzufügen*
    *– das Schicken von Fotos birgt Risiken (Nacktfotos!)*
    *– man kann sich selbst verlieren in der Online-Welt (Realitätsverlust)*
    *– ...*

*Schluss:*

f)  *Allen Leserinnen und Lesern möchte ich dringend raten ... Glaubt nicht alles, was man euch*
    *schreibt ... Gebt nicht zu viel von euch preis ...*

**5** Schreibe nun deinen Brief. Überarbeite deinen Brief im Anschluss mithilfe der Checklisten auf den Seiten 47 und 62.

# D Prüfungsaufgaben ohne Hilfen bearbeiten

## D 1 Hörverstehen: Schönheitsoperationen

Hier liegt ein Auszug aus einem Hörtext in gedruckter Form vor. Um damit zu üben, lass ihn dir zweimal in normalem Sprechtempo vorlesen (evtl. mit verteilten Rollen wie im Radio), um die Prüfungssituation zu simulieren. Decke den Text zu, sobald du die dazugehörigen Aufgaben bearbeitest.

**Hauptteil 1**

### Die Frage: Schönheits-OP: Macht eine neue Nase glücklich / Muss ich schön sein?

*Die Zahl der Schönheitsoperationen, weil Menschen mit ihrem Körper oder ihrem Aussehen nicht mehr zufrieden sind, steigt nicht nur weltweit, sondern auch in Deutschland. Dabei werden die Patienten immer jünger. Verantwortlich sind u. a. auch die sozialen Medien wie Instagram, Snapchat oder Facebook. Berühmte*
5 *Leute wie Popstars oder die sogenannten Influencer machen es vor und dienen als Vorbild für solche OPs. Warum folgen insbesondere immer jüngere Menschen diesem Trend? Warum legen sich Menschen für die Schönheit unter das Messer? Der Reporter Frank Seibert geht dem in dem Format: „Die Frage" nach und begleitet Christina (21) bei ihrer Nasen-OP.*
10 *Frank:* „Dass sich jemand unwohl fühlt in seinem Körper, das kann ich nachvollziehen, das geht mir auch oft so. Heute treffe ich Christina, die sich deshalb sogar unters Messer legen will. In zwei Stunden geht's schon los und ich darf dabei sein. [...]
Was genau wird denn heute passieren? Was lässt du dir genau operieren?"
15 *Christina:* „Hier die Nasenspitze verkleinern; dann werde ich sie hier schmaler machen. Den Höcker lasse ich mir wegmachen und dann wird [...] noch von innen [...] die Nasenscheidewand gerichtet und die Nasenmuscheln werden verkleinert, dadurch dass ich auch noch Belüftungsstörungen hab."
*F:* „Was, glaubst du, wird sich verändern?"
20 *C:* „Ich denke mal, am Selbstbewusstsein wird's auf jeden Fall was ändern! Und allgemein wie ich Leuten gegenübertrete wahrscheinlich auch."
*F:* „Wieso bist du überhaupt auf die Idee gekommen, quasi deine Nase zu operieren?"
*C:* „In der Pubertät hieß es dann immer, dass ich einen Zinken hab – und das
25 prägt sich irgendwann halt so ins Gedächtnis ein, dass man, wenn du in den Spiegel schaust und siehst diese Nase und willst die dann einfach weg haben. Und die Nase ist nett[1] etwas, wo man so einfach verstecken kann."
*F:* „Hast du da gestern noch mal drüber nachgedacht? Noch gibt es ein Zurück!"
*C:* „Für mich gibt es da kein Zurück."
30 *F:* „Wie lange musst du jetzt hierbleiben [...]?"
*C:* „Ich bleibe hier eine Nacht und morgen werde ich dann wieder abgeholt. [...] Mir persönlich hilft es sehr, wenn ich diesen Schritt jetzt wage, weil ich immer das Gefühl habe, wenn ich in neue Situationen komme oder neue Menschen kennen lerne, habe ich immer so ein bisserl[2] so Angst, dass jemand
35 etwas wegen meiner Nase sagen könnte. Und dann, wie reagiert man dann drauf? Ja, ich denke, ich mach mir da auch selber mehr Gedanken, als andere sich Gedanken darüber machen, weil andere nehmen das zwar wahr – aber

wieso sollte jetzt jemand aus dem Nichts etwas wegen der Nase sagen? Also eigentlich ist das total gesponnen und ich weiß es selber! [...]"

F: „Für mich ist die Grenze eigentlich schon fast überschritten. Ich kann jetzt 40 nicht sagen, dass ich jetzt glaube, dass man das operieren müsste."

C: „Wenn man so irgendwie drüber nachdenkt und irgendwie eine Freundin sagt: ‚Oh, guck mal, das stört mich und das ...‘, dann sagt man auch selber: ‚Ist doch gar nicht so schlimm!‘, aber man sagt das, weil man es selber nicht hat und weil man die Person so mag, wie sie ist! Aber ich denke, wenn man 45 selber dieses Gefühl hat oder was hat, was einen stört, dann ... ist das vom Gefühl her einfach ein anderes."

F: „Wie lange arbeitest du auf diese OP schon hin? Im Sinne von ... – also es ist ja auch finanziell einfach krass! Sparst du da schon ein paar Jahre drauf und denkst immer so ...  Hast du da so ein eigenes Konto quasi dafür und denkst 50 so, das ist für den einen Moment?"

C: „Also ich muss sagen, ich hab mir dafür jetzt extra einen Kredit gemacht."

F: „Kannst du sagen ungefähr, wieviel das kostet?"

C: „Also insgesamt mit allem 8500,– Euro." [...]

1  **nett:** *hier* nicht (Dialekt)

2  **bisserl:** bisschen (Dialekt)

**Quelle:** Sendung RuhePLUS, Die Frage, BR.de (Angebot des Bayerischen Rundfunks im Internet), vom 28.09.2018. Bayerischer Rundfunk, München

## AUFGABENSTELLUNG

1  Fasse mit eigenen Worten zusammen, worum es in dem Beitrag geht.

2  Nenne drei Veränderungen der Nase, die Christina vornehmen lassen will.

3  Notiere Stichpunkte, warum es für Christina wichtig ist, die Nase korrigieren zu lassen.

4  Wie finanziert Christina die Operation und was kostet sie?

5  Erläutere deine Meinung zu solchen Schönheits-OPs mithilfe eines treffenden Arguments.

## D 2  Prüfungsbeispiel: Vorbilder im Sport

Die folgenden Materialien befassen sich mit dem Thema „Vorbilder im Sport". Lies alles aufmerksam, markiere die für dich wichtigen Stellen und bearbeite dann zunächst die Aufgaben im Hauptteil 2. Danach bearbeitest du den von dir gewählten Wahlteil A oder B.

**Hauptteil 2**

**MATERIAL 1**  **Fairness im Sport – Regeltreue, Sportsgeist und Gewinnstreben**  *Christian Gaum*

Stars des Spitzensports haben, ob gewollt oder nicht, eine Vorbildfunktion für Kinder und Jugendliche. Unzählige Kinder weltweit tragen ein Trikot mit ihren Namen und folgen ihnen auf Social-Media-Kanälen. Neymar da Silva Santos Júnior ist ein solcher Star des Fußballs und ein Zauberer mit dem Ball.

5 Zuletzt fiel er allerdings vor allem aufgrund ständigen Reklamierens[1], Schauspieleinlagen und Schwalben[2] auf. Jürgen Klopp bezeichnete sein Verhalten in einem Interview als „clever but not cool". Es mutet wie der Kampf gegen Windmühlen an, wenn im Sportunterricht Fairness eingefordert wird, der medial vermittelte[3] Spitzensport dagegen zeigt, dass es sich lohnt, möglichst

10 clever die Grenzen auszuloten. Wird das Leistungsstreben im Sport verabsolutiert[4], ist „der Faire der Dumme", denn Fairness scheint sich genau dann nicht zu lohnen. Auch im Leistungssport gibt es jedoch Vorbilder, die clever und cool zugleich sind.

Wenn ein Foul durch eine Spielerin oder einen Spieler selbst angezeigt wird und

15 dadurch auch Nachteile in Kauf genommen werden, dann ist damit ein Ansehen verbunden, das auf Fairness verweist. Ein prominentes[5] Beispiel lieferte Miroslav Klose, der sein Handspiel zugab oder einen ungerechtfertigten Elfmeter nicht annahm und mehrfach mit Fair-Play-Preisen ausgezeichnet wurde. [...]

**Fairness: Was ist das?**

20 [...] Wer fair ist, hält sich an Absprachen und Regeln und sein Verhalten entspricht damit den formalen Vorgaben. Doch Fairness ist mehr als Regeltreue, denn wer fair ist, beachtet auch die ungeschriebenen Gesetze des Sports. Es reicht also keineswegs, wenn man nicht unfair handelt, um als fair zu gelten. Ein Handeln im Sinne des Sportsgeists bedeutet, dass man sich nicht dazu

25 hinreißen lässt, die „Grauzonen" der Regeln zum Zweck des eigenen Vorteils auszuloten. Gegnerinnen und Gegner werden dann nicht als feindliche Personen angesehen, die zu überlisten sind, sondern als notwendige Spielpartnerinnen und -partner.

Mitunter scheinen sich Erfolg und Fairness jedoch zu widersprechen und für

30 die Spielenden kommt das Dilemma[6] auf, entweder fair oder erfolgreich zu spielen. [...]

1 **reklamieren:** etwas beanstanden, sich beschweren

2 **die Schwalbe:** *hier* ein vorgetäuschtes Foul, indem sich die Spielerin oder der Spieler hinfallen lässt

3 **medial vermittelt:** über die Medien, z. B. Fernsehen, Zeitung oder Internet, vermittelt

4 **verabsolutieren:** etwas zum einzig gültigen Maßstab machen

5 **prominent:** weithin bekannt

6 **das Dilemma:** die Zwangslage, in der man sich zwischen zwei gleich schwierigen Dingen entscheiden muss

**Quelle:** Christian Gaum, Beitrag vom 27. April 2019. Website der WIMASU GmbH, Maintal. https://wimasu.de/fairness/, aufgerufen am 16.12.2022

**AUFGABENSTELLUNG**

**1** Fasse kurz zusammen, worum es in dem Text geht.

_____

_____

_____

**2** Wie könnte sich eine Spielerin oder ein Spieler in einem Wettbewerb verhalten, um im Sinne Jürgen Klopps „clever" <u>und</u> „cool" zu sein. Finde ein passendes Beispiel und begründe es.

_____

_____

_____

**MATERIAL 2**   Säulendiagramm

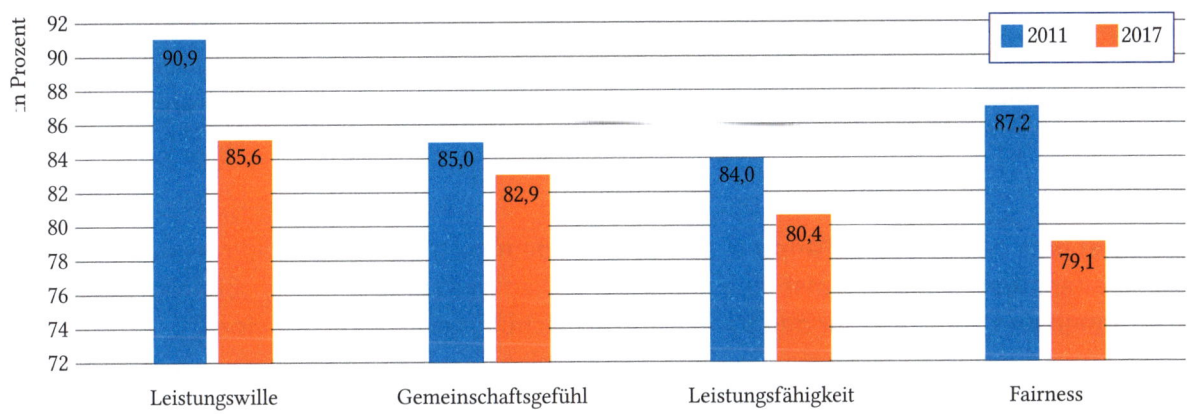

### Wofür sind Spitzensportlerinnen und -sportler ein Vorbild für Sie?

Umfrage der Deutschen Sporthilfe + der Deutschen Sporthochschule Köln in der deutschen Bevölkerung

**3** Fasse die Aussage des Säulendiagramms in eigenen Worten zusammen. Vergleiche dabei auch die Angaben aus dem Jahr 2011 mit denen aus dem Jahr 2017.

_____

_____

_____

**MATERIAL 3**   Vorbilder für Kinder und Jugendliche

Nahezu jedes Kind und jeder Jugendliche hat „seinen" Star: einen Menschen, der zu seinem persönlichen Vorbild für den eigenen Lebensweg wird. Auch erfolgreiche Sportlerinnen und Sportler faszinieren. Oft motivieren sie Kinder dazu, überhaupt mit einem Sport anzufangen oder die eigenen Leistungen zu verbessern. Ob die Fußballerin Alexandra Popp, die schon zweimal Fuß- 5 ballerin des Jahres war, oder Bobfahrer Friedrich, der im Zweier- und Vierer- bob Weltmeister wurde, ob die Weitspringerin Malaika Mihambo oder das Schwimmass Florian Wellbrink. Sie alle haben ihre Fans, die den Weg ihres

MATERIAL 3

Idols aufmerksam verfolgen oder ihnen sogar nacheifern möchten. Dabei
10 geht es nicht nur um sportliche Fähigkeiten, sondern auch um das Verhalten
während und nach dem Wettkampf. Halte ich mich an die jeweiligen Spielre-
geln? Spiele ich fair? Gratuliere ich meinem Gegenüber zu ihrer oder seiner
Leistung, auch wenn ich verloren habe? Wie äußere ich mich anschließend in
Interviews über den Wettkampf? All das wird genau beobachtet und oft auch
15 entsprechend nachgeahmt. Dadurch übernehmen Kinder und Jugendliche
Werte und Verhaltensweisen einer Person, die sie damit für ihren gesamten
Lebensweg prägen kann. Gerade im Zeitalter von schnell verfügbaren sozialen
Medien wird besonders darauf geachtet, dass die Menschen im Spitzensport
auch wirklich nachahmenswerte Werte verkörpern und diese nach außen
20 tragen. Dazu gehören Bereiche wie Fitness, Ehrgeiz, Leistungsbereitschaft
oder Fairness, aber auch soziales Engagement kommt gut an.
Autorentext

**4** Nenne eine Person aus dem Sport, die für dich ein Vorbild darstellt. Beschreibe, was du an ihr
bewunderst und wie dies dein Leben beeinflusst.

_____

_____

_____

## Wahlteil A

**Im Internet hast du von einem Fanpreis gelesen, mit dem Vorbilder aus dem Profisport geehrt
werden sollen. Diesen Text nimmst du zum Anlass, einen Artikel über den Vorbildcharakter von
Sportlerinnen und Sportlern für den Sportteil eurer Schülerzeitung zu schreiben.**

MATERIAL 4    Löwenpudel der Saison

Der Löwenpudel ist eine alte Steinstatue vor dem Osnabrücker Dom. Mit ihr
wird an eine Sage der Stadt erinnert, in der dieser Hund mit Löwenmähne
zum Helden wurde.
Seit der Saison 2021/2022 ist er nun auch Symbolfigur für einen neu ge-
5 schaffenen Fanpreis im Umfeld des Sportvereins VfL Osnabrück. Bekannt ist
dessen Fußballprofimannschaft, aber es werden auch andere Sportarten wie
Schwimmen oder Tischtennis ausgeübt. Vertreter verschiedener Fangruppen
dieses Vereins möchten jährlich einen „Löwenpudel der Saison" auszeichnen:
Dies kann ein Fußballspieler sein, jemand aus einer anderen Sportart, eine
10 Vereinsmitarbeiterin, eine Trainerin oder ein Trainer oder ein besonders enga-
gierter Fan. Es geht dabei weniger um eine sportlich herausragende Leistung.
Vielmehr soll der Sport mit menschlichen Werten verbunden werden und der
ausgezeichnete Mensch ein gesellschaftliches Vorbild für andere sein.
Erster Preisträger wurde der Osnabrücker Spieler Sven Köhler. Er hat mit einem
15 Freund zusammen den Kurzfilm „Learn to recharge yourself" („Lerne, dich selbst
wieder aufzuladen")  produziert. Damit möchte er jungen Sportlerinnen und
Sportlern, die durch eine Verletzung oder andere Widrigkeiten in ihrer Laufbahn
zurückgeworfen werden, Mut machen. Köhler selbst galt als hoffnungsvolles

Talent im deutschen Fußball und wurde mit dem FC Schalke 04 Deutscher A-
Jugend-Meister, bevor ihn eine schwere Verletzung zurückwarf. Doch er kämpfte 20
sich zurück. Seinen ersten Profivertrag unterschrieb er schließlich beim Drittli-
gisten VfL Osnabrück, wo er inzwischen zu den Leistungsträgern gehört. Neben
der motivierenden Botschaft, die dieser Film vermittelt, schaffte es Sven Köhler
auch, die Sponsoren des VfL für das Projekt zu begeistern und zu Spenden-
zahlungen zu bewegen. So kamen insgesamt 22.500 Euro für das Kinderhospiz 25
Osnabrück und das Christliche Kinderhospital Osnabrück zusammen.
Im Abspann des Films erklärt „Köhli": „Ich hoffe, dass ich durch dieses Projekt
auch andere Menschen zur Wohltätigkeit motivieren kann." Dieser Botschaft
schloss sich die Jury des „Löwenpudel der Saison" gerne an. Sie fand somit
einen würdigen ersten Preisträger, der auf und neben dem Platz gleichermaßen 30
überzeugte, und überreichte ihm den selbstgestalteten Pokal der Initiative in
Form des Löwenpudels – auf einem Fußball sitzend und mit einem Fanschal
um den Hals. Übrigens kann jeder Fan Vorschläge für den nächsten Preisträger
einreichen und beschreiben, was sein Vorbild zum „Löwenpudel der Saison"
macht. Im Rahmen des letzten Saisonheimspiels des VfL Osnabrück wird dann 35
der Sieger oder die Siegerin gekürt.

Autorentext

## AUFGABENSTELLUNG   Wahlteil A

Verfasse den Artikel für eure Schülerzeitung. Bearbeite hierfür die folgenden Aufgaben. Beachte auch
die Überleitungen zwischen den einzelnen Punkten für einen zusammenhängenden Gedankenfluss.

a) Beschreibe kurz die Situation um Neymar (Text 1) und erkläre die Meinung von Jürgen Klopp dazu.
b) Erkläre, was eine Sportlerin oder einen Sportler zu einem „coolen" Vorbild machen würde und
   warum das für Jugendliche wichtig ist.
c) Stelle den Preis „Löwenpudel der Saison" vor: Was ist das für ein Preis und wofür wird er vergeben?
   Erkläre die Kriterien am Beispiel des ersten Preisträgers.
d) Begründe, welchen Einfluss dieser Fanpreis auf das Verhalten anderer Fans oder möglicher Preisträger haben kann.

## Wahlteil B

Immer wieder fällt dir beim Besuch eines Fußballspiels auf, wie sich gegnerische Fans beschimp-
fen. Du kennst diese aufgeheizte Stimmung aus dem Sportunterricht und vermutest einen Zusammenhang. Um deine Mitschülerinnen und Mitschüler für das Thema zu sensibilisieren, verfasst du einen Eintrag für den Schulblog.

### MATERIAL 5   Fanprojekte – gegen Gewalt und Rassismus im Fußball   *Daniel Marschke*

Für viele Deutsche ist Fußball ein Teil ihrer Identität. Doch gerade junge
Menschen tragen oft auch ihren Frust ins Stadion. Um Gewalt zu verhindern,
setzt die Politik auf engagierte Sozialarbeit.
Für viele fußballverrückte Männer und immer mehr Frauen hat Heimat etwas
mit den Farben ihres Vereins zu tun: Blau und Weiß für Schalke 04, Schwarz 5
und Gelb für Borussia Dortmund, Blau, Weiß und Schwarz für den Hamburger
SV. Für welchen Klub man sich begeistert, ist fast schon eine Glaubensfrage.

MATERIAL 5

Offenbach und Frankfurt zum Beispiel liegen im Bundesland Hessen und sind nur zehn Kilometer voneinander entfernt. Aber nichts auf der Welt würde

10 einen Fan der Offenbacher Kickers dazu bringen, für die Frankfurter Eintracht zu jubeln – und umgekehrt ist es genauso.

Aber die Fußballbegeisterung hat auch ihre Schattenseiten, denn immer wieder kommt es vor, dass die Leidenschaft für einen Verein in Gewalt umschlägt. Zwar sind die meisten Zuschauer vollkommen friedlich, aber die Zahl der

15 Gewalttaten steigt. [...] Nachdem Hunderte Fans von Dynamo Dresden beim Europapokalspiel gegen Roter Stern Belgrad im März 1991 dermaßen randaliert hatten, dass das Spiel unter massivem Polizeieinsatz abgebrochen werden musste, brachten die Innenminister der 16 Bundesländer 1993 das Nationale Konzept Sport und Sicherheit (NKSS) auf den Weg. Damit wurden zum ersten

20 Mal Richtlinien für die präventive[1] Fanarbeit festgeschrieben.

Im Zentrum stehen Fanprojekte, die von den Jugendhilfe-Einrichtungen der Städte und Gemeinden getragen werden und sich durch „einen szenenahen und sozialpädagogischen Zugang" auszeichnen.

Inzwischen gibt es in Deutschland 49 Fanprojekte, auch im brandenburgischen

25 Cottbus, wo der FC Energie gerade in die dritte Liga abgestiegen ist. Schwerpunkt des mit rund 200.000 Euro geförderten Projekts ist die „aufsuchende Sozialarbeit", wobei die drei Mitarbeiter versuchen, die jugendlichen Fußballfans mit einem abwechslungsreichen Freizeitangebot auch außerhalb des Stadions zu erreichen. Die Arbeit der vergangenen 15 Jahre habe sich gelohnt, sagt Sozialarbeiter Sven

30 Graupner. So sei die Zahl körperlicher Gewalttaten im Umfeld der Spiele spürbar zurückgegangen. Hauptproblem sei vielmehr ein „latenter[2] Rassismus", der sich durch alle Zuschauerschichten ziehe. Personen mit rassistischen Einstellungen sind nicht nur in einer bestimmten Gruppe von Fans zu finden, sondern in allen. „Das demokratische Verständnis mancher Fans ist wenig entwickelt", so

35 Graupner. Um die Unterwanderung durch rechtsradikale Fans zu verhindern, werde in Cottbus daher auch „politische Aufklärung" betrieben.

**1 präventiv:** vorbeugend

**2 latent:** verdeckt, unterschwellig

**Quelle:** Internetangebot der PASCH-Initiative „Schulen – Partner der Zukunft", © Goethe-Institut e. V., Internet-Redaktion. Beitrag vom Juni 2014. Fanprojekte – gegen Gewalt und Rassismus im Fußball – PASCH-Initiative (pasch-net.de)/ aufgerufen am 10.01.2023

## AUFGABENSTELLUNG Wahlteil B

Verfasse einen Blogeintrag, in dem du über den Zusammenhang zwischen Sport und aggressivem Verhalten informierst und darlegst, wie man positives Verhalten fördern kann. Schließe mit einem persönlichen Statement.

a) Beginne mit einer kurzen Einleitung, in der du deine Beobachtungen während der Fußballspiele und im Sportunterricht deutlich machst.

b) Beschreibe die Vorbildrolle, die Sportlerinnen und Sportler gegenüber ihren Fans haben und wie deren Verhalten das der Fans beeinflusst. Nenne mindestens jeweils eine positive und eine negative Seite dieser Vorbildfunktion.

c) Beschreibe, was Fanprojekte sind und aus welchem Grund sie entstanden sind.

d) Erörtere schriftlich, ob sich das Verhalten deiner Mitschülerinnen und Mitschüler eher durch das Nachahmen ihrer Vorbilder oder durch Fanprojekte ändern würde.

e) Bitte die Leserinnen und Leser um ihre Meinung zum Thema.

# D 3 Prüfungsbeispiel: Moderne Gladiatoren

Zielsetzung: Die folgenden Materialien befassen sich mit dem Thema „Gladiatoren". Bearbeite zunächst die Aufgaben im Hauptteil 2. Im Anschluss daran verfasst du einen informierenden Text (Wahlteil A) oder einen inneren Monolog (Wahlteil B).

## Hauptteil 2

**MATERIAL 1** Gladiatorenkämpfe im antiken Rom

Gladiatorenkämpfe gehen auf das Volk der Etrusker, einer italienischen Hoch-
kultur, zurück, die etwa bis zum 5. Jahrhundert v. Chr. bestand. Dort war es
Brauch, bei Beerdigungen schwerbewaffnete Kriegsgefangene zum Zweikampf
auf Leben und Tod gegeneinander antreten zu lassen, um mit ihrem Blut den
Geist des Toten zu versöhnen und die Götter gnädig zu stimmen.                    5
So ist es nicht verwunderlich, dass die uns besser bekannten Römer nach der
Vertreibung der etruskischen Könige das Brauchtum des rätselhaften Volkes
weitgehend übernahmen. Doch bereits um 100 v. Chr. wurden Gladiatorenkämp-
fe vor allem deshalb ausgetragen, um das Volk zu unterhalten und bei Laune
zu halten. Auch die römischen Kaiser waren der Meinung, dass ausreichend    10
Nahrung und Unterhaltung, also „Brot und Spiele", genügten, um ein Volk
leicht regieren zu können. Beides gab es nämlich kostenlos: Das Getreide für
Brot wurde umsonst verteilt und für die Spiele wurde kein Eintritt verlangt.
Davon versprachen sich die Kaiser, dass die Menschen so alles hätten, damit
es ihnen gut ginge und sie nicht auf die Idee kämen, Aufstände oder Unruhen   15
anzuzetteln.
In riesigen Arenen, die an heutige Fußballstadien erinnern, traten Menschen
zum Kampf gegeneinander und zum Teil auch gegen wilde Tiere an. Gladiatoren waren Berufskämpfer – sie machten nichts anderes, als zu kämpfen
und für den Kampf zu trainieren. Manche reizte der Ruhm, doch die meisten   20
Gladiatoren kämpften nicht freiwillig. Sie waren Sklaven oder Kriegsgefangene, die zum Kampf gezwungen wurden. Erfolgreichen Kämpfern winkte die
Freilassung. Doch so weit kam es nur selten. Denn bei Gladiatorenkämpfen
ging es um Leben und Tod. Der Unterlegene starb entweder im Kampf oder
wurde von Kaiser und Volk zum Tode verurteilt. Das Urteil vollstreckte der   25
Sieger. Schon damals gab es aber auch „Publikumslieblinge" – Kämpfer, die
beim Volk so beliebt waren, dass es lautstark deren Überleben forderte.

Autorentext

---

**AUFGABENSTELLUNG**

**1** Sind die nachfolgenden Aussagen richtig oder falsch? Kreuze an.

| Aussage | richtig | falsch |
|---|---|---|
| a) Gladiatorenkämpfe gab es bereits im antiken Griechenland. | ☐ | ☐ |
| b) Gladiatoren kämpften auch gegen wilde Tiere. | ☐ | ☐ |
| c) Niemand konnte zum Gladiatorenkampf gezwungen werden. | ☐ | ☐ |
| d) Das Volk hatte Mitspracherecht bei der Entscheidung, ob jemand überlebte. | ☐ | ☐ |
| e) Wenn jemand zum Tode verurteilt wurde, tötete ihn der Kaiser selbst. | ☐ | ☐ |

**2** Erkläre in eigenen Worten, was ein Gladiator ist.

_____

_____

**3** Nenne drei Gründe, die dazu führen konnten, dass jemand als Gladiator kämpfte.

_____

_____

_____

**4** Im Text wird behauptet, „Brot und Spiele" reichten aus, um ein Volk zu regieren. Stimmt das? Erkläre zunächst den Ausdruck und begründe dann deine Antwort.

_____

_____

_____

**MATERIAL 2**   Liedtext – Wie Gladiatoren

Wir betreten die Arena – das wird kein Zuckerschlecken.
Nur der geringste Fehler und schon kannst du's vergessen.
Doch wir gehen nicht in Deckung. Wir wollen uns nicht verstecken.
Wir sind dafür geboren wie Gladiatoren.

5 Was'n Einmarsch. Wir kommen hier rein: Uns kennt kein Arsch.
Was soll das sein? Das wird kein Spaß.
Das wird sicher nicht einfach.
Doch wir wissen, dass es keiner allein schafft.

Wir sind Gefährten, eine Gemeinschaft.
10 Setzen, ehrlich gesagt, alles auf ein Blatt.
Sollten wir scheitern, holt bitte keinen Arzt.
Macht euch bereit, denn hier kommt unser Einsatz.

Wir betreten die Arena – das wird kein Zuckerschlecken.
Nur der geringste Fehler und schon kannst du's vergessen.
15 Doch wir gehen nicht in Deckung. Wir wollen uns nicht verstecken.
Wir sind dafür geboren wie Gladiatoren.

**Quelle:** Die fantastischen Vier. Text: Michael Beck / Michael B. Schmidt / Andreas Rieke / Thomas Dürr
© Arabella Musikverlag GmbH, Berlin, EMI Music Publishing Germany GmbH, Berlin/SONY ATV
Music Publishing GmbH

**5** „Wir sind dafür geboren wie Gladiatoren" heißt es in dem Lied. Welches sprachliche Mittel wird hier verwendet?

_____

**6** Im Text wird der Auftritt der Band mit einem Gladiatorenkampf gleichgesetzt. Überlege eine Gemeinsamkeit, die dies rechtfertigen könnte. Gib die dazu passende Textstelle an.

_____

_____

_____

**MATERIAL 3**   Das Phänomen „Ninja Warrior Germany[1]"

Mit „Ninja Warrior Germany" hat RTL im Sommer 2016 einen echten Hit gelandet. Mit durchschnittlich 20 Prozent Marktanteil war das Zuschauerinteresse an allen Folgen des Events enorm.
Nach Vorrunde, Halbfinale und Finale wird am Ende der „Ninja Warrior Germany" gesucht. Allein die Vorrunde besteht aus sieben Folgen. Stets geht 5 es für die Teilnehmer darum, einen Hindernisparcours schnellstmöglich zu bewältigen. Es wird an Seilen gehangelt, balanciert, geklettert – und immer besteht die Gefahr, ins Wasser zu fallen und auszuscheiden.
Jeder Teilnehmer hat nur eine Chance, den Parcours zu bewältigen, und die Zuschauer sind begeistert. Doch warum? Liest man sich durch die Kommen- 10 tare im Internet, wird schnell klar, dass die Faszination zum einen die echte Bewunderung der Fähigkeiten mancher Teilnehmer ausmacht, zum anderen aber auch die Schadenfreude am Scheitern anderer. Welcher Athlet zu welcher Gruppe gehört, bleibt dem Zuschauer überlassen. Und dann ist da ja noch das Fernsehen. Natürlich gibt es Moderatoren, die kommentieren, was das Zeug 15 hält, und Redakteure, die die Bilder zusammenschneiden. Ob und wie die Sportler im Fernsehen präsentiert werden, bleibt also dem Sender überlassen. Auch hier gilt es natürlich, den Zuschauer zufriedenzustellen. Fernsehen lebt davon, dass es Helden gibt – und natürlich Verlierer.
Verlierer gibt es bei „Ninja Warrior Germany" viele. Scheitern gehört zum 20 Programm. Zwar gab es am Ende der ersten beiden in Deutschland gesendeten Staffeln einen Sieger, den „last man standing" – das ausgeschriebene Preisgeld hat er jedoch nicht erhalten. Er war zwar der beste der modernen Gladiatoren, aber eben nicht gut genug. Den Finalparcours brachte auch er nicht zu Ende. Dennoch schienen sowohl Sportler als auch Zuschauer zufrieden. Für die 25 Athleten war es, so ist es in den Interviews zu hören, eine Herausforderung, der sich viele gerne wieder stellen wollen. Und gerade der Ehrgeiz der Sportler machte es für die Zuschauer möglich, mitzufiebern und gespannt den Ausgang der kurzweiligen Veranstaltung zu verfolgen.

1 Die Fernsehsendung „Ninja Warrior Germany" bietet Männern und Frauen die Gelegenheit, Können, Geschicklichkeit und Kampfgeist in einem Hindernisparcours zu erproben. Der Siegerin bzw. dem Sieger winkt eine Prämie von 100.000 Euro.

Autorentext

**7** Überlege dir stichpunktartig drei Gründe, warum es Sportler reizt, bei Fernsehsendungen wie „Ninja Warrior Germany" mitzumachen.

_____

_____

_____

**8** Im Material 3 werden die Teilnehmer der Show als „moderne Gladiatoren" (Z. 23) bezeichnet. Formuliere in eigenen Worten, was den Unterschied der Teilnehmer im Vergleich zu den Gladiatoren der Antike ausmacht.

_____

_____

_____

**9** Erkläre aus dem Textzusammenhang, was mit dem Satz „Scheitern gehört zum Programm" (M3, Z. 20/21) gemeint ist.

_____

_____

_____

## Wahlteil A

**Deine Klasse hat im Unterricht den Film „Gladiator" gesehen. Begeistert bittet ihr den Geschichtslehrer, das Thema „Gladiatorenkämpfe" aufzugreifen. Er sagt: „Wenn ihr mir erklären könnt, was die Gladiatoren von damals mit der heutigen Zeit zu tun haben, schiebe ich das Thema im Unterricht dazwischen." Du beschließt, einen Kurzvortrag zu erarbeiten.**

### AUFGABENSTELLUNG Wahlteil A

Verfasse den Vortrag zum Thema „Moderne Gladiatoren" in Form eines informierenden Textes. Nutze alle Materialien.

a)  Stelle in der Einleitung das Thema so dar, dass du in deiner Klasse Interesse weckst.
b)  Erkläre in eigenen Worten, was ein Gladiator ist und wie diese früher gelebt haben.
c)  Erkläre anhand von drei Merkmalen, was man unter dem Begriff „moderne Gladiatoren" versteht.
d)  Schließe den Text mit einem Appell an den Lehrer, das Thema im Unterricht zu behandeln.

## Wahlteil B

**Du bist ein guter Parkour-Läufer und Kletterer. Weil du sehr sportlich bist, schlägt ein Freund dir vor, dich bei „Ninja Warrior Germany" zu bewerben. Du selbst bist dir nicht sicher, was du machen sollst. Wäge ab, ob du an der Show teilnehmen sollst oder nicht.**

### AUFGABENSTELLUNG Wahlteil B

Verfasse einen inneren Monolog. Gehe folgendermaßen vor:

a)  Beginne deine Ausführungen damit, dass du den Vorschlag deines Freundes benennst und erklärst, warum du dich darüber freust.
b)  Erkläre, warum du begeistert davon wärst, an der Show teilzunehmen.
c)  Mache dir klar, dass es auch Gründe gibt, die gegen eine Teilnahme sprechen.
d)  Beschreibe ausführlich den Weg zu deiner Entscheidung: Nimmst du teil oder nicht?

## E  Original-Prüfungsaufgaben 2022

Im Folgenden sind die Original-Prüfungsaufgaben aus dem Jahr 2022 abgedruckt. In der Prüfung erhältst du ausreichend Schreibpapier. Schreibe deine Texte hier auf gesonderte Blätter.

## E 1  Hörverstehen: Ein weißer Wal im Rhein

Hinweise für Lehrkräfte (ACHTUNG: Methodik wurde inzwischen geändert, siehe Seite 9):
1. Lesen Sie den Schülerinnen und Schülern den beigefügten Text einmal langsam und deutlich vor.
2. Die Schülerinnen und Schüler fertigen während des ersten Vorlesens keine Notizen an.
3. Machen Sie eine kurze Pause.
4. Lesen Sie den Text ein **zweites Mal** langsam und deutlich vor. Die Schülerinnen und Schüler **können** sich dabei Notizen machen.
5. Verständnis- und Nachfragen der Schülerinnen und Schüler zum Text werden **nicht** beantwortet.
6. Die Arbeitsblätter zum Hörverstehen werden unmittelbar nach der Bearbeitung eingesammelt.

**Hörverstehen**

### Ein weißer Wal im Rhein  *Nicole Röndigs*

[...] Ein Frühlingsmorgen im Mai 1966. Zwei Flussschiffer auf dem Tankschiff „Melani" entdecken plötzlich etwas Großes, Weißes zwischen den Wellen. Die Männer melden der Wasserschutzpolizei per Funk ein vermeintliches Ungeheuer im Rhein. Sofort bittet die Polizei den Duisburger Zoodirektor um Hilfe bei der Identifikation des Tieres. Der Zoologe ist begeistert: Im Rhein  5 schwimmt ein Beluga, ein Weißwal. Er erkennt die Chance für seinen Zoo, denn er möchte den Beluga als neue Attraktion in seinem Großaquarium präsentieren.
Viele Medien berichten über den merkwürdigen Gast im Fluss. Zahlreiche Schaulustige drängeln sich am Ufer und bestaunen „Moby Dick", wie er bald  10 genannt wird. Alle rätseln: Wie kommt der Beluga in den Rhein? Eigentlich sollte sich das rund vier Meter lange, schneeweiße Tier mit Artgenossen im Polarmeer tummeln und nicht allein im vergleichsweise warmen Süßwasser schwimmen. Es stellt sich heraus, dass das vor Kanada gefangene Tier mit einem Frachtschiff unterwegs zu einem Zoo in England war. Vor der engli-  15 schen Küste hatte ein Sturm den Frachter zum Kentern gebracht. Der Beluga war entkommen und orientierungslos den Rhein hinaufgeschwommen. [...] Der Zoodirektor will den Wal mit ungewöhnlichen Mitteln fangen. Er leiht sich zahlreiche Tennisnetze, die miteinander zu einem großen Treibnetz verknotet werden. Damit drängen Helfer den Beluga von Polizeibooten aus in den Duis-  20 burger Hafen. Doch der Wal entwischt zurück in den Fluss. Auch der Einsatz einer Betäubungspistole führt nicht zum Erfolg. Der Direktor gibt nicht auf. Er mobilisiert einen Mitarbeiter mit Pfeil und Bogen, um dem Beluga eine Boje anzuhängen – wieder ohne Erfolg. Schließlich ruft er die Bundeswehr, weitere Boote der Wasserschutzpolizei und der Feuerwehr zur Unterstützung  25 herbei. Alle Maßnahmen scheitern und der Wal entkommt immer wieder. Inzwischen ist „Moby Dick" zum Liebling der Deutschen geworden und hat zahlreiche Fans. Die Walfänger dagegen sind Beschimpfungen in den Zeitungen ausgesetzt. Die Verhaftung des Zoodirektors wird gefordert. Tierschützer mieten sich einen Hubschrauber und bewerfen die Jäger mit Orangen. [...]  30

Das letzte Mal wird der Weißwal gesichtet, als er an der Stadt Bonn vorbei-
schwimmt. Es ist „Moby Dicks" letzte große Show in Deutschland. Nach
seinem „Auftritt" in Bonn macht er kehrt und schwimmt den Rhein hinab
nach Holland. [...] Am 16. Juni wird der Wal noch einmal am Unterlauf des
35  Rheins gesichtet, anschließend verschwindet der Beluga im offenen Meer.

(Wörter: 366)

**Quelle:** Nicole Röndigs, Moby Dick im Rhein. Aus: Geolino Ausgabe 02/2016, G+J Medien GmbH,
Hamburg. https://www.geo.de/geolino/natur-und-umwelt/258-rtkl-schaltjahr-moby-dick-im-rhein.
(verändert, aufgerufen am 01.03.2021)

## AUFGABENSTELLUNG

**1** Im Hörtext werden verschiedene Bezeichnungen für den Wal verwendet.   (__/1 P.)
Kreise die zwei Bezeichnungen ein, die im Hörtext genannt werden.

Flussdelfin – Beluga – Katzenhai – Moby Dick – Orka – Pottwal

**2** Nenne den Grund, warum der Zoodirektor den Wal unbedingt einfangen möchte.   (__/2 P.)

_____

_____

**3** Wie kam der Wal in den Rhein? Kreuze die richtige Aussage an.   (__/1 P.)

Das vor Australien gefangene Tier war mit einem Frachter auf dem Weg in einen russischen Zoo.
Der Frachter lief auf Grund, das Tier entkam und schwamm den Rhein hinauf.   ☐

Das vor Kanada gefangene Tier war mit einem Frachtschiff auf dem Weg in einen englischen Zoo.
Ein Sturm ließ das Schiff kentern, das Tier entkam und schwamm den Rhein hinauf.   ☐

Das im Mittelmeer gefangene Tier war mit einer Fähre auf dem Weg in einen italienischen Zoo.
Die Fähre geriet in Seenot, das Tier entkam und schwamm die Donau hinauf.   ☐

**4** Beschreibe in vollständigen Sätzen zwei Maßnahmen, wie der Wal eingefangen werden sollte. (__/2 P.)

_____

_____

_____

**5** Vervollständige den Satz sinngemäß.   (__/1 P.)

Zeitungen fordern die Verhaftung des Zoodirektors und Tierschützer setzen sich für den Wal ein,
indem ...

_____

**Quelle** (Aufgaben): Niedersächsisches Kultusministerium, Hannover 2022

## E 2 Hauptteil: Die Sage von der Loreley

In dieser Arbeit beschäftigst du dich mit unterschiedlichen Texten zum Mittelrheintal und der Loreley. Am Ende verfasst du einen informierend-appellierenden oder informierend-argumentierenden Text.

### Hauptteil

**MATERIAL 1** **Die Jungfrau von der Loreley** *(Autor unbekannt)*

Vor langer Zeit lebte auf der Loreley, einem Felsen am Rhein, ein wunderschönes junges Mädchen. Sie hatte eine liebliche Stimme, die alle Menschen verzauberte. Immer wenn sie eines ihrer Lieder sang, blieben die Menschen 5 sprachlos stehen, um der faszinierenden Stimme zu lauschen.

Alles hätte so schön sein können, doch leider ließen sich auch die Fischer auf 10 dem Rhein von dem Gesang der Jungfrau[1] in den Bann ziehen. Und so achteten sie nicht mehr auf die Felsen, die den Rhein an dieser Stelle ganz besonders gefährlich machen, und versanken 15 mit ihren Schiffen mitsamt Mann und Maus in den Fluten des Flusses.

Dabei mochte das Mädchen die Fischer ganz besonders gerne. Nur ihnen zeigte sie sich, kein anderer Mensch wusste, wie schön und liebreizend sie war. Die Fischer waren es schließlich, die die Geschichte von der schönen Jungfrau 20 weit hinaus in die Welt trugen.

So kam es, dass auch der Sohn des Pfalzgrafen[2] von diesem einzigartigen Mädchen, von ihrer Schönheit, ihrem Liebreiz und ihrer wundervollen Stimme hörte, aber auch von den tragischen Ereignissen auf dem Wasser. Und er beschloss sofort, diesem Spuk ein Ende zu bereiten. 25

Eines Abends zog er mit einem Fischer aus, setzte sein Boot auf den Rhein und ruderte zu der Stelle, die ihm der Fischer mitgeteilt hatte. Als sie nun an die Stelle kamen, wo der Loreley-Felsen lag, da rief der Fischer: „Seht dort. Dort oben sitzt sie. Hört Ihr ihre Stimme?" Da sah auch der junge Adelige die schöne Frau, die am Rande des Felsens saß und ihre goldenen Haare kämmte. 30 Dabei sang sie ein trauriges Lied.

Es dauerte nur wenige Minuten, da war der junge Mann dem Mädchen hoffnungslos verfallen. Er befahl dem Fischer, das Boot an Land zu rudern. Aber als er selbst an Land springen wollte, rutschte er unglücklich aus und versank, wie schon viele Männer vor ihm, in den Fluten des Rheins. Nie wieder hat 35 jemand den Sohn des Pfalzgrafen gesehen.

Als der Vater von dem großen Unglück erfuhr, wurde er sehr zornig. Er befahl einem seiner Soldaten, die Frau tot oder lebendig zu ihm zu bringen. Der versprach es und zog schon am folgenden Abend zur Loreley aus. Tatsächlich schaffte es dieser Mann, den Felsen unversehrt zu erklimmen. Oben saß die 40

MATERIAL 1

schöne Frau mit einer Bernsteinkette in der Hand, sah ihn erwartungsvoll an und fragte schließlich: „Was möchtest du von mir?"

„Natürlich dich, du Zauberin", rief der Angesprochene. „Ich befehle dir, dich sofort in die Fluten des Rheins zu stürzen, du hast Unglück über das Heim
45  unseres Pfalzgrafen gebracht." Da lachte die Frau, warf die Bernsteinkette in den Fluss hinunter und rief: „Vater, Vater, geschwind, geschwind, die weißen Rosse schick deinem Kind, es will reiten mit Wogen und Wind."

Kaum hatte sie das letzte Wort ausgesprochen, bäumten sich zwei mächtige weiße Wellen im Rhein auf, brachen über dem Felsen, auf dem die schöne
50  Frau saß, zusammen und zogen sie mit sich in die Tiefe des Flusses, wo sie verschwand.

Nie wieder hat ein Mensch die junge Frau von der Loreley gesehen.

**1 die Jungfrau:** altertümliche Bezeichnung für eine junge, unverheiratete Frau

**2 der Pfalzgraf:** Vertreter des Königs oder Kaisers

**Quelle:** https://www.labbe.de/blog/Die-Jungfrau-von-der-Lorelei (Text verändert, aufgerufen am 01.03.2021)

**Bildquelle:** akg-images GmbH, Berlin

## AUFGABENSTELLUNG

**1** Entscheide, ob die folgenden Aussagen richtig oder falsch sind. (__/2 P.)

| | richtig | falsch |
|---|---|---|
| Die Fischer achteten besonders auf die gefährlichen Felsen im Rhein. | ☐ | ☐ |
| Der König wollte das liebreizende Mädchen unbedingt treffen. | ☐ | ☐ |
| Ein Soldat kletterte den Felsen unversehrt hinauf und traf die junge Frau. | ☐ | ☐ |
| Die junge Frau wurde von dem Soldaten festgenommen. | ☐ | ☐ |

**2** Erkläre den Satz aus Zeile 19 bis 21 mit eigenen Worten. (__/1 P.)

„Die Fischer waren es schließlich, die die Geschichte von der schönen Jungfrau weit hinaus in die Welt trugen."

_____

_____

_____

---

**Infobox – Was ist eine Sage?**

Die Sage ist eine volkstümliche und oft wundersame, fantastische Erzählung, die zunächst mündlich überliefert wurde. Häufig handelt es sich bei den Inhalten um Erklärungsversuche für Geschehnisse, die man früher nicht verstehen konnte. Die Sage hat oft einen wahren Kern. Der ursprüngliche Verfasser der Sage bleibt unbekannt. Typische Merkmale einer Sage:

• Die Sage knüpft an reale Personen, Orte und Zeitangaben an.
• Magische Kräfte und Wesen (z. B. Riesen, Teufel …) spielen eine große Rolle.
• Die Sprache der Sage ist einfach.
• Die Sage handelt häufig von Kampf, Sieg oder Niederlage.

**Quelle** (Aufgaben): Niedersächsisches Kultusministerium, Hannover 2022

**3** Kreuze die zwei Aussagen an, die in Bezug auf die Sage *Die Jungfrau von der Loreley* (Material 1) zutreffen. (__/1 P.)

Die Sage erzählt eine Familiengeschichte. ☐

Der Verfasser der Sage ist unbekannt. ☐

Die Sage enthält ausschließlich reale Personen und Wesen. ☐

Die Sage versucht, ein unbegreifliches und unerklärliches Phänomen zu erklären. ☐

**4** Verfasse eine kurze Inhaltsangabe für *Die Jungfrau von der Loreley* (Material 1). (__/5 P.)
Schreibe einen einleitenden Satz und gib den Inhalt in wenigen Sätzen wieder.

_____

_____

_____

_____

_____

_____

_____

_____

_____

_____

**MATERIAL 2**  ## Die sagenhafte Geschichte von der Loreley
*Daniel Münter*

Das romantische Rheintal zwischen Bingen und Koblenz ist eines der deutschen Wahrzeichen[1].
Der Fluss hat sich tief in das Rheinische Schiefergebirge[2] eingegraben. 5 Auf 65 Flusskilometern stehen 40 Burgen, Schlösser und Festungen. Doch von herausragender Bedeutung ist der 132 Meter hohe Felsen: die Loreley.

Auf diesem Felsen über dem Rhein, genau an der tiefsten und engsten Stelle 10 des Flusses, sitzt der Überlieferung nach die betörende[3], gefährliche Jungfrau Loreley. Sie kämmt ihr langes, goldenes Haar und zieht mit ihrem Gesang die Fischer auf dem Fluss ins Verderben. [...] Die Geschichte der Jungfrau Loreley ist weltweit berühmt, doch ist sie wirklich eine Sage aus uralten Zeiten? Und warum saß die blonde Jungfrau angeblich genau auf diesem Felsen im 15 Mittel-Rheintal? [...]
Wissenschaftler machten sich auf die Suche nach den Wurzeln des Loreley-

**Quelle** (Aufgaben): Niedersächsisches Kultusministerium, Hannover 2021

Mythos[4] und wurden fündig. In Handschriften wird der Loreley-Felsen ab dem 10. Jahrhundert erwähnt. [...]

20 In den alten Schriften findet sich aber nichts von einer betörenden Jungfrau. Dafür wird immer wieder ein starkes Echo erwähnt, das das Rauschen des Rheins an dieser Stelle vervielfacht. Das könnte auch die Entstehung des Namens erklären: „Ley" heißt schlicht Fels und „Lore" ist ein altes Wort für einen rauschenden Schall.

25 Die steilen Felswände an der Loreley sind das Ergebnis eines viele Millionen Jahre dauernden erdgeschichtlichen Prozesses. Das Schiefergestein, das dabei entstand, ist von Querrissen durchzogen und bietet so eine Angriffsfläche für die nagende Kraft des Wassers. [...] Mit dem Beginn der Eiszeiten sank der Meeresspiegel, und der Fluss erhielt so ein größeres Gefälle. Die Strömung

30 des Rheins erhöhte sich erheblich und das Wasser fraß sich vergleichsweise schnell in das besondere Gestein.

Das Wasser wusch allerdings nicht alle Gesteinsschichten gleichmäßig gut aus. Immer wieder blieben Reste von Felsen im Fluss stehen und machten die Schifffahrt durch das Mittel-Rheintal sehr riskant. Ganz in der Nähe der

35 Loreley, hoch über dem Rhein in der Burg Rheinfels, findet sich im dortigen Museum eine Zeichnung von 1737, auf der die gefährliche Passage an der Loreley abgebildet ist. Außer den Felsen unter der Wasseroberfläche bedrohten eine Sandbank und Stromschnellen die Schiffer. Vor allem die Strudel hinter der Sandbank waren für Boote gefährlich, hier wurden sie in die Tiefe

40 gerissen. [...]

Um diese Gefahrenstelle im Fluss rankten sich schon früh mythische Geschichten. Es gibt Aufzeichnungen aus vielen Jahrhunderten über Schiffbrüchige am Loreley-Felsen. Doch in keiner einzigen ist vor 1801 von einer Jungfrau und ihrem Gesang die Rede. [...]

45 Im 19. Jahrhundert änderte sich der Blick der Menschen auf den Rhein. Sie entdeckten ihn als besonders romantische Landschaft. In dieser Zeit erfand der Dichter Clemens Brentano die Gestalt der Loreley für eine seiner Balladen. Bei ihm ist sie noch eine Zauberin, die sich aus Liebeskummer in den Rhein stürzt. Die Figur wurde von anderen Künstlern begeistert aufgenommen. [...]

50 Seitdem zieht die Loreley Touristen in Scharen an. Die gefährlichen Felsen unter der Wasseroberfläche des Rheins sind schon lange gesprengt, und auch das Echo verschwand durch Bauarbeiten für Schienen und Straßen. Was bleibt, ist die außergewöhnliche Landschaft: der Rhein, die Burgen und Schlösser und der gar nicht so alte Mythos der Loreley.

1 **das Wahrzeichen:** typisches Erkennungsmerkmal von Deutschland

2 **der Schiefer:** typische Gesteinsart im Rheinischen Schiefergebirge

3 **betörend:** verführerisch

4 **der Mythos:** sagenhafte Geschichte

**Quelle:** Daniel Münter, Informationstext „Der Loreley-Mythos" zur Sendung „W wie Wissen" vom 21.08.2011, Westdeutscher Rundfunk, Köln. https://www.daserste.de/information/wissen-kultur/w-wie-wissen/sendung/2011/der-loreley-mythos-100.html (verändert, aufgerufen am 01.03.2021)

**Bildquelle:** Shutterstock/A. Emson

**5** Erschließe den Text (Material 2), indem du nachfolgende Fragen beantwortest. (___/3 P.)

Wo liegt der Loreley-Felsen?

_____

Was bedeutet der Name Loreley?

_____

Was machte den Rhein unterhalb des Loreley-Felsens so gefährlich?

_____

Wann wurde die Gestalt der Jungfrau Loreley erfunden?

_____

Welche Eigenschaften werden der Jungfrau Loreley zugeschrieben?

_____

Wofür wird der Begriff Loreley verwendet?

_____

**6** Das Wort *Passage* (Material 2) kann verschiedene Bedeutungen haben. Kreuze an, welche der nachfolgenden Erklärungen im Textzusammenhang auf das Wort Passage zutrifft (Zeile 36). (___/1 P.)

Tonfolge in einem Musikstück ☐

Abschnitt eines Textes ☐

Gangart der hohen Schule im Reitsport ☐

schmale Stelle zur Durchfahrt ☐

Einkaufszentrum ☐

**7** Schreibe aus Material 2 den Satz heraus, der sinngemäß das Gleiche aussagt: (___/1 P.)

*Forscher fanden die Ursprünge der sagenhaften Geschichte der Loreley heraus.*

_____

_____

**8** Entscheide, auf welches Material die folgenden Aussagen zutreffen. Kreuze an. (___/2 P.)

| Trifft zu auf … | Material 1 | Material 2 | Material 1 und 2 |
|---|---|---|---|
| Es handelt sich um einen literarischen Text. | ☐ | ☐ | ☐ |
| Die Loreley verschwindet in den Tiefen des Rheins. | ☐ | ☐ | ☐ |
| Die Schiffsunglücke werden anhand der Naturgegebenheiten im Rhein erklärt. | ☐ | ☐ | ☐ |
| Der Text bezieht sich auf eine bestimmte geografische Region. | ☐ | ☐ | ☐ |

**Quelle** (Aufgaben): Niedersächsisches Kultusministerium, Hannover 2022

**9** In der Tabelle sind zwei Schreibweisen für ein Wort aufgelistet. Welche Rechtschreibstrategie eignet sich jeweils, um die korrekte Schreibweise der Beispielwörter zu überprüfen? Schreibe das Beispielwort <u>richtig</u> in die entsprechende Spalte. (___/2 P.)

| | das Wort verlängern | vom Wortstamm ableiten | die Länge des Vokals überprüfen | Fremdwort im Wörterbuch nachschlagen |
|---|---|---|---|---|
| *Beispiel:* lächeln oder lecheln | | lächeln (lachen) | | |
| mythisch oder müthisch? | | | | |
| Schloss oder Schloß? | | | | |
| Felswand oder Felswant? | | | | |
| gefährlich oder gefehrlich? | | | | |

## E 3  Wahlteil A und B

### Wahlteil A   informierend-appellierender Text                                    (___/9 P.)

**Deine Klasse sammelt verschiedene Vorschläge für das Ziel einer Klassenfahrt. Du begeisterst dich für das Mittelrheintal, besonders für die Gegend am Loreley-Felsen. Du möchtest deine Klasse davon überzeugen, diese Region zu erkunden. Auch der Spaß soll dabei nicht zu kurz kommen. Als Grundlage deines Vortrags schreibst du einen Text, in dem du die dortigen Attraktionen vorstellst. Verwende Material 1 und 2 sowie die Materialien zum Wahlteil A von Seite 115 und 116.**

#### AUFGABENSTELLUNG Wahlteil A

Beachte beim Verfassen deines Textes Folgendes:

a) Gehe zu Beginn auf das Ziel eurer Klassenfahrt ein und beschreibe die landschaftlichen Besonderheiten des Mittelrheintals.

b) Stelle den Loreley-Felsen als einen möglichen Programmpunkt vor. Berichte kurz über die spannende Sage der Jungfrau Loreley. Erkläre die Entstehung der Sage auch im Zusammenhang mit dem Untergang vieler Schiffe an dieser Stelle des Rheins.

c) Schlage anschließend mindestens zwei weitere Ausflugsziele vor und begründe, warum die gewählten Ziele deine Klasse besonders ansprechen könnten (siehe Materialien zum Wahlteil A).

d) Sprich dich im Schlussteil deines Vortrags noch einmal eindringlich für die Reise an den Rhein aus.

e) Verknüpfe die Textteile mit abwechslungsreichen und treffenden Überleitungen.

**Quelle** (Aufgaben): Niedersächsisches Kultusministerium, Hannover 2022

## Wahlteil B    informierend-argumentierender Text                    (__/9 P.)

Dein bester Freund / Deine beste Freundin besitzt einen Sportboot-Führerschein und lädt dich im Sommer zu einer Tour auf dem Rhein ein. Du informierst dich über die Strecke, die ihr fahren werdet. Im Internet entdeckst du in mehreren Berichten, dass es immer wieder zu Schiffsunfällen unterhalb des Loreley-Felsens kommt. Du machst dir Gedanken, denn auch ihr wollt diese Passage nehmen. Du schreibst deinem Freund / deiner Freundin eine E-Mail, in der du ihm/ihr mitteilst, ob du mitfährst oder nicht. Verwende Material 1 und 2 sowie die Materialien zum Wahlteil B von Seite 116.

### AUFGABENSTELLUNG Wahlteil B

Beachte bei der schriftlichen Ausarbeitung deines Beitrags Folgendes:

a) Beachte den formalen Aufbau einer E-Mail.
b) Gehe zu Beginn deiner E-Mail auf die Einladung zu dieser Bootstour ein.
c) Erkläre, weshalb die Stelle unterhalb des Felsens so gefährlich ist, und beziehe dabei auch den Mythos der Loreley ein.
d) Entscheide, ob du deinen Freund / deine Freundin auf der Bootstour begleiten wirst. Begründe deine Entscheidung mit zwei überzeugenden Argumenten.
e) Verknüpfe die Textteile mit abwechslungsreichen und treffenden Überleitungen.

### MATERIAL Wahlteil A

**St. Goar** ist die „kleinste Weltstadt" am Mittelrhein. Weltoffen, international, bunt in ihrer abwechslungsreichen Geschichte. Mit der Loreley gegenüber und der imposanten Burg Rheinfels ist sie das Ziel zahlreicher Touristen aus aller Welt. Unterhalb der Burg befindet sich eine der schönsten und modernsten Jugendherbergen.

**Sommerrodelbahn:** Die Sommerrodelbahn auf dem Loreley-Plateau gehört zu den Top-Ausflugszielen im Mittelrheintal und bietet Rodelspaß für Groß und Klein.

**Rafting Touren auf dem Rhein:** Erlebe während der Wildwasser-Tour im Schlauchboot ein aufregendes Abenteuer.

**Quelle** (Aufgaben): Niedersächsisches Kultusministerium, Hannover 2022

**Burg Rheinfels in St. Goar:** Im Jahr 1245 in St. Goar erbaut, stellt die Burg Rheinfels heute die größte Burg- und Festungsanlage am Mittelrhein dar. Besichtigungen der imposanten Burg mit und ohne Führungen bieten ein großartiges Erlebnis.

**Sehenswürdigkeiten im Mittelrheintal, Wanderung zum Loreley-Felsen:** Nach einer Wanderung auf den weltberühmten Loreley-Felsen (182 m hoch) wird man mit einem tollen Blick ins Rheintal belohnt. Auf der Open-Air-Freilichtbühne finden regelmäßig Feste, Konzerte und Theateraufführungen statt.

**Bildquellen** (von oben nach unten): Shutterstock/saiko3p; Adobe Stock/andtam1; Shutterstock/Aleksandr Lupin; Imago, Berlin/YAY Images; Adobe Stock/Hans-Joachim Nitschmann

---

**MATERIAL Wahlteil B** *

Meldung aus einer Regionalzeitung:

## Schiffsunglücke an der Loreley
**Es kämmt keine langhaarige Schönheit auf dem Felsen ihr Haar und lockt die Schiffe ins Verderben. Dennoch passieren im Rhein in der Nähe des Loreleyfelsens immer wieder Unglücksfälle.**
Der zuständige Fachgebietsleiter des Wasserstraßen- und Schifffahrtsamts berichtet, dass um das Jahr 2000 herum noch mehr als 100 Unfälle pro Jahr registriert worden wären. Inzwischen ginge die Zahl dank der besseren technischen Ausrüstung zurück. Doch auch jetzt komme es jährlich an der Loreley zu mehreren Unfällen mit Booten und Schiffen.

Schiffsbergung im Rhein

Adobe Stock/Stefan Biniszkiewicz

Aus einem Blog:

**KLABAUTERFRAU** ................................................................................................. 11.06. / 14:40
Sind eben unterhalb der Loreley langgefahren. Umwerfende Landschaft und tolle Aussichten. Wir haben erst seit kurzem einen Bootsführerschein, kamen aber gut an den Felsen vorbei. Wir passen aber auch immer sehr auf, sicher ist sicher!
**QUEENOFKANU** ...........................................................................................................02.07. / 17:10
Auch wenn ihr einen Bootsführerschein habt: Nehmt den Rhein ernst! Ist immerhin eine Hauptwasserstraße, auf der große Schiffe mit hoher Geschwindigkeit unterwegs sind. Unbedingt die Vorfahrtsregeln beachten!
**SEEWOLF**.......................................................................................................................04.07. / 20:00
Für mich gibt es nichts Schöneres, als auf dem Wasser zu sein! Kenne auch den Rhein gut, trotzdem hat QUEENOFKANU Recht: Man muss dort gut aufpassen, damit man schnell reagieren kann.

---

* Texte und Abbildung von Material B weichen aus lizenzrechtlichen Gründen von der Darstellung in der Original-Prüfungsarbeit ab.

# Glossar

**Alliteration:** → *Sprachliche Mittel*

**Anapher:** → *Sprachliche Mittel*

**Auktorialer Erzähler:** → *Merkmale erzählender Texte*

**Bericht:** → *Journalistische Textsorten*

**Diagramm:** → *Grafik*

**Direkte Rede:** → *Merkmale erzählender Texte*

**Ellipse:** → *Sprachliche Mittel*

**Epik:** Unter diesem Begriff fasst man alle Arten der erzählenden Dichtung zusammen. Es gibt viele epische Kleinformen (→ *Erzählung*, → *Fabel*, → *Kurzgeschichte*, → *Märchen, Sage, Schwank*). Zu den umfangreicheren epischen Texten gehört der → *Roman*.

**Erlebte Rede:** → *Merkmale erzählender Texte*

**Er-/Sie-Erzählung:** → *Merkmale erzählender Texte*

**Erzählperspektive:** → *Merkmale erzählender Texte*

**Erzählung:** In der Literatur versteht man unter einer Erzählung alle kurzen erzählenden Texte, die nicht eindeutig einer anderen Kurzform (→ *Fabel*, → *Märchen, Sage, Schwank*) zugeordnet werden können.

**Essay:** → *Journalistische Textsorten*

**Euphemismus:** → *Sprachliche Mittel*

**Fabel:** Dies ist eine zumeist kurze Erzählung, in der Tiere oder Pflanzen sich wie Menschen verhalten. Häufig stehen sich zwei Tiere mit gegensätzlichen Eigenschaften gegenüber. Meistens wird nach einer kurzen Einführung die Handlung durch Rede und Gegenrede fortgeführt und endet mit einem überraschenden Schluss. Am Beispiel des erzählten Geschehens wird eine Lehre gezogen oder Kritik an bestimmten Verhaltensweisen geäußert.

**Gedicht:** → *Lyrik*

**Glosse:** → *Journalistische Textsorten*

**Grafik:** Grafiken stellen statistische Größen und Größenverhältnisse mithilfe von Diagrammen bildlich dar. Man unterscheidet folgende Typen von Diagrammen:
1. Balkendiagramme oder Säulendiagramme, die absolute Zahlen anzeigen. Die Höhe der Säule oder die Länge des Balkens gibt eine Anzahl an.
2. Tortendiagramme bzw. Kreisdiagramme, die eine prozentuale Zusammensetzung einer Gesamtmenge verdeutlichen. Der Kreis ist in mehrere Teile unterteilt, die jeweils den Anteil an der Gesamtmenge wiedergeben.
3. Kurvendiagramme oder Liniendiagramme, die eine Entwicklung anzeigen. Die Daten von verschiedenen Zeitpunkten können mithilfe eines solchen Diagramms miteinander verglichen werden.

**Hyperbel:** → *Sprachliche Mittel*

**Ich-Erzählung:** → *Merkmale erzählender Texte*

**Indirekte Rede:** → *Merkmale erzählender Texte*

**Innerer Monolog:** → *Merkmale erzählender Texte*

**Interview:** → *Journalistische Textsorten*

**Ironie:** → *Sprachliche Mittel*

**Journalistische Textsorten:**

### Informierende Texte
Die **Meldung** ist die Kurzform der Nachricht. Sie enthält nur die wichtigsten Informationen (Wer? Wo? Was? Wann?). Sie steht häufig auf der ersten Seite und weist meist auf einen ausführlichen Bericht im Innenteil der Zeitung hin.

Der **Bericht** ist die ausführliche Form der Nachricht. Er liefert eine detaillierte und sachliche Darstellung eines Sachverhalts.
Merkmale:
1. Die Überschrift (häufig mit Unterüberschrift) informiert sachlich.
2. Ein halbfett gedruckter Vorspann fasst die wichtigsten Informationen (W-Fragen) zusammen.
3. Im Hauptteil erfolgt eine ausführliche Darstellung der Nachricht mit Erklärung der Zusammenhänge und Hintergründe.
4. Die Darstellung ist sachlich, wertende Äußerungen durch den Berichterstatter fehlen.
5. Aussagen von Personen werden in direkter und indirekter Rede wiedergegeben.
6. Häufig ergänzt den Text ein erklärendes Bild.

Die **Reportage** ist das Ergebnis vielfältiger Nachforschungen (= Recherchen). Die Reportage will nicht nur informieren, sondern die Leser auch durch die lebendige Art der Darstellung in besonderem Maße ansprechen.
Merkmale:
1. Die Überschrift ist so formuliert, dass sie die Neugier der Leser weckt.
2. Häufig informiert ein halbfett gedruckter Vorspann über den Inhalt der Reportage.
3. Der Anfang lässt die Leser oft ein Geschehen miterleben.
4. Sachlich-informierende Textstellen wechseln mit persönlich-schildernden Darstellungen.
5. Dadurch ergibt sich oft ein Wechsel von Zeitstufen (z. B. Präteritum für Rückblick).
6. Häufig werden Aussagen von Personen in wörtlicher Rede wiedergegeben.
7. Oft findet man wertende Meinungsäußerungen der Autorin/des Autors.
8. Illustrierende oder erklärende Bilder unterstützen die Aussagen des Textes.
9. Der Name der Autorin/des Autors wird angegeben.

Das **Interview** ist das Ergebnis eines Gesprächs, in dem ein Journalist/eine Journalistin gezielte Fragen an eine Person stellt, die von ihr beantwortet werden. Das Ziel kann darin bestehen, aktuelle Informationen über bestimmte Sachverhalte zu erhalten oder die persönliche Meinung zu einem bestimmten Problem zu erfahren.

### Kommentierende Texte
Der **Kommentar** liefert eine Meinung zu einem Sach-

verhalt. Diese kann zustimmend oder ablehnend sein. Merkmale:

1. Häufig wird er in Verbindung mit einem Bericht oder einer Meldung geschrieben.
2. In vielen Zeitungen erscheinen die Kommentare an einer bestimmten Stelle (z. B. Kommentare zu politischen Ereignissen).
3. Kürzere Kommentare beziehen sich oft auf einen Artikel auf der gleichen Seite.
4. Die Autorin/der Autor wird genannt.
5. In der Regel verwenden Kommentare keine Bilder.

Oft haben Kommentare einen typischen Aufbau:

1. Zunächst werden die wichtigsten Informationen dargestellt, die zum Verständnis der Stellungnahme nötig sind.
2. Die Autorin/der Autor legt seine Meinung begründet dar.
3. Als Abschluss wird meist ein Wunsch oder ein Ausblick formuliert.

Die **Glosse** ist ein locker geschriebener, häufig kritisch gehaltener Kommentar zu einem aktuellen Ereignis. Glossen stehen in vielen Zeitungen und Zeitschriften an einem festen Platz, haben das gleiche Layout und sind eine Form der persönlichen Meinungsäußerung. Merkmale:

1. Sie sind oft zugespitzt formuliert und humorvoll geschrieben.
2. Aktuelle Themen oder neue gesellschaftliche Erscheinungen werden kritisiert oder verspottet.
3. Die Kenntnis des Sachverhalts wird vorausgesetzt.
4. Sie enden oft mit einer überraschenden Wende am Schluss (Pointe).
5. In Glossen tauchen immer wieder ironische Formulierungen, sprachliche Bilder, Wortspiele, Doppeldeutigkeiten und Anspielungen auf.

Der (oder das) **Essay** ist eine kürzere, sprachlich lebendige Abhandlung, in der ein Problem von verschiedenen Seiten betrachtet und in der die persönliche Meinung der Autorin/des Autors zum Ausdruck gebracht wird.

**Karikatur:** Durch Über- oder Untertreibungen werden in Zeichnungen menschliche Schwächen oder Missstände kritisiert und lächerlich gemacht.

**Klimax:** → *Sprachliche Mittel*

**Kommentar:** → *Journalistische Textsorten*

**Konjunktiv:** Die Verbform, die wir normalerweise verwenden, nennt man **Indikativ (Wirklichkeitsform)**: *Er sagt: „Ich komme morgen."*
In der indirekten Rede (→ *Merkmale erzählender Texte*) verwendet man meistens den **Konjunktiv (Möglichkeitsform)**: Er sagt, er komme morgen.
Der Konjunktiv gibt an, was ein anderer gesagt haben soll.

**Kurzgeschichte:** Es handelt sich um einen kürzeren erzählenden Text. Die folgenden Merkmale sind zwar typisch für Kurzgeschichten, aber nicht immer treffen alle Kriterien in gleicher Weise zu. Merkmale:

1. Die Handlung setzt unvermittelt ein.
   Es fehlen einleitende Angaben zu Ort, Zeit und Personen der Erzählung.
2. Gegenstand der Kurzgeschichte sind Alltagspersonen in Alltagssituationen.
3. Die Hauptperson ist einem Problem oder einer kritischen Situation ausgesetzt.
4. Oft nimmt die Handlung eine unerwartete Wendung.
5. Der Schluss ist offen. Der Leser soll über den Fortgang der Handlung selbst nachdenken.
6. Die Darstellung der Handlung ist kurz gefasst und auf das Wesentliche beschränkt.
7. Typische Merkmale der Sprache in Kurzgeschichten:
   – Wiederholungen, Aufzählungen,
   – Umgangssprache, Jugendsprache,
   – mehrere kurze Sätze, die aufeinanderfolgen,
   – unvollständige Sätze (Ellipsen).

**Lyrik:** Lyrik bezeichnet Dichtung in Versform (Gedichte). Früher wurden die Verse zur Lyra, einem alten Saiteninstrument, gesungen. Deshalb sagt man auch heute noch einfach: Lyrik ist liedartige Dichtung. Viele Gedichte sind vertont worden.
Im Gedicht drückt das → *lyrische Ich* seine Gefühle, seine Stimmungen, aber auch seine Erlebnisse, Einstellungen und Gedanken aus.
Viele Gedichte sind in **Strophen** gegliedert. Mindestens zwei Verszeilen werden in einer Strophe zusammengefasst. Oft beginnt mit einer Strophe ein neuer Gedanke. Es gibt Gedichte, die zwar einem bestimmten Rhythmus folgen, aber nicht am Wort- und Versende gereimt sind.
Durch **Reime** erhalten Gedichte eine bestimmte Klangwirkung. Durch den Gleichklang der Reimwörter (z. B. *küssen – müssen; Fassaden – baden*) werden oft zwei oder mehr Verszeilen miteinander verbunden.
Drei Reimformen werden besonders oft verwendet:

**Paarreim**
a Sonne
a Wonne
b Eis
b heiß

**umarmender Reim**
a Sonne
b Eis
b heiß
a Wonne

**Kreuzreim**
a Sonne
b Eis
a Wonne
b heiß

Unter dem **Metrum** eines Gedichts versteht man die Folge von betonten und unbetonten Silben in den Wörtern eines Verses:

x  x́  x  x́  x  x́  x  (= Jambus)
*Es war, als hätt der Himmel …*

x́  x  x́  x  x́  x  x́  x (= Trochäus)
*Als ich schläfrig heut erwachte …*

Eine besondere Gedichtform stellt das **Sonett** dar. Diese Gedichtform wurde im 14.–16. Jahrhundert häufig verwendet. Sie besteht aus zwei Strophen zu vier Zeilen und zwei Strophen zu drei Zeilen. Oft wird in den beiden Vierzeilern das Thema vorgestellt, während die abschließenden Dreizeiler eine Auswertung oder Schlussfolgerung beinhalten.

**Lyrisches Ich:** Das lyrische Ich kann die oder der Sprechende im Gedicht sein. Das lyrische Ich kann, muss aber nicht die Einstellung oder Stimmung der Dichterin/des Dichters wiedergeben.

**Märchen:** Märchen erzählen Geschichten, die sich in Wirklichkeit nicht ereignen könnten. Oft handeln sie von Zauberern, Hexen, Feen und sprechenden Tieren. In einer räumlich und zeitlich nicht festgelegten Welt steht die Hauptfigur vor großen Gefahren und kaum lösbaren Aufgaben. Die Zahlen 3, 6, 7 und 12 spielen eine besondere Rolle. Auch formelhafte Sprüche sind typisch für Märchen. Am Ende siegt meist das Gute.

**Merkmale erzählender Texte:** Wenn man eine Erzählung analysieren will, ist die genaue Untersuchung von folgenden Merkmalen wichtig:

1. **Erzählperspektive:** Ein Autor kann in unterschiedlicher Weise erzählen. Daher unterscheidet man:
   **Ich-Erzählung:** Das Geschehen, aber auch Gedanken und Gefühle werden aus der Sicht einer bestimmten Figur in der 1. Person erzählt: *Meine Eltern schlafen sicher schon. Mir aber dreht sich der Kopf, und ich komm nicht zur Ruhe. Was soll ich nur tun? Könnte ich doch nur die Zeit um einen halben Tag zurückdrehen!*
   **Er-/Sie-Erzählung:** Der Erzähler stellt seine Personen in der dritten Person vor. Er kann dabei **als auktorialer Erzähler (auktoriales Erzählen/auktoriale Erzählsituation)** auftreten. Der Autor ist der Allwissende, der das Geschehen von außen erzählt und auch mehr weiß als die Figuren des Geschehens und daher Ereignisse voraussehen oder auf sie zurückblicken und sie kommentieren kann.
   *Jan vermutete, dass seine Eltern schon schliefen, während er sich im Bett wälzte und sich heftige Vorwürfe machte. Ein bisschen tat er sich auch selbst leid. Seine Eltern schliefen jedoch keineswegs, sondern fassten einen Entschluss.*
   Der Erzähler kann aber auch in der 3. Person aus der Sicht einer Person die Geschichte erzählen und kommentieren. Man spricht dann von einem **personalen Erzähler (personales Erzählen/personale Erzählsituation):**
   *Jan wälzte sich im Bett und fand keine Ruh. Sicher würden seine Eltern schon schlafen. Warum nur konnte er die Zeit nicht zurückdrehen, nur einen halben Tag?*

2. **Zeitverhältnisse:** Wenn ein Erzähler ein Geschehen, das in der Realität sehr kurz ist, sehr ausführlich darstellt und kommentiert, spricht man von **Zeitdehnung:**
   *In diesem Augenblick des Fallens liefen die Ereignisse der letzten Tage in seinem Kopf wie in einem Film ab: die Begegnung mit seinem Vater, sein unbeherrschtes Verhalten Marion gegenüber und das Treffen mit dem großen Unbekannten, der ihn in diese ausweglose Situation gebracht hatte.*
   Von **Zeitraffung** hingegen spricht man, wenn der Autor ein Geschehen, das in der Realität länger dauert, zusammenfasst, nur andeutet oder überspringt:
   *Als Jan Stunden später im Krankenhaus aufwachte, hatte er Mühe, sich zurechtzufinden.*

3. **Redeformen:** Der Erzähler kann unterschiedliche Redeformen verwenden.

**Direkte Rede:** In wörtlicher Rede werden Äußerungen und Gedanken wiedergegeben: *Jan war aufgebracht: „Was wissen Sie schon, was geschehen ist!"*
**Indirekte Rede:** Äußerungen werden vom Erzähler wiedergegeben, zumeist unter Verwendung des → *Konjunktivs: Vollkommen unbeherrscht machte er allen um ihn Stehenden Vorwürfe, dass schließlich niemand gekommen sei, ihm zu helfen, und er daher ganz allein auf sich selbst gestellt gewesen sei.*
**Erlebte Rede:** Der Erzähler gibt die Gedanken und Gefühle in der 3. Person und meistens im Präteritum wieder: *Als alle den Raum verlassen hatten, war Jan sehr niedergeschlagen. War es nicht auch sein Fehler, dass es so weit gekommen war? War er nicht einfach zu stolz gewesen?*
**Innerer Monolog:** Die Gedanken und Gefühle werden in der Ich-Form dargestellt, häufig im Präsens: *Jan nahm sein Handy und suchte die Nummer von Marion. Ich werde ihr alles erklären. Ich werde sie nicht um Verzeihung bitten, denn mein Verhalten kann man nicht entschuldigen.*

4. **Satzbau:** Man unterscheidet folgende Möglichkeiten des Satzbaus:
   – **Satzreihe (Parataxe):** Es werden nur Hauptsätze aneinandergereiht. Häufig sind sie kurz: *Jan schwieg. Sein Puls raste. Blut schoss ihm in den Kopf. Dann sprang er auf.*
   – **Satzgefüge (Hypotaxe):** Darunter versteht man den Verbund von Haupt- und Nebensätzen: *Als er die Tur öffnete* (Nebensatz), *blies ihm ein kalter Wind entgegen* (Hauptsatz), *der schon vor geraumer Zeit begonnen hatte zu wehen und sich nun zu einem Sturm entwickelte* (Relativsatz).
   – **Unvollständige Sätze (Ellipse):** → *Sprachliche Mittel*
   Die Wirkung dieser Satzformen kann sehr unterschiedlich sein und kann nur aus dem Zusammenhang des Textes erschlossen werden.

5. **Sprachliche Mittel:** → *Sprachliche Mittel*

**Metapher:** → *Sprachliche Mittel*

**Metrum:** → *Lyrik*

**Neologismus:** → *Sprachliche Mittel*

**Paradoxon:** → *Sprachliche Mittel*

**Parallelismus:** → *Sprachliche Mittel*

**Personaler Erzähler:** → *Merkmale erzählender Texte*

**Personifikation:** → *Sprachliche Mittel*

**Redeformen:** → *Merkmale erzählender Texte*

**Reim:** → *Lyrik*

**Reportage:** → *Journalistische Textsorten*

**Rhetorische Frage:** → *Sprachliche Mittel*

**Roman:** Der Roman ist eine lange Erzählung, die zwischen mehreren hundert und tausend Seiten umfassen kann. Im Zentrum eines Romans steht oft die ausführliche Schilderung der problematischen Situation eines Einzelnen. Beschrieben wird, wie er in seiner

**119**

Umgebung und mit seinen Mitmenschen lebt, sich verändert und entwickelt.

**Rückblick:** Vor allem in der → *Epik* (Erzählung, Roman) gibt es solche Einschübe, die vor der Zeit der eigentlichen Handlung spielen. Sie dienen dazu, die jetzige Situation oder das Handeln einer Figur zu erklären.

**Sachtext:** Ein Sachtext informiert über Tatsachen, Vorgänge und Sachverhalte. Er kann z.B. über die Tier- oder Pflanzenwelt informieren oder über bedeutsame Ereignisse. Sachtexte findet man in Zeitungen, Zeitschriften oder in Sach- oder Schulbüchern.

**Satire:** Eine satirische Darstellung zeigt menschliche Schwächen oder Fehler in stark übertriebener Darstellungsweise auf. Sie will diese lächerlich machen, zum Nachdenken anregen, kritisieren und häufig auch eine Änderung von Verhaltensweisen bewirken. Satire kann in verschiedenen Textsorten auftreten.

**Merkmale:**
1. Ironie → *Sprachliche Mittel*
2. Übertreibungen und überzogene Vergleiche
3. Verspottungen durch ins Lächerliche gezogene Situationen
4. Wortspiele

**Satzgefüge:** → *Merkmale erzählender Texte*

**Satzreihe:** → *Merkmale erzählender Texte*

**Sprachliche Mittel:** Nahezu in allen Texten werden gezielt sprachliche Mittel eingesetzt, um bestimmte Wirkungen zu erzielen (siehe Übersicht unten).

**Sonett:** → *Lyrik*

**Strophe:** → *Lyrik*

**Umarmender Reim:** → *Lyrik*

**Vergleich:** → *Sprachliche Mittel*

**Vers:** → *Lyrik*

**Zeitdehnung:** → *Merkmale erzählender Texte*

**Zeitraffung:** → *Merkmale erzählender Texte*

**Zeitverhältnisse:** → *Merkmale erzählender Texte*

| Sprachliche Mittel | Erläuterung | Beispiel | mögliche Wirkung |
| --- | --- | --- | --- |
| Alliteration, die | Wiederholung von Anfangslauten bei aufeinanderfolgenden Wörtern | Milch macht müde Männer munter. | emotionale Verstärkung des gewünschten Eindrucks |
| Anapher, die | Wiederholung derselben Wortgruppe an Satz-/Versanfängen | Worte sind verletzend. Worte sind unersetzlich. | Eindringlichkeit; Rhythmisierung erreichen |
| Ellipse, die | unvollständiger Satz, der aber sinngemäß leicht zu ergänzen ist | Feuer! / Je früher der Abschied, desto kürzer die Qual. | der wichtigste Aspekt soll hervorgehoben werden |
| Euphemismus, der | Beschönigung | vollschlank statt dick / eingeschlafen statt gestorben | abgemilderte Negativbotschaft, taktisches Verhalten |
| Hyperbel, die | starke Unter- oder Übertreibung | Es ist zum Haareraufen! / ein Meer von Tränen | Dramatisierung; starke Veranschaulichung |
| Ironie, die | Äußerung, die durchblicken lässt, dass das Gegenteil gemeint ist | Das hast du ja ganz toll hinbekommen! / Vier Wochen Regen. Super! | Herabsetzung; kritische Anmerkung; Stellungnahme |
| Klimax, die | Steigerung; meist dreigliedrig | Er kam, sah und siegte. | Dramatisierung |
| Metapher, die | verkürzter Vergleich, Verwendung eines Wortes in übertragener Bedeutung | Geldwäsche / Er war ein Löwe in der Schlacht. / Du bist meine Sonne. | Veranschaulichung |
| Neologismus, der | Wortneuschöpfung | Mobbing / Gammelfleisch / unkaputtbar (Werbesprache) | Hervorhebung |
| Paradoxon, das | Zusammenstellung von Wörtern, die sich eigentlich widersprechen | Bittersüß / Vor lauter Individualismus tragen sie eine Uniform. | starker Anreiz zum Nachdenken |
| Parallelismus, der | Wiederholung gleicher Satzstrukturen | Ein Blitz leuchtete, der Donner folgte, ein Gewitter setzte ein. | Dramatisierung, Intensivierung |
| Personifikation, die | Vermenschlichung; Gegenstände oder Tiere erhalten die Eigenschaften oder Fähigkeiten von Menschen | Die Sonne lacht. / Die Smileys haben uns fest im Griff. / Mutter Natur | lebendige und anschauliche Darstellung |
| Rhetorische Frage, die | scheinbare Frage, deren Antwort jeder kennt; Leser und Zuhörer müssen zustimmen, da ihr Einverständnis vorausgesetzt wird | Gibt es den idealen Menschen? / Wer ist schon perfekt? / Wer glaubt denn das noch? | Mobilisierung einer bestätigenden Reaktion der Leser |
| Vergleich, der | Verknüpfung zweier Begriffe mit *wie* | Der Kämpfer ist stark wie ein Löwe. | anschauliche Darstellung |

# westermann

# FiNALE
# Prüfungstraining

Niedersachsen

Abschluss 9. Klasse
Hauptschule
Deutsch

**2024**

**Lösungen**

Martina Hartwig
Melanie Priesnitz

Mit Beiträgen von
Walburga Böker

Lösungsheft zu 978-3-07-172420-4

## A    Vorbereitung auf die Abschlussprüfung

### A 1    Methoden der Prüfungsvorbereitung

**Seite 9**

**1** Teil I der Prüfung (Auswahl der Wahlaufgabe: 15 Minuten): 8.00 Uhr – 8.15 Uhr

Teil II der Prüfung (Bearbeitung der Wahlaufgabe: 120 Minuten): 8.15 Uhr – 10.15 Uhr

Da die Schulen den Beginn zwischen 8.00 Uhr und 8.15 Uhr wählen können, muss der Zeitstrahl spätestens um 10.30 Uhr beendet sein.

### A 2    Was wird bei den Aufgabenstellungen erwartet?

**Seite 11**

Literarischer Text:

Aufgabe **1** : <u>Fasse</u> die Kurzgeschichte „Die Nacht im Hotel" von Siegfried Lenz (Text 1) in nicht mehr als sieben Sätzen <u>zusammen</u>.

Aufgabe **2** : <u>Beschreibe</u> den Fremden.

Aufgabe **3** : <u>Stelle dar</u>, wie der Vater seinen Sohn sieht.

Aufgabe **4** : <u>Vergleiche</u> die in Text 3 dargestellte Definition von Betrug mit der Aussage des Fremden.

Aufgabe **5** : <u>Weise</u> anhand der Geschichte „Die Nacht im Hotel" mindestens vier Hauptmerkmale einer Kurzgeschichte <u>nach</u>.

**Seite 12**

Aufgabe **6** : Die Texte 1 bis 4 beziehen sich auf das Thema „Menschlichkeit und Behinderungen". <u>Beurteile</u> die unterschiedlichen Verhaltensweisen der vorgestellten Menschen. <u>Nimm Stellung</u> zu den vorgeschlagenen Ideen.

Sachtext:

Aufgabe **1** : <u>Nenne</u> stichpunktartig mindestens drei Gesichtspunkte, die gegen die Durchführung von Berufspraktika sprechen.

Aufgabe **2** : <u>Fasse</u> die Kernaussage des Schaubildes A kurz <u>zusammen</u>.

Aufgabe **3** : <u>Vergleiche</u> die verschiedenen Aussagen der Schaubilder A und B.

Aufgabe **4** : <u>Erläutere</u> die in Text B dargestellte Entwicklung.

Aufgabe **5** : <u>Verfasse</u> einen informierenden Text zum Thema „Berufspraktikum in Klasse 9".

Aufgabe **6** : <u>Nimm</u> kritisch <u>Stellung</u> zu deinen persönlichen Erfahrungen mit Praktika.

### A 3    Wie entscheide ich mich für die Prüfungsaufgabe?

**Seite 13**

**1** In dieser Arbeit beschäftigst du dich mit verschiedenen Materialien zum <u>Thema „Lernen und Arbeiten an einer Werkschule"</u>. Am Ende <u>verfasst</u> du <u>einen Brief</u> an den Schulleiter einer Werkschule (Wahlteil A) oder <u>einen informierenden Text mit abschließender persönli-</u>

<u>cher Stellungnahme</u> für die Pinnwand an eurer Schule (Wahlteil B).

**2** a) <u>Ordne</u> das Bild einem der beiden Materialien <u>zu</u>. <u>Begründe</u>, weshalb du deine Zuordnung für passend hältst.

b) Jenny wird mit den Worten zitiert: „Hier ist der Unterricht immer handlungsorientiert." <u>Erkläre</u> mit eigenen Worten mithilfe eines Beispiels die Bedeutung dieses Satzes im Textzusammenhang.

c) <u>Vergleiche</u> die im Diagramm dargestellten Ergebnisse mit den im Material 2 genannten Erwartungen der Jugendlichen.

d) <u>Finde</u> in den Materialien 3 und 4 je ein passendes <u>Beispiel</u> für einen positiven und einen negativen Aspekt des Besuchs einer Werkschule. <u>Begründe</u>, warum du diese Aspekte als positiv oder negativ bewertest.

e) <u>Verfasse</u> eine kurze Antwort, in der du die <u>Vorteile</u>, die du im Besuch einer Werkschule für dich siehst, <u>beschreibst</u>.

**Seite 14**

**3**

**Wahlteil A**

Du hast dich über die Werkschule informiert und findest das Projekt sehr interessant. Gerne möchtest du das 10. Schuljahr dort machen.

<u>Schreibe</u> dem Schulleiter der Werkschule <u>einen Brief</u>, aus dem deutlich hervorgeht, warum du dies unbedingt willst. <u>Beachte</u> dabei die <u>formalen Kriterien</u> eines Briefes. Nutze alle Materialien.

a) <u>Erkläre</u>, woher deine Informationen stammen.

b) <u>Beschreibe</u> deine derzeitige schulische Situation.

c) <u>Erkläre</u>, warum dich dieses Projekt so interessiert.

d) <u>Lege dar</u>, weshalb du unbedingt daran teilnehmen möchtest. <u>Beziehe</u> dich dabei auf die Anforderungen, die in Material 1 genannt werden.

e) <u>Bitte</u> um einen Termin für ein persönliches Gespräch.

**Wahlteil B**

Du bist Mitglied der AG Berufsorientierung. Für eure Pinnwand in der Pausenhalle schreibst du <u>einen informierenden Text</u> zum Thema „Leben und Arbeiten an einer Werkschule" für deine Mitschülerinnen und Mitschüler. Nutze alle Materialien.

a) <u>Stelle</u> in deiner Einleitung kurz den Anlass für deinen Text <u>dar</u>.

b) <u>Beschreibe</u> im Hauptteil, wie das Lernen und Arbeiten an einer Werkschule genau aussieht.

c) <u>Erläutere</u> die Vor- und Nachteile dieser Schulform.

d) <u>Nimm</u> abschließend <u>Stellung</u> dazu, ob du den Besuch einer Werkschule empfiehlst oder nicht.

### A 4    Die Prüfungsarbeit: Ein Beispiel

**Seite 16**

1. bis 4. Die Antworten sind korrekt.

**Seite 18**

1. Die Antwort ist korrekt.

2. Bei d) ist sich der Schüler/die Schülerin unsicher. Im Text wird ausgesagt, dass handysüchtige Jugendliche hunderte Male am Tag zu ihrem Gerät greifen. Also nicht bis zu einhundert Mal, sondern viel häufiger. Somit sind die angekreuzten Lösungen richtig.

3. Die Antworten sind korrekt. Eine weitere richtige Lösung wäre: Entzündungen der Sehnen am Daumen.

4. Die Antworten sind korrekt. Weitere richtige Lösungen: die Studie, die Landesmedienanstalt, der Alleskönner, das Problem, der Alltag …

## Seite 19
5. Die Antworten sind korrekt.

## Seite 20
6. Die Antworten sind korrekt.

## Seite 21
### Wahlteil A
2. a) Einleitung: Zeile 1 – 5, Hauptteil: Zeile 6 – 48, Schluss: Zeile 49 – 56

b) Gut wäre es gewesen, wenn der Schüler/die Schülerin die an seiner/ihrer Schule geltende Regelung und die damit zusammenhängenden Probleme anhand eines Beispiels verdeutlicht hätte. Auch die von ihm/ihr vorgeschlagene neue Regelung wird nur kurz beschrieben, hier hätte es einiger Erklärungen bedurft. Die in Material 1 genannten Probleme im Zusammenhang mit übermäßiger Handynutzung werden auch nur zum Teil genannt.

## Seite 23
### Wahlteil B
3. a) Einleitung: Zeile 1 – 5, Hauptteil: Zeile 6 – 35, Schluss: Zeile 36 – 41

b) Gut wäre es gewesen, wenn der Schüler/die Schülerin die in Material 1 genannten Probleme einer übermäßigen Handynutzung ausführlicher beschrieben hätte. Auch der Schluss mit der Empfehlung für oder gegen das geplante Experiment ist sehr kurz gehalten.

## Seite 25
### Wonach richtet sich die Note?

| Wahlteil A<br>Der Schüler / die Schülerin hat … | erfüllt | zum Teil erfüllt | nicht erfüllt |
|---|---|---|---|
| **Einleitung** | | | |
| • in der Einleitung erklärt, warum er diesen Text schreibt. | x | | |
| **Hauptteil** | | | |
| • beschrieben, wie die Handynutzung unter Schülern an seiner Schule geregelt ist. | x | | |
| • kurz die Probleme im Zusammenhang mit einer übertriebenen Handynutzung dargestellt. | x | | |
| • die speziellen Probleme im Zusammenhang mit der Handynutzung in der Schule erläutert. | | x | |
| **Schluss** | | | |
| • zum Schluss eine persönliche Empfehlung gegeben. | | x | |

| Wahlteil B<br>Der Schüler / die Schülerin hat … | erfüllt | zum Teil erfüllt | nicht erfüllt |
|---|---|---|---|
| **Einleitung** | | | |
| • in der Einleitung erklärt, warum er diesen Text schreibt. | x | | |
| **Hauptteil** | | | |
| • den Textausschnitt (Material 4) kurz zusammengefasst und das darin vorgesehene Experiment beschrieben. | x | | |
| • kurz die Probleme im Zusammenhang mit einer übertriebenen Handynutzung dargestellt. | | x | |
| • die Probleme erläutert, die aus seiner Sicht entstehen können, wenn er 14 Tage sein Handy nicht benutzen darf. | x | | |
| **Schluss** | | | |
| • Stellung dazu genommen, ob er für die Durchführung des Experiments ist. | | x | |

| Allgemeine Bewertungskriterien *(beziehen sich auf alle Aufgaben)*<br>• beachtet die Regeln der Grammatik (Satzbau, Zeitenbildung …).<br>• drückt sich sprachlich angemessen aus (Wortwahl, Überleitungen …).<br>• achtet auf angemessene äußere Form und Handschrift. | x<br>x<br>x | | |

Ziel der Aufgabe ist es, durch den Vergleich von Aufgabenstellung und Bewertungsbogen zu erkennen, welche Gesichtspunkte in eine Bewertung einbezogen werden.

## B  Arbeitstechniken und Strategien der Aufgabenbearbeitung

### B 1  Arbeitstechnik: Hörverstehen üben

**Seite 26**
Erster Schritt: Sich orientieren
In dem Text geht es um um eine besondere Form des Urlaubs: Wer am Urlaubsort den Gastgebern bei bestimmten Aufgaben mit seiner Arbeitskraft hilft, kann dafür kostengünstig dort wohnen und wird verpflegt.

Dritter Schritt: Aufgaben beantworten
1. Streichen von falschen Aussagen:
   Es gibt genügend/~~kaum~~ Zeit für Ausflüge, wenn man nach dem Konzept „Urlaub gegen Hand" verreisen möchte.

2. Richtig ist die dritte Aussage: Mit „Urlaub gegen Hand" kann man kostengünstig Urlaub machen.

3. Sätze sinngemäß ergänzen:
   Urlaub gegen Hand bietet die Möglichkeit, Land und Leute kennen zu lernen. (… eine neue Sprache zu lernen; … seine Kenntnisse und Fähigkeiten gegen Unterkunft und Verpflegung zur Verfügung zu stellen)

4. Mögliche Antworten:
   – Er lernte eine neue Sprache.
   – Er lernte das Leben in Deutschland kennen.
   – Er konnte draußen arbeiten und dabei „abschalten".

### B 2  Arbeitstechnik: Schaubilder, Tabellen und Karikaturen auswerten

**Seite 28/29**
Schaubilder auswerten
1. **Schaubild A**
   a) Thema: Heimtiere in Deutschland
      Zahlenangaben: in Millionen
      Orangefarbene Balken: Angaben aus einer Befragung aus dem Jahr 2020
      Grüne Balken: Angaben aus einer Befragung aus dem Jahr 2018
      Vergleiche zwischen der Anzahl der unterschiedlichen Heimtiere in den Jahren 2020 und 2018
   b) Für Tiere in Terrarien, in Gartenteichen und Aquarien, für Ziervögel, Kleintiere, Hunde und Katzen werden jeweils die Anzahlen für die Jahre 2020 und 2018 angegeben. Die Daten stammen aus Befragungen von 7.000 Haushalten, die der Industrieverband Heimtierbedarf e.V. (IVH) und der Zentralverband Zoologischer Fachbetriebe Deutschlands e.V. (ZZF) durchgeführt haben.
   c) 1. Katzen und Hunde sind die beliebtesten Haustiere in Deutschland.
      2. Es gab 2020 mehr Terrarien (+ 0,3 Mio.), mehr Hunde (+ 1,3 Mio.) und mehr Katzen (+ 0,9 Mio.) im Vergleich zum Jahr 2018.

2. **Schaubild B**
   a) Thema: Stromverbrauch im Privathaushalt
      Zahlenangaben: in Prozent
      Felder des Kreisdiagramms: Stromverbrauch für sieben verschiedene Verbrauchsstellen in einem durchschnittlichen Haushalt, der für seine Warmwasserversorgung keinen Strom braucht
      Vergleiche zwischen der Menge des Stromverbrauchs für die verschiedenen Verbrauchsstellen in einem Haushalt
   b) Es werden die Prozentanteile des Stromverbrauchs für Informationstechnik (incl. TV und Audio), Waschen und Trocknen, Licht, Kühl- und Gefriergeräte, Kochen und Spülen angegeben; die restlichen Stromverbraucher sind unter Sonstiges zusammengefasst. Die Daten stammen vom März 2021.
   c) 1. Zu Tätigkeiten des Haushalts gehören: Kühl- und Gefriergeräte (11 %), Kochen (9 %), Spülen (8 %) und Waschen und Trocknen (14 %). Insgesamt sind dies 42 % des Gesamtstromverbrauchs.
      2. 28 % des Stromverbrauchs werden für Informationsgeräte, TV und Audio genutzt. Dies sind fast zwei Drittel des Verbrauchs für Haushaltstätigkeiten. Ich finde die Zahl ziemlich hoch, wenn man bedenkt, dass Informationsgeräte, TV und Audio eher Unterhaltungsbedürfnisse befriedigen. Es zeigt, wie häufig diese Geräte, z. B. Computer, in einem Haushalt genutzt werden.

**Schaubild C**
   a) Thema: Rauchverhalten Jugendlicher
      Zahlenangaben: Anteil der Raucher unter den 12- bis 17-Jährigen, in Prozent
      Orangefarbene Kurve: Raucher
      Blaue Kurve: Raucherinnen
      Vergleiche zwischen männlichen und weiblichen Jugendlichen im Alter von 12 bis 17 Jahren im Zeitraum von 2007 bis 2020
   b) Seit 2007 ist die Zahl der männlichen und weiblichen Raucher unter den Jugendlichen im Alter von 12 bis 17 Jahren insgesamt zurückgegangen. In den Jahren 2008, 2011 und 2012 war der Anteil weiblicher Raucherinnen höher als der der männlichen Raucher. 2015 war er nahezu gleich. Ein auffälliger Unterschied im Rauchverhalten ist im Jahr 2016 festzustellen: Während der Anteil der Raucher deutlich zunimmt, sinkt er bei den Raucherinnen ebenso deutlich ab. 2018 ist er in beiden Gruppen fast identisch. 2020 sinkt der Anteil in beiden Gruppen, wobei er bei den weiblichen Raucherinnen noch stärker sinkt.
   c) 1. Seit 2007 sinkt die Zahl der Raucher bei weiblichen und männlichen Jugendlichen insgesamt.
      2. 2016 gab es hinsichtlich des Rauchverhaltens zwischen männlichen und weiblichen Jugendlichen den größten zahlenmäßigen Unterschied.

**Seite 30**
1. a) Thema: Gerätebesitz Jugendlicher 2022
      Zahlenangaben: in Prozent, befragt wurden 1200 Jugendliche
      Spalten: Angabe Geschlecht: Jungen/Mädchen
      Zeilen: unterschiedliche Geräte

b) Die Tabelle stellt die Ergebnisse der JIM-Studie 2022 des Medienpädagogischen Forschungsverbundes Südwest zum Thema „Gerätebesitz bei Jugendlichen" dar. Befragt wurden 1200 Jugendliche im Alter von 12 bis 19 Jahren. Dabei wird unterschieden nach Jungen und Mädchen. Auffällig ist, dass fast alle befragten Jungen und Mädchen (96 bzw. 97 Prozent) über ein eigenes Smartphone verfügen.
Auffällig ist außerdem, dass die feste Spielekonsole bei Jungen um einiges beliebter ist als bei Mädchen (63 bzw. 37 Prozent). Was den Besitz von Fernsehgeräten und Tablets angeht, gibt es zwischen Jungen und Mädchen keinen großen Unterschied. Einen eigenen Fernseher haben 60 Prozent der befragten Jungen und 56 Prozent der befragten Mädchen, ein eigenes Tablet besitzen 48 Prozent der befragten Jungen und 53 Prozent der befragten Mädchen.

c) Die Werte zwischen Jungen und Mädchen unterscheiden sich bezüglich der festen Spielekonsole am stärksten. 63 Prozent der Jungen besitzen eine, aber nur 37 Prozent der Mädchen.

d) Es fehlen z. B. E-Book-Reader.

## Seite 31
### Karikaturen auswerten

1. a) • Schulklasse mit vier Schüler/-innen, die Smartphones in der Hand halten
   • Lehrer mit Tablet
   • Beamer/Tafel mit der Aufschrift „Frage 1" und drei Antwortmöglichkeiten sowie dem Hinweis auf einen Telefonjoker
   • Sprechblase Lehrer: „Bitte voten!"
   • Titel der Karikatur: Unterrichten mit neuen Medien

   b) Im Unterricht werden vom Lehrer zu einer Frage mehrere Antwortmöglichkeiten vorgegeben und die Schüler/-innen treffen per Smartphone ihre Auswahl.

   c) Mögliche Antwort: Die Szene erinnert an übliche Quiz- und Rateshows aus dem Fernsehen, die zu beliebten Unterhaltungssendungen gehören. Der Zeichner spielt darauf an, dass der Unterricht inzwischen ebenfalls solch eine Unterhaltung bieten muss, um die Klasse zum Mitmachen zu motivieren. Gleichzeitig schwingt auch eine Kritik daran mit, dass neue Medien im Unterricht nicht sinnvoll für das Lernen eingesetzt werden, sondern nur als Spaßfaktor.

2. Mögliche Antwort:
   In der Karikatur von Michael Hüter aus Bochum möchte ein Lehrer seine Klasse zum Mitmachen motivieren. Dazu wählt er ein Quizformat, das die Jugendlichen aus dem Fernsehen kennen. Sie können per Smartphone eine Antwort aus mehreren Möglichkeiten auswählen und dafür „voten". Meiner Meinung nach möchte der Karikaturist damit ausdrücken, dass die heutige Schülerschaft nur noch mit solchen Mitteln zu motivieren ist. Gleichzeitig schwingt die Kritik daran mit, dass neue Medien im Unterricht als Spaßfaktor, aber nicht als sinnvolles Lerninstrument eingesetzt werden.

## B 3    Arbeitstechnik: Argumente aufbauen

### Seite 32

1. Behauptung: Eine Klarnamenpflicht im Internet ist sinnvoll.
   Begründung: Im Schutz der Anonymität überschreiten viele Internetuser immer wieder moralische Grenzen. So kann man in vielen sozialen Netzwerken oder Computerspielen erleben, dass mit anonymen Accounts andere User beleidigt werden. Anonym muss niemand hinter dem stehen, was er gesagt hat, da kein anderer diese Aussage mit der eigenen Person in Verbindung bringt.
   Beispiel: Ich habe selbst schon negative Erfahrungen gemacht: Meine Freunde und ich spielen League of Legends. In diesem Spiel kann jeder User einen eigenen Spielcharakter frei benennen. Im Spiel sieht man nur diesen Fantasienamen. Da es ein Onlinespiel ist, kommt man auch mit anderen Spielern in Kontakt. Es ist „normal", dass dort heftig beleidigt wird, ohne dass jemand das Gesagte wirklich zurückverfolgen kann. Das trübt das Spielerlebnis extrem.
   Behauptung: Haustiere sind wichtig für Kinder.
   Begründung: Kinder können durch die Pflege der Haustiere lernen, Verantwortung zu übernehmen. Sie müssen bestimmte Pflichten zuverlässig erfüllen.
   Beispiel: Meine Familie hat zum Beispiel zwei Hunde. Ich habe früh angefangen, mit ihnen spazieren zu gehen und sie zu füttern. So habe ich meiner Mutter Arbeit abgenommen und gelernt, mich um andere zu kümmern.

### Seite 33

2. Behauptung: Bücher sollten an Schulen durch Tablets ersetzt werden.
   Begründung: Heutzutage besitzt schon fast jeder Haushalt ein Tablet. Man kann Apps darauf laden, die es ermöglichen, das Tablet auf unterschiedlichste Weise zu nutzen. Über Schreibprogramme kann man seine Mappen virtuell führen, außerdem bieten mittlerweile auch viele Schulbuchverlage Programme an, die das Schulbuch 1:1 auf dem Tablet als Digitalversion abbilden.
   Beispiel: Ein gutes Beispiel ist meine eigene Schule. Dort wurde im letzten Jahr entschieden, die Bücher nur noch via Tablet zur Verfügung zu stellen. Dies hat nicht nur zur Folge, dass ich nicht mehr jeden Tag sechs verschiedene Bücher einpacken muss. Zudem kann ich in den Büchern direkt unterstreichen und markieren, was eine enorme Arbeitserleichterung ist.

3. Mögliche Lösung:
   A Das ist deshalb wichtig, weil viele von uns den Tag hauptsächlich vor dem Computer verbringen. Kommunikation findet nur noch über das Handy oder soziale Netzwerke statt. Wir unternehmen gar nichts miteinander.
   B Ein Beispiel dafür, dass eine Klasse als Team gut ist, ist unsere letzte Klassenfahrt. Wir haben in den Tagen viel zusammen gemacht und uns besser kennengelernt. Ich habe viele neue Kartenspiele gelernt, die auch später in meinem Freundeskreis gut ankamen.

C In unserer Klasse gibt es oft Streit. Irgendwie will jeder besser sein als der andere und gönnt dem anderen nichts. Marie hat Marc neulich andauernd geärgert, nur weil der eine bessere Note als sie in der Mathearbeit geschrieben hat.

D Mobbing ist ja wohl überall ein Problem, deshalb ist das Thema wichtig. Auch in unserer Klasse gibt es Schülerinnen und Schüler, die oft ausgelacht oder gehänselt werden. Ich nenne jetzt keinen Namen, aber du weißt, wen ich meine.

## Seite 34

4. Mögliche Lösung:

a) Behauptung: Es herrscht Streit in den Klassen.
Begründung: Schülerinnen und Schüler werden geärgert, oft aus Gründen, für die sie nichts können und die auch eigentlich kein Grund sind, jemanden zu beleidigen.
Beispiel: In unserer Klasse gibt es Schüler, die dauernd ausgelacht werden. Wenn z. B. jemand eine gute Arbeit schreibt, ist er erst mal eine Woche „dran".

b) Behauptung: Viele von uns sitzen lange vor dem Computer.
Begründung: Es ist in unserer Klasse „in", Computerspiele zu spielen. Wenn man einmal vor dem Rechner sitzt, vergeht die Zeit wie im Flug. Dann trifft man sich mit den anderen überhaupt nicht mehr und geht nicht raus.
Beispiel: In meiner Klasse gibt es zwei Jungen, Leon und Max, von denen ich weiß, dass sie eigentlich nur über Skype miteinander reden und online Spiele zusammen spielen. Die treffen sich nie wirklich.

c) Behauptung: Wenn man etwas zusammen unternimmt, lernt man voneinander.
Begründung: Nur, wenn eine Klasse wirklich ein Team ist und zusammen Zeit verbringt, kann der eine vom anderen lernen.
Beispiel: Auf unserer letzten Klassenfahrt haben wir viel zusammen gespielt. Das Ergebnis war, dass eigentlich jede Schülerin bzw. jeder Schüler irgendwelche neuen Spiele kennengelernt hat. Das hat uns allen Spaß gemacht.

## B 4    Arbeitstechnik: Überfliegendes Lesen

### Seite 35/36

1. Mögliche Lösung:
Was fällt auf bei der Ernährung der Jugendlichen?
Um das Essverhalten von 6- bis 17-Jährigen zu untersuchen, wurden im Auftrag des Robert-Koch-Instituts zwischen 2015 und 2017 2.644 Kinder und Jugendliche an 170 Orten, verteilt auf ganz Deutschland, befragt. Die Ergebnisse legten die Forscher in den sogenannten „EsKiMo-Studien I und II" vor. Bei den jüngeren Kindern füllten ihre Eltern Ernährungsprotokolle für einen mehrtägigen Untersuchungszeitraum aus. Jugendliche zwischen 12 und 17 Jahren beantworteten selbst in Interviews detaillierte Fragen zu den Speisen, die sie normalerweise essen. Dabei zeigten sich für die Gruppe der Jugendlichen zwei besonders auffällige Aspekte: Zum einen stehen die jungen Menschen heutzutage unter einem erheblichen Schlankheitsdruck. Ein Drittel der eigentlich normalgewichtigen Jugendlichen unter den Studienteilnehmern fühlt sich deutlich zu dick und 40 Prozent der untergewichtigen schätzt ihr geringes Gewicht als „genau richtig" ein. Dementsprechend hat schon jeder fünfte Befragte in dieser Altersklasse bereits eine längere Diät hinter sich – wobei der Prozentsatz bei den Mädchen noch einmal deutlich höher ist als bei den Jungen. Viele Jugendliche achten sogar ständig darauf, nicht zu viel zu essen, und zählen bei jeder Mahlzeit die Kalorien aus Sorge, sie könnten zunehmen.
Zum anderen fiel auf, dass jeder sechste der befragten Jugendlichen in den vergangenen vier Wochen Nahrungsergänzungsmittel geschluckt hatte. Vor allem Jugendliche, die viel Sport machen und normalgewichtig sind, greifen öfter zu Nahrungsergänzungsmitteln als andere. Auch unter Vegetariern war der Anteil auffallend hoch, in dieser Gruppe nahmen fast 30 Prozent Pulver und Kapseln. Der Großteil gab an, mit den Mineralstoffen oder Vitaminen seine Gesundheit verbessern zu wollen. Ein Fünftel sagte, sie würden die Mittel auf Anraten ihres Arztes nehmen.
Außerdem zeigt die Studie, dass der Anteil der Vegetarier unter den Jugendlichen zunimmt. Fünf Prozent der befragten 12- bis 17-Jährigen ernährt sich aktuell vegetarisch, bei den Mädchen sind es sogar 8,1 Prozent. Diese Zahlen liegen deutlich über dem Bundesdurchschnitt von 4,3 Prozent bei Erwachsenen. Dabei könnte nicht nur das Tierwohl eine Rolle spielen, sondern der Verzicht auf Fleisch ist auch beim Klimaschutz wichtig.

### Seite 36

2. Mögliche Lösung:
Clown
Seit vier Jahren arbeitete er nun schon als Clown. Obwohl – eigentlich nicht wirklich. Im richtigen Leben, fernab der Zirkuswelt, war er der Inhaber eines kleinen Buchgeschäftes.
„Junge", hatte sein Vater ihn gewarnt, „Junge, das wird nichts. Mach dich nicht lächerlich. Warum wirst du nicht Tischler, so wie ich? Handwerk, weißt du, Handwerk hat goldenen Boden."
Seine Mutter, die hatte zu ihm gehalten, so lange er denken konnte. Sie glaubte an ihn. Stets und immer hatte sie allen wieder und wieder gesagt, dass sie an ihren Jungen glaube, an ihn und an seinen Traum von einem eigenen, gut besuchten Buchladen. [...]
„Spot an!" Die klassische Zirkusmusik ertönte, während er mit seinen Kollegen in die Manege einmarschierte. Er winkte, sah kleine Kinder auf sich zeigen. Es war so einfach: Er stolperte, oder besser gesagt, er tat so und die Kinder im Publikum jauchzten und klatschten vor Begeisterung. Nach der Pause hatten viele dieser Kinder kleine Luftballontiere im Arm, die er in der Pause an sie zu verschenken pflegte. Mittlerweile war er gut darin, konnte blitzschnell die verschiedensten Tiere formen. „Hund!", „Giraffe!", „Katze!", brüllten sie begeistert – und er gab ihnen, was immer sie sich wünschten. Bis hierhin war es okay für ihn. Was er hasste, war der Teil, in dem er mit einem anderen Clown zusammen als eigene Zirkusnummer auftrat. Er fragte sich, wie man sich als erwachsener Mann dermaßen der Lächerlichkeit preisgeben konnte. [...]

## B 5 Arbeitstechnik: Texte erschließen und zusammenfassen

**Seite 39**

6. – Abschnitt 1: Ein Blog ist ein sogenanntes Online-Tagebuch. (Z. 1–11)
   – Abschnitt 2: Blogs sind schlicht, ihre Beiträge sind in einer bestimmten Reihenfolge aufgelistet und im Internet unter zugeordneten Schlagwörtern zu finden. (Z. 12–24)
   – Abschnitt 3: Es gibt weltweit Millionen Blogger, die in einem regen Gedankenaustausch stehen. (Z. 24–28)
   – Ein eigener Blog kann über Blogging-Dienste kostenfrei und ohne Registrierung, lediglich unter Angabe eines Nickname und einer Mailadresse eingerichtet werden. (Z. 28–32)
   – Es gibt Blogs zu allen möglichen Themen. (Z. 33–37)
   – Mit einem Blog kann eine Meinung kundgetan, aber auch beeinflusst werden. (Z. 38–41)
   – Blogger sind im Vergleich zu professionellen Journalisten mit ihren Beiträgen oft schneller und aktueller. (Z. 42–45)

7. Mögliche Schlüsselwörter:
   Online-Tagebuch (Z. 6), World Wide Web & Logbuch (Z. 10), einfacher und schlichter Aufbau (Z. 17), Verlinkung (Z. 22), Schlagwort (Z. 23), Gedankenaustausch (Z. 27), eigener Blog (Z. 28), Blogthemen (Z. 35), Meinungsmacht (Z. 41), schneller und aktueller (Z. 45)

8. a) Mögliche Antworten:
   – Es geht um das Thema „Bloggen".
   – Der Artikel stammt von Andreas Meyhöfer, der selbst ein Blogger zu sein scheint.
   – Weil das Thema zu einem Trend geworden ist.
   – Nein
   – Es handelt sich um einen Blogartikel, der im Online-Portal „blogsheet" veröffentlicht wurde.
   – Der Autor möchte mithilfe von Fachwissen und Profi-Tipps über das Thema informieren.

## B 6 Eine Wahlaufgabe mit Sachtext in fünf Schritten bearbeiten

**Seite 41**

**1** Ein Zoo ist ein großes Gelände, auf dem in Käfigen oder Gehegen verschiedene Tierarten gehalten werden. Dieses Gelände können Menschen besuchen und die Tiere anschauen.

**2** Zoos sind beliebt, weil Menschen dort Tiere anschauen können, die sie sonst in freier Natur nicht zu Gesicht bekommen. Eltern können ihren Kindern so auf schöne und spannende Weise viel beibringen. Kinder lieben Zoos, weil sie ihre Lieblingstiere live sehen können. Außerdem gibt es dort oft einen Spielplatz und etwas Leckeres zu essen.

**Seite 42**

**3** Tiere werden in Zoos nicht artgerecht gehalten. Sie haben nicht genug Platz, um sich zu bewegen, und müssen ihr Essen nicht selber jagen. Zudem verkümmern die Instinkte der Zootiere während der Zeit in Gefangenschaft. So wird es ihnen unmöglich gemacht, irgendwann wieder in freier Wildbahn „normal" zu leben.

**4**

| Für Zoobesuche | Gegen Zoobesuche |
|---|---|
| Die Besucher sehen Tiere, die sie in der freien Wildbahn nicht sehen können. | Tierhaltung ist nicht artgerecht. |
| Kindern lernen Tiere kennen und unterscheiden. | Tiere verlieren ihre natürlichen Instinkte. |
| Die Familie kann zusammen etwas Schönes unternehmen. | Tiere werden eingesperrt, um die Besucher zu belustigen. |

**5** Siehe Lösungen zu 10.–12., Seite 46/47

**Seite 43**

1. – Zoos kann man mit der ganzen Familie besuchen
   – ich fand es immer schön, die Löwen zu sehen
   – Eis, Spielplatz
   – viele verschiedene Tiere
   – spannend
   – …

2. Verfasse zur Fragestellung „Sollten Tiere in Zoos gehalten werden?" einen informierenden Text für eure Schülerzeitung.
   a) Beginne damit, dass du erklärst, warum du dich mit dem Thema Zoo beschäftigt hast.
   b) Beschreibe, seit wann es Zoos gibt und welchen Zweck sie damals erfüllten. Erkläre, wie sich dieser Zweck gewandelt hat.
   c) Beschreibe mit zwei Argumenten, was für die Haltung von Tieren in Zoos spricht.
      Stelle dem gegenüber zwei Argumente, die erklären, warum Tierschützer die Haltung von Tieren in Zoos kritisieren.
   d) Formuliere begründet deine eigene Meinung zum Thema. Bist du dafür oder dagegen? Appelliere an deine Mitschüler, über die Tierhaltung in Zoos nachzudenken.

   Ich soll einen Text für die Schülerzeitung schreiben. Er beginnt damit, dass ich sage, warum ich einen Artikel über die Tierhaltung in Zoos schreibe. Danach erkläre ich, seit wann es Zoos gibt und warum. Und warum es sie heute gibt. Dann muss ich jeweils zwei Argumente für die Haltung von Tieren in Zoos und zwei dagegen nennen. Am Ende des Textes soll ich meine eigene Meinung sagen und meine Mitschüler auffordern, sich auch darüber Gedanken zu machen.

3. Individuelle Schülerlösung

**Seite 44**

4. – Wir können nur hier manche Tiere sehen, die wir sonst nicht sehen könnten

- In Deutschland gibt es 53 Zoos und 800 zooähnliche Einrichtungen.
- 1752 entstand der erste Zoo in Wien (Tiergarten Schönbrunn).
- 1844 entstand der erste Zoo in Deutschland (Berlin), heute gibt es tausende Zoos auf der ganzen Welt.
- Früher war der Zweck Machtdemonstration, heute vor allem Ausflugsziel.
- 2018 in Deutschland 34,9 Millionen Besucher
- Berliner Zoo der größte Zoo Deutschlands
- Zoos heutzutage oft spezialisiert
- Menschen mögen am Zoo das Gemeinschaftserlebnis, die schöne Anlage, Tiere live zu sehen
- Zoos bieten Bildungsmöglichkeiten für Kinder.
- Tierschützer kritisieren Käfighaltung, nicht artgerechte Haltung, Tiere müssen nicht jagen, Instinkte verkümmern
- Tiere können deshalb nicht mehr freigelassen werden.
- Moderne Zoos verändern deshalb, wie Tiere leben (Fütterung, Gehege, ...).
- Zoos tragen zum Artenschutz bei.

5./6. Siehe Lösungen zu Aufgabe **1** und **2**
7./8. Siehe Lösungen zu Aufgabe **3** und **4**

## Seite 45
9. Möglicher Schreibplan:

### Schreibplan

Überschrift:
Sollten Tiere in Zoos gehalten werden?

Einleitung:
**5** a) Zoos sind uns allen bekannt, jeder war schon einmal mit seiner Familie da, immer wieder Kritik an Zoos, welche Vor- und Nachteile gibt es an der Tierhaltung dort?

Hauptteil:
**5** b) Zoos gibt es seit 1752, sie sollten früher die Macht der Könige unterstreichen, heute anderer Zweck: Freizeitvergnügen, Bildung, Artenschutz.

**5** c) Pro Tierhaltung in Zoos:
- Kinder können Tiere sehen, die sie sonst niemals in freier Natur sehen könnten.
- Zoos sind ein Freizeitvergnügen für die ganze Familie.

**5** d) Kontra Tierhaltung in Zoos:
- Tierschützer sehen sie kritisch, weil Tiere dort nicht artgerecht gehalten werden.
- Es ist nicht möglich, ein Tier wieder auszuwildern, nachdem es sich an das Leben im Zoo gewöhnt hat.

Schlussteil:
Persönliche Stellungnahme:
**5** e) Ich bin gegen Tierhaltung, da Tiere frei sein sollten.

Appell:
Setzt euch doch auch einmal mit dem Thema auseinander, weil wir alle in Zoos gehen.
Schreibt uns eure Meinung.

## Seite 46/47
10. – 12. Möglicher Schülertext:
Sollten Tiere in Zoos gehalten werden?
Zoos sind uns allen bekannt. Fast jeder war schon einmal dort. Ich jedenfalls habe schon oft einen Zoo zusammen mit meiner Familie besucht und den Tag meistens sehr genossen. Ich mag die Tiere, das gemeinsame Erlebnis und die tolle Umgebung. Außerdem gibt es in unserem Zoo wirklich leckeres Eis.
Das klingt gut – aber leider hört man im Fernsehen immer wieder Kritik an Zoos und an der Tierhaltung dort. Deswegen frage ich mich: Ist die Tierhaltung in Zoos sinnvoll oder nicht?
Zoos gibt es seit 1752. Der erste Tierpark wurde in Wien vom damaligen Kaiserpaar gegründet. Der Zoo sollte dort vor allem ihre Macht unterstreichen. Es zeugte von Einfluss in der Welt, Tiere von allen Kontinenten präsentieren zu können. Das ist heute nicht mehr so. Heute geht es vor allem um das Freizeitvergnügen, um Bildung und Artenschutz.
Es spricht für die Tierhaltung in Zoos, dass Kinder die Tiere dort sehen können, die sie sonst nur in der freien Natur sehen könnten. Nicht jeder hat das Geld oder die Möglichkeit, weit zu reisen, deshalb hätten ohne den Tierpark viele Menschen gar nicht die Möglichkeit, Tiere wie Elefanten, Löwen oder Erdmännchen mit eigenen Augen zu sehen. Ich bin zum Beispiel mit meinen Eltern noch nie außerhalb Europas gewesen und würde diese Tiere definitiv nicht kennen. Vielen wird es da nicht anders gehen.
Zudem ist ein Zoo ein echtes Freizeiterlebnis für die ganze Familie. Es gibt nur wenige Dinge, die Eltern und Kindern gut gefallen und wirklich jedem Spaß machen. Ein Tag im Zoo ist immer ein besonderes Erlebnis. In meiner Familie zum Beispiel werden immer alle ganz aufgeregt, wenn ein Zoobesuch bevorsteht. Wir reden schon Tage vorher darüber, auf welche Tiere wir uns besonders freuen.
Auf der anderen Seite muss man sagen, dass Tiergärten von Tierschützern durchaus kritisch gesehen werden. Ihrer Meinung nach werden Tiere dort nicht artgerecht gehalten. Sie haben nicht genug Bewegungsfreiheit und werden gefüttert, anstatt sich selber Essen zu jagen.
Zudem bedeutet die Haltung in Zoos, dass die Tiere vermutlich auch nie wieder in freier Wildbahn überleben können. Wie soll ein Tier, für das die Freiheit fremd ist und das im Zoo keine wirklichen Feinde kennt, dort überleben und wissen, wann es in Gefahr ist? Ich kann mir gut vorstellen, dass ein ausgewildertes Tier schnell gefressen wird oder verhungert, weil es nicht gelernt hat, in seiner Umgebung zu überleben.
Wie ihr seht, gibt es für beide Seiten gute Gründe. Also was ist nun richtig? Ich persönlich finde einen Zoo zwar spannend, aber ich denke, dass der Wunsch von Menschen, bestimmte Tiere zu sehen, nicht wichtiger sein sollte als ein freies Leben der Tiere in ihrer natürlichen Umgebung. Auch wenn ich Zoos mag, wäre ich froh, wenn

irgendwann verboten werden würde, Tiere in Käfigen zu halten.
Ich fände es toll, wenn ihr euch auch einmal mit dem Thema beschäftigen würdet, weil es uns als Zoobesucher irgendwie alle angeht. Schreibt uns gerne eure Meinung zum Thema!

<table>
<tr><td>Sie kennt Gus sehr genau.</td><td>Z. 21<br>[...] aber Ella sagt bloß:<br>Hier, der Sportteil.</td></tr>
</table>

## B 7  Eine Wahlaufgabe mit erzählendem Text in fünf Schritten bearbeiten

### Seite 50

**1** In der Kurzgeschichte „Tanzen gehen" geht es um ein älteres Ehepaar und einen Samstag in ihrem Leben. Dieser Samstag beginnt wie üblich mit dem Zeitunglesen von Ella und der Betrachtung des eigenen Körpers von Gus im Badezimmerspiegel. Durch einen Tanz ist er plötzlich anders, doch er endet danach wie immer.

### Seite 51

**2**

| Gus | |
|---|---|
| Er ist ein älterer Mann. | Z. 8<br>Er hat eine ganz ähnliche Narbe am Kinn, seit über fünfzig Jahren schon, [...] |
| Er hat viele Narben. | Z. 8 – 9<br>Überhaupt ist sein Körper voll von Narben. |
| Er betrachtet seinen Körper häufiger und will nicht, dass Ella das weiß. | Z. 12 – 13<br>Die Klospülung betätigt er, weil er nicht möchte, dass seine Frau Verdacht schöpft. |
| Er arbeitet im Garten (nur nicht bei Regen). | Z. 15 – 16<br>Er könnte im Garten arbeiten, aber es nieselt draußen. |
| Ella | |
| Sie kocht regelmäßig. | Z. 76<br>Er fragt: Musik zum Kartoffelschälen?<br>Z. 101<br>Erst als Ella dann längst in der Küche ist, [...] |
| Sie liest immer die Geburts-, Heirats- und Todesanzeigen. | Z. 33 – 34<br>Gus fragt: Warum schaust du dir das immer an?<br>Z. 35 – 36<br>Überhaupt, sagt Gus, diese Anzeigen eben. |
| Sie stellt viele (rhetorische) Fragen, auf die sie keine Antwort erwartet, weil sie Gus so lange kennt. | Z. 56 – 57<br>Ella schaut auf, sagt: Ist das nicht schön?<br>Z. 63 – 64<br>Tanzen gehen? Ella macht eine kurze Pause. Vor oder nach dem Essen?, fragt sie dann. |

**3** Die aktuelle Narbe, die sich wie Plastik anfühlt, könnte von einer Operation stammen. Sie ist noch sehr gut sichtbar.
Die älteren Narben könnten von Unfällen stammen, z. B. einem Autounfall, von der Gartenarbeit oder der Arbeit.

**4** 1. Gus hätte Ella sagen können: „Ella, ich liebe dich noch immer. Mir fehlt unsere körperliche Nähe und das Tanzen."
*Begründung*: Der Text besagt, dass Gus kurz überlegt, Ella mit ins Bett zu nehmen. Hieran kann man sehen, dass ihm die körperliche Nähe fehlt. Das Tanzen führt zu dieser Nähe.
2. Gus hätte Ella sagen können: „Lass uns öfter Dinge tun, die wir früher gemacht haben. Mir fehlen gemeinsame Unternehmungen."
*Begründung*: Gus schaut alte Bilder an und erinnert sich an die Vergangenheit. Da waren auch gemeinsame Unternehmungen wie Tanzen oder Spaziergänge Teil ihres Lebens.

**5** Zutreffend sind diese Aussagen:
  – Der Tanz ist eine Flucht aus dem Alltag,
  – Gus wird von alten Narben gequält.
  – Im Alltag eines lange verheirateten Ehepaares geschieht etwas Unerwartetes.

**6** Siehe Lösungen zu 7. – 9., Seite 54/55

### Seite 52

1. Individuelle Lösung

2. Ich soll einen Eintrag in Ellas Tagebuch für den Samstag schreiben. Dabei bin ich Ella. Ich schreibe etwas zum Tagesablauf, zu meinen Gefühlen und Gedanken und überlege, was ich ändern könnte.

3. Individuelle Lösung

4. Aufbau der Kurzgeschichte:
Z. 1 – 13: Gus steht im Badezimmer und betrachtet sich.
Z. 14 – 48: Beide befinden sich im Wohnzimmer. Gus beobachtet erst Ella, dann schaut er alte Bilder an. Ella liest Anzeigen in der Zeitung.
Z. 49 – 57: Ella liest aus einer bestimmten Todesanzeige vor, die sie berührt.
Z. 79 – 100: Gus fordert seine Frau zum Tanz auf. Ella zögert.
Z. 101 – 110: Ella tanzt mit Gus. Beide sind bewegt, Gus möchte sich Ella nähern.
Z. 101 – 110: Ella geht nicht auf die Annäherung ein. Sie geht in die Küche und Gus betrachtet sich erneut im Spiegel.

### Seite 53

6. Möglicher Schreibplan:

Schreibplan Tagebucheintrag

– Anrede: Liebes Tagebuch

– Einleitung und Beschreibung der Ereignisse: Gus im Badezimmer, ich lese die Zeitung; Gus weiß nicht, was er machen soll; er betrachtet alte Fotos; Aufforderung zum Tanz; ich gehe danach in die Küche; er betrachtet schon wieder seine Narbe(n)

– Gefühle, Gedanken beim Tanzen: bin überrascht, dass Gus sich an unser Tanzen erinnert, bin aufgeregt, weil etwas passiert, Tanzen fühlt sich gut an; fühle mich so viel jünger und erinnere mich an alte Zeiten; möchte gern mehr tanzen, vielleicht liebt er mich ja doch noch

– Hände auf die Schultern/Küche: möchte ihn gern anfassen und berühren, traue mich nicht, habe Angst vor Zurückweisung; gehe lieber in die Küche, da das vertraut ist und mir Sicherheit gibt

– Schluss: Änderungen, Wünsche, Hoffnungen: gern mehr mit Gus unternehmen, tanzen gehen, spazieren, über alte Zeiten reden, vielleicht mal ein neues Hobby suchen …

## Seite 54

7. – 9.

Liebes Tagebuch,
heute ist ein komischer Samstag gewesen. Zuerst hat alles begonnen wie sonst. Ich war in der Küche und Gus stand im Badezimmer und betrachtete seine Narben. Er glaubt noch immer, ich weiß nichts davon!
Erst habe ich wie jeden Tag die Zeitung gelesen. Gus wusste nicht, was er tun sollte. Sonst geht er ja in den Garten, aber bei dem Regen heute …
Auch sein neues PC-Programm für die Steuererklärung konnte ihn nicht locken oder gar der Sportteil der Zeitung. Er hat nur mich beobachtet. Das war schon etwas merkwürdig! So, als ob er mich noch nie gesehen hat, oder habe ich mich so verändert, dass er mich so intensiv angeschaut hat? Das hat er lange nicht mehr getan.
Naja, dann hat er sich die alten Fotos angeschaut. Ich habe sie erst letzte Woche neu auf dem Schrank aufgestellt. Irgendwelche komischen Verrenkungen hat er dabei gemacht. Ich hatte echt Mühe, mich auf die Anzeigen zu konzentrieren. Was das wohl sollte? Ich weiß es nicht … aus Langeweile macht man doch schon mal Sachen, die man sonst nicht macht, oder?
Das ging eine ganze Weile so, während ich weiter die Anzeigen las. Eine Todesanzeige hat mich heute besonders berührt. Ein Ehemann hat über seine Frau geschrieben, sie wäre ein wunderbarer Mensch gewesen, sie wäre sein Leben gewesen! Ob Gus das wohl für mich auch schreiben würde? Dieses Paar war 27 Jahre verheiratet. Wir sind es fast ebenso lange. Was Gus wohl schreibt, wenn ich sterbe? Und während ich also diese Anzeige vorlas, passierte es. Gus sagte einfach: Lass uns tanzen gehen. Ich war wie vom Donner gerührt, als Gus plötzlich vom Tanzen anfing. Das haben wir schon seit Jahren nicht mehr gemacht! Ich dachte, ich hätte mich verhört oder ich träume! Damit hatte ich nun gar nicht gerechnet. Vor lauter

Überraschung und weil ich nicht wusste, was ich sagen sollte, fragte ich erstmal, ob wir vor oder nach dem Essen gehen wollen. So etwas!!
Gus war etwas beleidigt, aber – liebes Tagebuch – ich war so überrascht und auch aufgeregt. Es ist so lange her, dass wir zum Tanzen gingen oder überhaupt getanzt oder etwas gemeinsam unternommen haben.
Und dann haben wir es getan. Es war so wunderbar. Wir haben nichts verlernt. Der Walzer – unser Lieblingstanz. Es fühlte sich an wie früher – und ich war tatsächlich einen Moment lang wieder jung und vor allem begehrt. Liebt er mich doch noch, nach all den Jahren? So viele Fragen und Gedanken …
Wir haben zu Beginn unserer Beziehung viel getanzt und zusammen gelacht. Es wäre so schön, wenn wir es wieder tun könnten. Und dann passierte es, wir streiften die Stehlampe, vorbei war unser Tanz. Ich war ziemlich außer Atem und auch Gus hatte etwas Mühe. Schade, es war fast so wie früher! Doofe Stehlampe.
Wie gern hätte ich ihn länger berührt, deshalb habe ich ihm über die Wange gestreichelt. Und dann, um die Nähe zu spüren, beide Hände auf seine Schultern gelegt nach unserem Beinahesturz. Aber irgendwie habe ich mich dann nicht getraut, ihn zu umarmen oder gar zu küssen. Komisch, früher war das selbstverständlich, und jetzt? Dabei fehlt mir das Umarmen und die Nähe. Aber bevor er mich zurückschubst, lasse ich das lieber.
Liebes Tagebuch, ich bin dann wieder in die Küche gegangen, um das Essen vorzubereiten. In der Küche fühle ich mich sicher. Aber ich war und bin noch immer traurig.
Wie gern würde ich mehr mit Gus machen, so wie zu Beginn unserer Ehe. Schließlich liebe ich ihn noch immer. Vielleicht können wir ja doch mal wieder tanzen gehen. Ich werde in der Zeitung nach einer Anzeige dazu suchen. Es gibt Tanzveranstaltungen für ältere Menschen. Und wir könnten auch mal wieder zusammen spazieren gehen. Oder wir suchen uns ein ganz neues Hobby.
Liebes Tagebuch, das ist es für heute. Morgen ist ein neuer Tag und ich werde Gus fragen, ob wir zusammen spazieren gehen wollen.

<hr>

### B 8    Eine Wahlaufgabe mit lyrischem Text in fünf Schritten bearbeiten

## Seite 56

**1** a) • Lied besteht aus 11 Strophen mit 45 Versen
  • vorweg gibt es ein einzelnes Wort: Oh
  • fast alle Strophen haben jeweils 4 Verse, bis auf Strophe 1 und 6
  • Strophe 1 hat 2 Verse
  • Strophe 6 hat 6 Verse
  • es gibt kein Reimschema
  • dreimal wird der Refrain wiederholt: Verse 16 – 19, 30 – 34, 42 – 45 und ein halber Refrain in Vers 2 und 3
b) Verwendung von Umgangssprache, viele Bedingungssätze, viele Wiederholungen, direkte Ansprache eines Gegenübers

**2** Erste Strophe (halber Refrain): Freund bietet Hilfe an, auch wenn keine Hoffnung da ist

Zweite Strophe: kein Kontakt zum Freund, macht sich Sorgen
Dritte Strophe: Einladung zum Treffen/Essen
Vierte Strophe: Angebot, als Freund in der Not da zu sein
Fünfte Strophe, achte und elfte Strophe (Refrain): Versprechen, selbst in dunkelsten Zeiten als Freund zur Seite zu stehen
Sechste Strophe: Beschreibung der Gefühlslage des Freundes als Qual
Siebte Strophe: Verständnis für das Zurückziehen, aber trotzdem Hilfsangebot
Neunte und zehnte Strophe: Vergleich mit der eigenen Situation und der Stille in sich

## Seite 57

**3** Der Horizont ist erkennbar, aber die Person kann nicht sehen, was dahinter ist bzw. was sie erwartet.

**4**

| Beispiel | sprachliches Mittel |
|---|---|
| deine Flügel schwer wie Blei | Vergleich/Hyperbel |
| wohin ich den Wind für dich drehen soll | Personifikation |
| Hast nur die Dunkelheit dabei | Symbol/Personifikation |
| Wenn die Hoffnung fehlt und dein Horizont auch | Alliteration |

**5** Individuelle Schülerlösung

**6** Das Meer steht für Weite und Unendlichkeit, aber auch für Einsamkeit und Verlassensein. Über das Meer sieht man in der Ferne den Horizont. Er verschmilzt mit dem Himmel. Bis dahin kann man sehen, bis dahin kann man seine Hoffnungen lenken. Aber man kann nicht darüber hinaus sehen – man weiß nicht, was einen hinter dem Horizont erwartet. Am Meer weht Wind und der Wind kommt aus einer Richtung: entweder von vorn als Gegenwind oder von hinten als Rückenwind.

**7** Siehe 12. bis 15, Seite 62

## Seite 58

1. Horizont = Linie zwischen Himmel und Erde am Meer; der Horizont weit weg, Gefühl der Unendlichkeit; was dahinter ist, ist nicht zu sehen; kein Ziel oder Weg zum Horizont; es könnte im Lied um Einsamkeit und Verlassenheit gehen, darum, dass man nicht weiß, wie es weitergeht im Leben

2. Ich soll über das Lied „Horizont" von Johannes Oerding und Gentleman einen Text schreiben. Als erstes fasse ich dazu das Lied kurz zusammen und erkläre die Wirkung mithilfe von sprachlichen Mitteln. Dann erläutere ich die Aussage des Liedes. Am Ende des Textes soll ich Stellung nehmen zu dem Begriff „Freundschaft" und begründen, warum Freundschaft das Thema des Liedes ist.

3. Individuelle Schülerlösung

4. In dem Lied geht es um einen Menschen (lyrisches Ich), der die Freundschaft und die Sorge um einen Freund oder eine Freundin beschreibt. Der Mensch hat länger nichts von dem Freund/der Freundin gehört und macht sich Sorgen. Es werden Schwierigkeiten genannt, die diese Person eventuell haben könnte (Geister/Dunkelheit). Der Mensch bietet der anderen Person an, ihr als Freund zu helfen, selbst wenn sie zurzeit eine sehr schwierige Zeit durchmacht und sich zurückzieht.

## Seite 59

5.

| | |
|---|---|
| Wenn die <u>Hoffnung</u> fehlt und dein <u>Horizont</u> auch | *Alliteration* |
| Kannst du auf mich zählen, ja, dann hol ich dich raus | *Unterstützung* |
| | |
| <u>Wieder mal besorgt</u>, weil du nicht rangehst | *Unvollständiger Satz* |
| Kann dich schon seit Tagen nicht erreichen | |
| <u>Obwohl's</u> mich eigentlich nichts angeht | *Umgangssprache* |
| Hilft es manchmal, wenn man nicht allein ist | |
| | |
| Könn' uns, wenn du Zeit hast, ja mal sehen | *Einladung* |
| Sag Bescheid, komm vorbei, meine Einladung steht, yeah | |
| Kann auch was kochen, wenn du möchtest | *bietet Essen an* |
| Meine Dumplings sind köstlich | |
| | |
| <u>Ich bin da, für dich da</u> | *Wiederholung* |
| Auch wenn die <u>Geister in dir mich nicht sehen wollen</u> | *negative Gedanken* |
| Ich bin da, wieder da | |
| Sag mir, wohin <u>ich den Wind für dich</u> drehen soll | *Personifikation* |
| | |
| <u>Wenn</u> die Hoffnung fehlt und dein Horizont auch | *Bedingungssatz* |
| Kannst du auf mich zählen, ja, <u>dann</u> hol ich dich raus | *Folge* |
| <u>Wenn</u> du dir nicht traust und auf einmal glaubst, dass keiner dich vermisst, <u>dann</u> | *Bedingung* |
| Kannst du auf mich zählen, ja, <u>dann</u> hol ich dich raus | *Folge* |

| | |
|---|---|
| <u>Deine Gedanken sind leise</u> und <u>deine Flügel schwer wie Blei</u> | *Personifikation, Vergleich* |
| Du bist auf einsamer Reise, hast nur die <u>Dunkelheit</u> dabei | *Symbol* |
| <u>Ey</u>, du weißt, Glück lasst sich teilen | *Umgangssprache* |
| Und das gilt auch für unsern Schmerz | |
| Ich lass dich nicht alleine leiden | |
| Wenn du <u>durch die Hölle fährst</u> | *Zustand großer Qualen* |
| | |
| <u>Ich bin da, ist doch klar</u> | *Bestätigung* |
| Auch wenn die <u>Geister in dir</u> mich nicht sehen wollen | *Symbol* |
| Ich bin da, ist doch klar | *Wiederholung der Bestätigung* |
| Sag mir, wohin ich den Wind für dich drehen soll | |
| | |
| Wenn die Hoffnung fehlt und dein Horizont auch [...] | |
| | |
| Kann dich verstehen, mir gehts genauso | |
| (Steht der <u>Herr</u> dir bei, auch wenn es wieder mal schwer ist) | *Gottvertrauen* |
| <u>Wir schalten alles auf lautlos</u> | *Konzentration auf das Wesentliche* |
| (Trotz all den <u>singenden Möwen</u> und dem Rauschen des Meeres) | *Symbol/Personifikation* |
| | |
| Kann dich verstehen, mir gehts genauso | |
| <u>(Auch wenn die Geister in dir mich nicht sehen wollen)</u> | *Wiederholung* |
| Wir schalten alles auf lautlos | |
| | |
| Sag mir, wohin ich den Wind für dich drehen soll | |
| | |
| Wenn die Hoffnung fehlt und dein Horizont auch [...] | |

---

6. Individuelle Schülerlösung

7. Siehe Aufgabe **2**, Seite 56

8. **Erste Strophe:** beginnt mit einer Bedingung; Horizont und Hoffnung: Horizont weit weg und das Ziel auch; Hoffnung fehlt – symbolisiert durch die Unerreichbarkeit des Horizonts; Alliteration (Horizont/Hoffnung)
   **Zweite Strophe:** beginnt mit unvollständigem Satz (Umgangssprache); Angst um den Freund
   **Dritte Strophe:** Umgangssprache (Könn'), kurze Sätze, Aneinanderreihung von Gedanken; viele Dinge werden in Kurzform aufgezählt
   **Vierte Strophe:** Wiederholung (Ich bin für dich da) – Bestätigung und versichernde Aussage des Hilfsangebots und der Unterstützung; Personifikation (den Wind drehen) – das Steuer in die Hand nehmen, die Richtung weisen
   **Fünfte Strophe:** Refrain (s. 1. Strophe)
   **Sechste Strophe:** Zustand großer Qual (Hölle) – die Not wird erkannt; die Hölle steht als Symbol für große Qualen; ebenso die Dunkelheit – Symbol für die Orientierungslosigkeit, Verlust des Weges/Ziels; *(restl. Strophen s. auch Aufg. 5, es gibt Wiederholungen)*

**Seite 60**

9. Individuelle Schülerlösung

10.a) Siehe Aufgabe **1**, Seite 56
    Die Songschreiber haben die persönliche Form gewählt, damit das Lied auch auf andere Menschen übertragbar ist. Jede und jeder von uns kann in die Situation kommen, als Freund oder Freundin zu helfen oder in Not zu geraten und Hilfe zu brauchen.

b) Durch die Verwendung von „ich", „du", „dein" etc. wird die Nähe der Personen zueinander deutlich.

c) – der Horizont tritt immer besonders deutlich am Meer in Erscheinung
   – trotz all den singenden Möwen und dem Rauschen des Meeres
   – ich drehe den Wind für dich

**Seite 61**

11. Möglicher Schreibplan

Schreibplan
Überschrift: Horizont (Bedeutungserklärung Horizont)

Einleitung: Vorstellung des Liedes „Horizont" von Johannes Oerding und Gentleman aus dem Jahr 2020
Thema: Sänger besingen, was Freundschaft ausmacht; sie machen sich stark dafür, dass sich Freunde gegenseitig helfen sollen

Hauptteil: Inhalt der einzelnen Strophen ...
Wirkung des Liedes:
• Freunde machen sich Sorgen umeinander
• Sind in allen Lebenslagen füreinander da
• Hilfe in guten und schlechten Tagen
• Vertrauen und Hoffnung, dass es wieder bessere Zeiten gibt
• Mit Freunden kann man für ein paar Stunden auch die Sorgen vergessen
• Geteilte Sorgen sind halbe Sorgen

Schluss: eigene persönliche Stellungnahme zum Begriff „Freundschaft" und Bezug zum Lied

**Seite 62**

12. bis 15. (siehe auch Aufgabe **7**, S. 57)

Möglicher Schülertext:

In dem Lied Text „Horizont" von Johannes Oerding und Gentleman aus dem Jahre 2020 geht es um das Thema Freundschaft. Das Lied stellt die Beziehung zwischen zwei Freunden dar und ihre Verbindung, den Zusammenhalt und die Unterstützung in guten wie in schlechten Zeiten.

Der vorliegende Liedtext handelt von Freundschaft. Der Sänger macht sich Sorgen um einen Freund („Wieder mal besorgt, weil du nicht rangehst", Vers 3) und bietet diesem Hilfe und Unterstützung („Ich bin da, für dich da", Vers 12) an, weil dieser offensichtlich die Hoffnung verloren hat.

Zunächst stellt er fest, dass es in den letzten Tagen keinen Kontakt gab – trotz Handy kann er ihn nicht erreichen („wieder mal besorgt, weil du nicht rangehst", Vers 4). Er macht sich Sorgen, möchte den Freund treffen – lädt ihn sogar zum Essen ein. Dabei kann man nämlich für ein paar Stunden seine „Dunkelheit" (Vers 21) – die dunklen Gedanken – vergessen.

Der Sänger möchte für den Freund da sein, auch wenn dieser ihn in seiner Verzweiflung nicht sehen will und das Alleinsein („Du bist auf einsamer Reise, hast nur die Dunkelheit dabei", Vers 21) vorzieht. Es will das Gute wie das Schlechte mit dem Freund teilen – schließlich kennt er solch eine Situation auch („Ey, du weißt, Glück lässt sich teilen und das gilt auch für unsern Schmerz", Vers 22).

Er beschwört die Wichtigkeit von Freundschaft bzw. guten Freunden in der zunehmenden Einsamkeit („Deine Gedanken sind leise", Vers 20) und der Hoffnungslosigkeit vieler Menschen in der heutigen Zeit.

Das Lied bezieht auch das Meer mit ein. Am Meer verschmelzen die Erde und der Himmel in der Ferne, das ist der sogenannte Horizont. Er ist weit weg und er gibt einem Menschen das Gefühl der Unendlichkeit und endlosen Weite, aber der Horizont und das Meer vermitteln auch Einsamkeit, wenn es dort menschenleer ist und nur das Rauschen des Meeres oder das Schreien der Möwen zu hören ist. Der Sänger lässt die Möwen singen („Trotz all den singenden Möwen", Vers 37) – Möwen sind ein Symbol der Freiheit und Kraft. Sie geben Hoffnung. Singen bedeutet dann wieder Harmonie und innerer Frieden, den die beiden gemeinsam gewinnen können.

Das Lied besteht aus 11 Strophen mit 45 Versen, wobei die Strophen zwei, drei, vier, fünf, sieben, acht, neun, zehn und elf jeweils vier Verse haben. Die Strophe eins hat zwei Verse und die Strophe sechs sechs Verse. Durch die ungleichmäßige Verteilung der Verse auf die Strophen wird schon ein gewisses Maß an Unruhe sichtbar – die Sorge um den Freund, aber auch dessen fehlende Orientierung („Wenn die Hoffnung fehlt und den Horizont auch").

Auffällig ist, dass es kein Reimschema gibt und dass Umgangssprache genutzt wird („ey", „yeah", „obwohl's"). Außerdem besteht insbesondere der Refrain aus Bedingungssätzen (wenn ... dann) und aus vielen Wiederholungen. Dem Sänger ist klar, dass etwas nicht stimmt mit dem Freund und durch die Wiederholungen (z.B. „Kannst du auf mich zählen, ja, dann hol ich dich raus", Vers 2/43) betont er immer wieder seine Unterstützung.

Johannes Oerding und Gentleman verbinden mit dem Begriff „Freundschaft" das Füreinander-da-sein – in allen Lebenslagen. Wahre Freunde helfen einander – auch in einer Zeit mit weniger Kontakt. Einsamkeit muss nicht sein. Sie sind da, wenn man sie braucht – uneingeschränkt.

Zum Schluss möchte ich Stellung nehmen dazu, was ich unter Freundschaft verstehe und was davon in dem Lied „Horizont" zu finden ist. Freundschaft bedeutet für mich, grenzenloses Vertrauen zueinander zu haben. Man kann mit einem Freund oder einer Freundin alles besprechen, sich öffnen, ohne Angst haben zu müssen, dass dieser Mensch die eigenen Gedanken, Ideen und Hoffnungen oder Ängste weiter verbreitet oder verrät. Ein Freund / eine Freundin ist für mich da, wenn ich ihn/sie brauche – auch wenn wir einmal nicht am selben Ort sind. Dadurch gerate ich nicht in die Gefahr, einsam zu werden. Trotzdem kann ich mich zurückziehen und der „Dunkelheit" in mir Raum geben. Ich muss mich darin aber nicht verlieren, der Freund ist da und steht mir bei, wenn ich ihn brauche. Selbstlos und ohne Forderungen – auch wenn ihn/sie das Problem, um das es gerade geht, vielleicht nichts angeht.

All dieses bringen Johannes Oerding und Gentleman in ihrem Lied „Horizont" zum Ausdruck.

## C Prüfungsaufgaben angeleitet bearbeiten

### C 1 Prüfungsbeispiel: Smartphone

**Seite 64**

**Hörverstehen**

**1** In dem Text geht es darum, dass viele Jugendliche ein Smartphone besitzen und dieses auch nutzen. Sie sind sich jedoch vieler Gefahren nicht bewusst. Um mitreden zu können, glauben sie, rund um die Uhr erreichbar sein zu müssen. Dadurch entsteht ein Kommunikationsdruck, der zur Sucht führen kann. Weitere Gefahren lauern z.B. durch das Verschicken von Sexbildern oder Bildern mit Gewaltszenen. Viele Eltern wissen nicht, wie sie ihre Kinder davor schützen können.

**Seite 65**

**2** Die Kommunikation über das Smartphone stärkt die Bindungen der Jugendlichen untereinander.

**3** Über das Smartphone kann man rund um die Uhr angeschrieben werden und fast jeder erwartet eine schnelle Antwort. Deshalb schaut man oft aufs Display und antwortet auf Nachrichten, auch wenn man eigentlich etwas anderes zu tun hätte. Legt man das Gerät weg, wird man unruhig, weil man Angst hat, etwas zu verpassen.

**4** Mögliche Gefahren:
- Sucht
- Ablenkung von Hausaufgaben oder anderen wichtigen Tätigkeiten
- Unüberlegte Preisgabe persönlicher Daten
- Kontakt zu Fremden

13

- Stress
- Zugang zu pornografischen Inhalten
- Zugang zu Gewaltinhalten
- Sexting
- Mobbing

## Seite 66
### Hauptteil 2

**1** In dem Text „Ein Leben ohne Smartphone ist kaum vorstellbar" von Andreas Herrler geht es darum, dass das Smartphone mittlerweile von vielen Jugendlichen gerne und oft genutzt wird. Der Verfasser ist der Meinung, dass das Smartphone auch im Unterricht mehr genutzt werden sollte, da es zum Lebensalltag der Jugendlichen gehört. Obwohl es bis jetzt nur wenig im Unterricht eingesetzt wird, gehen Jugendliche aber viel verantwortungsbewusster mit dem Smartphone um als noch vor einigen Jahren. Trotzdem sollen auch Eltern auf die bestehenden Gefahren hinweisen und mit ihren Kindern reden.

## Seite 67

**2** Mögliche Tätigkeiten:
- Musik hören
- TikTok nutzen
- Chatten
- Mit Facebook kommunizieren
- In Instagram surfen
- Telefonieren
- Informationen suchen

**3** Die Schülerinnen finden es unhöflich ihren Freunden gegenüber, wenn sie nicht erreichbar sind. Einen Lehrer würde das ärgern, weil es ja auch unhöflich ihm und den Mitschülern gegenüber ist, wenn man aufs Smartphone schaut, anstatt dem Unterricht zu folgen.

## Seite 68

**4** a) Wohin fährt die Schreiberin der Nachricht? – Sie fährt nach Hause.
Wohin sagt sie, dass sie fährt? – Sie sagt, sie habe viel in der Stadt zu tun.
b) Das Smartphone spielt bei dieser Lüge eine große Rolle, weil die andere Person einen nicht sieht und nicht weiß, wo man sich befindet. Außerdem lässt es sich leichter lügen, wenn man der anderen Person dabei nicht in die Augen schauen muss.

## Seite 70

**5** Als Head-down-Syndrom wird der sogenannte Handynacken bezeichnet. Durch die ständig geneigte Kopfhaltung verändert sich die Körperhaltung. Das kann zu Verspannungen, Rücken- und Kopfschmerzen führen und vielleicht sogar zu Depressionen.

**6** Gesundheitliche Gefahren:
- Kopfschmerzen
- Nackenschmerzen
- Depressionen
- Verdauungsschwierigkeiten
- Herzerkrankungen
- Schädigung der Wirbelsäule

## Seite 71
### Lösungshilfen zum Wahlteil A
Möglicher Schülertext zum Wahlteil A:
Oha. Lisa hat mich heute gefragt, ob ich ihr dabei helfe, ein Smartphone zu bekommen. Sie hat noch keins und zum Geburtstag möchte sie nun eins haben. Unsere Eltern finden die Idee nicht so gut und ausgerechnet ich soll sie jetzt davon überzeugen, dass sie Lisa diesen Gefallen tun. Mann, wie das nervt. Warum kümmert die sich nicht selber um ihre Angelegenheiten?
Ich meine ... klar. Die meisten ihrer Freunde werden bereits ein Smartphone haben. Die chatten untereinander und zocken und Lisa kann nicht mitreden. Vielleicht wird sie ausgelacht oder sie darf auch einfach so nicht dabei sein. Sie sagte auch, dass es sie nervt, keine Nachrichten an Mama und Papa schreiben zu können, wenn es ihr in der Schule nicht gut geht. Das kann ich verstehen. Für mich ist es schon selbstverständlich, jedem sofort eine Nachricht schreiben zu können. Davon abgesehen ist es auch einfach witzig für die Kleinen, TikTok oder Instagram nutzen zu können. Ich glaube, gerade kleine Mädels finden das ziemlich cool.
Na ja, ich schaue mir ja gerne an, was meine Klassenkameraden da so schreiben – aber wenn ich mir vorstelle, dass meine kleine Schwester Fotos ins Netz stellt ... das nervt mich jetzt schon. Man weiß ja nie, wer diese Fotos sieht und sie anschreibt oder anspricht. Ich möchte nicht, dass Lisa etwas passiert. Und auch die Chats mit Freunden sind nicht so cool, wie sie sich das vorstellt. Es wird viel Mist gepostet, schräge Videos. Jugendliche haben da echt manchmal wenig Grenzen und vieles, was da unfreiwillig auf meinem Handy landet, finde ich auch nicht gut. Bis jetzt spielt sie viel draußen und ist ein fröhliches Mädchen. Hoffentlich ändert sich das dann nicht.
Na ja ... o.k. Auf der anderen Seite ist sie ja auch kein Baby mehr und irgendwann muss man ja anfangen, sich mit Smartphones auseinanderzusetzen. Ich glaube, ich werde ihr anbieten, mit ihr zusammen ihr Handy einzurichten und die Apps runterzuladen, dann kann ich ihr gleich erklären, worauf sie achten muss. Das stelle ich mir eigentlich sogar ganz schön vor. Ich werde morgen mal mit Mama und Papa reden. Lisa freut sich bestimmt total, wenn es klappt. Und ich mich irgendwie auch.

## Seite 72
### Lösungshilfen zum Wahlteil B
Möglicher Schülertext zum Wahlteil B:
Sehr geehrte Schulleitung,
ich bin Schüler der 9. Klasse dieser Schule und schreibe diesen Brief, um Sie zu bitten, eine Informationsveranstaltung zum Thema „Smartphones" an unserer Schule durchzuführen.
Für viele Schüler an unserer Schule ist das Smartphone ein wichtiger Bestandteil ihres Lebens: Wir chatten, spielen, hören Musik, suchen nach Informationen oder wann der nächste Bus fährt. Ja, eigentlich ist das Smartphone ein Begleiter geworden, der aus unserem Alltag nicht mehr wegzudenken ist.
Zum einen ist es natürlich bequem: Man kann sich immer und überall informieren und bekommt schnell Auskunft. Anderen kann man auf einfachem Weg mitteilen, was man möchte, um dann wieder zur eigentlichen Beschäftigung zurückzukehren. Es ist doch total praktisch, wenn

ich mich „mal eben" mit Mitschülern verabreden kann, um ein Referat zu planen. Wir erstellen dann eine Chatgruppe und schon kann man alles planen, was wichtig ist. Jedoch gibt es auch Gefahren. Und auch zwischen Lehrern und Schülern kommt es immer wieder zu Diskussionen um die richtige Nutzung.

Ich selbst sehe ja auch, dass es Klassenkameraden gibt, die das Handy gar nicht mehr aus der Hand legen, selbst im Unterricht nicht. Sie haben ständig Streit mit den Lehrern und natürlich verschlechtern sich auch ihre Noten. Problematisch ist natürlich auch, was in manchen Chatgruppen gepostet wird. Es gibt Schüler, die posten Fotos von anderen, Gewalt- oder Sexvideos – egal ob sie jemand sehen möchte oder nicht.

Davon abgesehen passieren aber vielleicht auch richtig gefährliche Dinge, wenn Jugendliche in den sozialen Netzwerken Fotos von sich einstellen, Informationen teilen und vielleicht nicht einmal ihr Profil auf „privat" stellen. Es würde mich sehr wundern, wenn nicht die eine oder andere Schülerin aufgrund der geteilten Bilder schon angeschrieben worden wäre. Und man weiß ja nie, wer dieser Fremde ist, der mit einem Kontakt aufnimmt. Deshalb fände ich es gut, wenn wir uns einmal ausführlich mit dem Thema „Nutzung des Smartphones" beschäftigen würden. Auf einem Informationstag könnten die Gefahren noch einmal deutlich benannt und erläutert werden. Außerdem könnte man vielleicht auch den einen oder anderen Lehrer davon überzeugen, dass das Smartphone in der Schule bei richtigem Umgang schon seinen Platz haben und ein wertvolles Hilfsmittel sein kann. Ich möchte Sie deshalb darum bitten, diesen Informationstag an unserer Schule durchzuführen.
Mit freundlichen Grüßen
Henry Herbst

## C 2  Prüfungsbeispiel: Geschlechterklischees im Sport

### Seite 74

**1** Es geht um Ungerechtigkeit im Schulsport zwischen Mädchen und Jungen. Als Probleme werden angeführt, dass Mädchen und Jungen Sport nicht gleich gerne mögen, zudem haben die Jungen häufig körperliche Vorteile.
Trotzdem gibt es Jungen, die nicht gut im Sport sind oder andere sportliche Vorlieben haben als erwartet. Der Text mahnt dazu, Geschlechterstereotype aufzubrechen und die Unterschiede zwischen Jungen und Mädchen mehr in die Bewertung einfließen zu lassen.

**2** • Mädchen und Jungen mögen Sport nicht gleich gerne.
• Körperliche Voraussetzungen sind unterschiedlich (Kraft, Ausdauer).
• Mädchen bekommen schlechtere Noten.

**3** Ein Klischee ist so etwas wie ein Vorurteil. Mädchen oder Jungen werden z. B. nur aufgrund ihres Geschlechtes bestimmte Eigenschaften zugeschrieben, ohne sie zu kennen.

### Seite 75

**4** Der Junge auf dem Bild betreibt eine Sportart, die für Jungen eher „untypisch" ist. Nicht immer sind andere Menschen tolerant genug, um das zu akzeptieren. Es kann sein, dass er ausgelacht oder beschimpft wird – nur, weil er die Sportart ausübt, die er liebt.

**5** • Frauen und Männer sind taktisch gleich gut.
• Mädchen könnten weiter mit ihren Freunden zusammen in einer Mannschaft spielen.
• Es würde nach Leistung entschieden, nicht nach Geschlecht.

### Seite 77
### Lösungshilfen zum Wahlteil A

1. Meine Rolle: Ich schreibe einen Artikel für die Schülerzeitung.
   Adressat: meine Mitschülerinnen und Mitschüler
   Situation/Thema: Ich habe den Artikel „Geschlechterklischees im Schulsport" gelesen. Ich möchte Ungerechtigkeiten im Schulsport aufzeigen.
   Ziel: Ich möchte meine Mitschülerinnen und Mitschüler mit dem Artikel zum Nachdenken über das Thema anregen und sie bitten, ihre Gedanken an die Schülerzeitung zu schicken.

2. Individuelle Lösung

3. Möglicher Schreibplan zum Wahlteil A:

Einleitung:
a) Anrede: Liebe Mitschülerinnen und Mitschüler,
b) Vorstellung des Textes: In dem Artikel „Geschlechterklischees im Schulsport" aus dem Jahr 2022 geht es um den zum Teil ungerecht ablaufenden Schulsport. Es wird die Frage gestellt, wie Schulsport überhaupt beiden Geschlechtern gerecht werden kann.

Hauptteil:
c) Ungerechtigkeiten im Schulsport:
   • Mädchen und Jungen mögen Sport nicht gleich gerne.
   • Körperliche Voraussetzungen sind unterschiedlich (Kraft und Ausdauer).
   • Mädchen bekommen schlechtere Noten.

d) Lösung / Was müsste sich ändern:
   • In die Leistungsbewertung müsste die Mühe einfließen, die man sich im Unterricht gibt.
   • Fähigkeiten aus der Freizeit sollten nicht so viel ausmachen bei der Bewertung.

Schluss:
e) Bitte:
   • Macht euch Gedanken über das Thema.
   • Sendet uns zu, was euch einfällt.

4. Möglicher Schülertext zum Wahlteil A:
Liebe Mitschülerinnen und Mitschüler,
ich möchte euch heute von einem Artikel berichten, den

ich im Internet gefunden habe. Er beschäftigt sich mit Geschlechterklischees im Schulsport und stammt von der Internetseite der Fernsehsendung „Quarks – Wissenschaft und mehr".
In dem Artikel „Geschlechterklischees im Schulsport" aus dem Jahr 2022 geht es um den zum Teil ungerecht ablaufenden Schulsport. Es wird die Frage gestellt, wie Schulsport überhaupt beiden Geschlechtern gerecht werden kann.
In dem Artikel werden einige konkrete Beispiele für Ungerechtigkeiten benannt: zum Beispiel sei es so, dass Mädchen und Jungen Sport nicht gleich gerne mögen.
Ich kann nicht beurteilen, ob das generell so ist, aber auf jeden Fall ist es so, dass man einen Nachteil hat, wenn man keine Lust auf Sport hat oder sich dafür nicht interessiert.
Jungen und Mädchen, die auch in ihrer Freizeit Sport treiben, sind deutlich bevorzugt – obwohl das bei einem Schulfach eigentlich nicht so sein sollte.
Darüber hinaus seien die körperlichen Voraussetzungen von Jungen und Mädchen unterschiedlich. Jungen hätten viel bessere Voraussetzungen, was Kraft und Ausdauer angeht, und daraus resultierten oft bessere Noten.
Oft ist es bestimmt so, dass für Jungen und Mädchen unterschiedliche Kriterien angelegt werden, trotzdem ist niemand gerne ein „Loser" und möchte vor den anderen gerne gute Leistung bringen. Sonst ist es einfach peinlich.
Ich bin der Meinung, dass nicht alle Ungerechtigkeiten ausgeglichen werden können – das geht in keinem Fach.
Gut wäre aber, wenn in die Leistungsbewertung mehr einfließen würde, wieviel Mühe man sich gegeben hat und ob die eigene Leistung sich gesteigert hat. Das käme den Mitschülerinnen und Mitschülern entgegen, die in ihrer Freizeit keinen Sport treiben und deshalb benachteiligt sind.
Vielleicht sind auch sie dann motivierter, am Unterricht teilzunehmen. Sonst ist es oft so, dass man keine Lust hat und vielleicht sogar nicht in den Unterricht gehen möchte.
Es ist wie ein Wettrennen, das man sowieso nie gewinnen kann. Ich würde mir wünschen, dass unsere Sportlehrkräfte für diesen Vorschlag offen wären.
Natürlich interessiert uns auch eure Meinung: Es wäre toll, wenn ihr euch ebenfalls Gedanken über das Thema macht und uns eure Ideen und Gedanken zusenden würdet!

**Seite 78**
**Lösungshilfen zum Wahlteil B**

1. Wen spreche ich an: meine Mitschülerinnen und Mitschüler im Klassenrat
Warum? Im Sportunterricht werden immer wieder Jungen und Mädchen gehänselt und ich möchte darauf aufmerksam machen, dass dies verletzend und nicht mehr zeitgemäß ist.

2. Möglicher Schreibplan zum Wahlteil B:

a) Situation im Schulsport:
Ben wird immer wieder geärgert – und das nur, weil ihr wisst, dass er in seiner Freizeit turnt. Und uns Mädchen lassen die Jungen nur ungern beim Fußball mitspielen, obwohl einige von uns im Verein sind.
b) Verletzende Verhaltensweisen:
   • Man fühlt sich nicht wohl.
   • Es ist unangenehm, beim Sport mitzumachen.
   • Es werden Witze gemacht.
   • Niemand lobt das, was z.B. Ben gut macht.
c) Anderes Weltbild (Mädchen in Jungenmannschaften):
   • Ungerecht
   • Bis zur C-Jugend spielen Mädchen mit Jungen zusammen, dann dürfen sie es nicht mehr.
   • DFB denkt über Änderung nach.
   • Menschen werden aufgrund des Geschlechtes ausgeschlossen.
d) Dem Jungen ginge es besser, weil:
   • Niemand möchte, dass Leistung permanent kommentiert wird.
   • Er wäre entspannter.
   • Er traut sich gar nicht mehr, mitzumachen.
   • Teufelskreis
e) Erklärung (Geschlechterklischees):
   Denkt doch bitte alle daran, dass wir im Jahr 2022 leben. In der Berufswelt ist es schon fast normal, dass jeder den Beruf wählen kann, den er möchte. Warum also nicht bei Sportunterricht?
f) Bitte, das Verhalten zu ändern:
   Ich würde mich wirklich freuen, wenn ihr euer Verhalten überdenken und ändern würdet.

3. Möglicher Schülertext zum Wahlteil B:
Heute möchte ich mit euch sprechen, weil mir in unserem Sportunterricht etwas aufgefallen ist. Ben wird immer wieder geärgert – und das nur, weil ihr wisst, dass er in seiner Freizeit turnt. Und uns Mädchen lassen die Jungen nur ungern beim Fußball mitspielen, obwohl einige von uns im Verein sind.
Ich finde euer Verhalten wirklich verletzend. Wir sind eine Klasse und in dieser sollte sich jeder wohlfühlen. Dem ist aber nicht so, wenn wir uns im Sportunterricht gegenseitig fertigmachen. Ihr wisst genau, wie unangenehm es einigen ist, überhaupt am Sportunterricht teilzunehmen. Da müssen wir uns nicht noch gegenseitig mit Witzen beleidigen. Jedem steht es zu, seine Hobbys frei zu wählen; und wenn Ben nun einmal lieber turnt – wo ist das Problem? Keiner von uns kann einen Salto außer er. Anstatt das zu bewundern, konzentriert ihr euch darauf, was er nicht kann. Das ist unfair und gemein.
Dass Mädchen nicht bei den Jungen mitspielen dürfen, seid ihr vielleicht aus dem Fußballverein gewohnt. Aber denkt doch mal darüber nach, wie ungerecht das eigentlich ist. Die Mädchen spielen bis zur C-Jugend mit euch zusammen und dann dürfen sie auf einmal nicht mehr. Selbst wenn ihre Leistung gut ist. Der DFB denkt gerade darüber nach, dies zu ändern, weil es einfach ungerecht ist. Und das ist es auch: Es schließt Menschen aus, die eigentlich gerne mitspielen würden – mit ihren Freunden, in ihrem Ort, in ihrer Mannschaft. Das dürfen sie aber nicht – und das nur, weil sie Mädchen sind? Das könnt ihr doch auch nicht richtig finden.
Aber zurück zu Ben: Was denkt ihr, wie viel angenehmer es für ihn wäre, wenn ihr nicht immer sticheln wür-

det? Niemand möchte, dass seine Leistung permanent kommentiert wird – egal, ob sie gut oder schlecht ist. Ich kann mir vorstellen, dass Ben sowieso viel besser wäre, wenn er entspannt am Sportunterricht teilnehmen könnte. Er traut sich ja schon gar nicht mehr, richtig mitzumachen, und fragt auch schon gar nicht mehr, ob er dabei sein darf. Wie soll dabei eine gute Note herauskommen? Das ist ein Teufelskreis – aber einer, den ihr durchbrechen könnt.

Denkt bitte alle daran, dass wir im Jahr 2022 leben. In der Berufswelt ist es schon fast normal, dass jeder den Beruf wählen kann, den er möchte. Warum also nicht im Sportunterricht?

Ich würde mich wirklich freuen, wenn ihr euer Verhalten überdenken und ändern würdet. Gemeinsam bekommen wir das bestimmt hin. Denn sonst sind wir ja auch ein gutes Team – und zwar alle, unabhängig von Geschlechtern oder Hobbys.

## C 3 Prüfungsbeispiel: Schule im 21. Jahrhundert

### Seite 80

**1** In der Kurzgeschichte „Alles zu seiner Zeit" von Björn Lankert geht es um Unterrichtsinhalte. Tom beschwert sich über den Inhalt einer Geschichte, die in der Schule besprochen worden ist. Da Toms Vater Lehrer ist, kennt er die Geschichte und deren Inhalt. Der Vater versteht nicht, worin das Problem von Toms Klasse mit der Geschichte gelegen hat. Schlussendlich macht Tom seinem Vater deutlich, dass es für Schüler verständlicher ist, wenn in Geschichten Themen aufgegriffen werden, die Schüler aus ihrem Lebensalltag kennen.

**2** Der Junge hat meiner Meinung nach Recht damit, dass man Dinge besser versteht, wenn sie einen selbst betreffen. Wenn man z. B. im Mathematikunterricht ausrechnet, wie viel Farbe man für einen Zimmeranstrich braucht, macht man das erst einmal nur theoretisch. Erst wenn man selbst ein Zimmer streicht, wird es logisch und nachvollziehbar. Zudem interessieren Jugendliche Themen auch einfach mehr, die sie selbst betreffen, und auch das Lernen fällt bei Interesse leichter.

### Seite 81

**3**

|  | richtig | falsch |
|---|---|---|
| Die Politik berücksichtigt die Interessen der Jugend ausreichend. |  | x |
| Die junge Generation hält das deutsche Bildungssystem für hervorragend. |  | x |
| Bewerbungen schreiben oder Excel interessiert die Jugendlichen nicht. |  | x |
| Schüler halten ihre Lehrer für wenig fachkompetent. |  | x |
| 38 % der Schüler finden es nicht schlimm, ständig erreichbar zu sein. | x |  |

### Seite 82

**4** Mit der Aussage ist gemeint, dass sich Jugendliche oft viel besser mit Computern oder anderen digitalen Medien auskennen als ältere Leute, da sie mit ihnen groß geworden sind und zudem vieles spielerisch erlernt haben.

**5** Forderung 1: hohe soziale Durchlässigkeit
Beispiel: Auch Jugendliche, die aus armen Familien kommen, müssen die Chance haben, das Abitur zu machen.
Forderung 2: bessere Vorbereitung auf das Berufsleben in der Schule
Beispiel: Man sollte die Möglichkeit haben herauszufinden, welcher Beruf zu einem passt, z. B. durch Praktika oder Praxistage.

**6** Individuelle Schülerlösung

### Seite 84

**7** Mögliche Markierungen:
**Programmieren:**
Lernen mit den neuen Medien
Individuellerer Lernstoff
Mehr Vorbereitung auf das Berufsleben
**Glück:**
Keine Gewalt an den Schulen
Wohlfühlräume
Auszeit nehmen können

### Seite 85

**8** **Programmieren:**
– Logisches Denken wird geschult
– Schüler gewinnen Sicherheit im Umgang mit dem PC, werden auf diese Weise kreativ und können z. B. eigene kleine Programme entwickeln.
**Glück:**
– Psychischen Erkrankungen vorbeugen
– Lernen, sich selbst zu hinterfragen

### Seite 86

**Lösungshilfen zum Wahlteil A**

1. Meine Rolle: Ich bin Mitglied der Schülervertretung an unserer Schule.
Adressat: Die anderen Mitglieder der Schülervertretung.
Situation / Thema: Das Fach „Glück" soll an unserer Schule unterrichtet werden und ich möchte die anderen überzeugen, mich bei meiner Idee zu unterstützen.

2. Möglicher Schreibplan zum Wahlteil A:

Schreibplan
Folgendes Fach möchte ich einführen: Glück
a) Darum ist Schule heute nicht zeitgemäß:
– Gleiche Fächer
– Inhalte
– Manches wird gar nicht berücksichtigt

b) Erklären der Umfrage

Nennen der Schülerwünsche
Wünsche, die durch das Fach erfüllt werden:
- Weniger Gewalt an Schulen
- Freies Lernen
- Mehr Methodentraining
- Individuellerer Lernstoff
- Mehr Vorbereitung auf das (Berufs-)Leben

c) Inhalt des Faches:
- Umgang mit anderen
- Eigene Wünsche im Leben

Ziel des Faches:
- Man hinterfragt sich selbst.
- Man lernt, was einen glücklich macht.
- Man kommt besser mit anderen zurecht.

d) So soll es bei uns an der Schule unterrichtet werden:
- Statt Religion
- Zusätzlich zum bisherigen Unterricht

Bitte um Hilfe:
Ich möchte euch bitten, diese Idee zu unterstützen, und hoffe, dass ich euch für das Fach begeistern konnte.

3. Mögliche Schülerlösung zum Wahlteil A:
Mitschülerinnen und Mitschüler,
wie ihr alle wisst, ist der Schulunterricht nicht immer zeitgemäß. Es gibt immer die gleichen Fächer mit festen Inhalten. Und es gibt viele Bereiche, die überhaupt nicht berücksichtig werden. Wie oft beschweren wir uns darüber, dass die Schule nichts mit unserem echten Leben zu tun hat und nur wenig davon uns hinterher nützen kann? Auf der Internetseite www.kidslife-magazin.de bin ich auf die Umfrage „Die Schule der Zukunft – was wünschen sich Kinder" gestoßen. Auch dort werden von Schülern viele verschiedene Dinge genannt, die im Moment in der Schule kaum berücksichtigt werden. Unter anderem stand dort, dass Schüler sich wünschen, dass die Gewalt an den Schulen weniger wird, dass man freier und individueller sowie neue Methoden lernt, die auf das Leben und den Beruf vorbereiten.
Ich habe mich gefragt, ob es möglich wäre, diese Wünsche durch ein neues Schulfach zu erfüllen, und ich bin bei der Suche auf das Unterrichtsfach „Glück" gestoßen. In dem Unterrichtsfach geht es um den Umgang mit anderen, aber vor allem auch um die eigenen Wünsche. Man lernt, sich selbst zu hinterfragen und herauszufinden, was einen wirklich glücklich macht. Man kann also sein Leben ganz anders planen, man denkt anders und Entscheidungen, die vielleicht mit den eigenen Wünschen gar nichts zu tun haben, werden weniger von anderen getroffen.
Außerdem lernen wir, über uns und die Welt nachzudenken. Man versteht, welche Bedeutung andere Menschen für uns haben und vielleicht auch, warum Menschen friedlich miteinander umgehen sollten.
Ich fände es gut, wenn wir der Schulleitung vorschlagen würden, dieses Fach einzuführen. Wir könnten z.B. statt zwei Stunden Religion nur noch eine Stunde Religion und eine Stunde „Glück" haben oder aber das Fach kommt

zusätzlich auf den Stundenplan. Das müssten wir einmal mit der Schulleitung zusammen überlegen. Aber zuerst möchte ich euch bitten, diese Idee zu unterstützen und hoffe, dass ich euch für das Fach begeistern konnte.

**Seite 87**
**Lösungshilfen zum Wahlteil B**
1. Meine Rolle: Ich bin der Junge aus der Kurzgeschichte.
Adressat: Ich selbst / mein Tagebuch.
Situation / Thema: Ich verfasse einen Tagebucheintrag über das Gespräch mit meinem Vater und frage mich, welche Themen Jugendliche im Unterricht interessieren würden.

2. Individuelle Schülerlösung

3. Möglicher Schreibplan zum Wahlteil B:

Schreibplan
Tagebuch, Ich-Form!
a) Anrede: Liebes Tagebuch
Zusammenfassung des Gesprächs mit meinem Vater:
- Unterhaltung über eine Geschichte, die wir im Unterricht besprochen haben
- In der Geschichte geht es um Flitterwochen und darum, ob die Ehefrau arbeiten soll.
- Mein Vater findet die Geschichte gut.
- Ich finde sie unlogisch.
- Am Ende versteht er aber, was ich meine.

b) Was ärgert mich? Warum?
1. Es werden Probleme, die wir haben, nicht angesprochen.
2. Probleme, die wir nicht haben, interessieren auch nicht.
3. Bis wir geheiratet haben, haben wir das schon wieder vergessen, was besprochen wurde.
4. Erwachsene fragen nicht nach, was Jugendliche interessiert.

c) Inhalt Unterrichtsfach Glück:
- Man hinterfragt sich selbst.
- Man lernt, was einen glücklich macht.
- Man kommt besser mit anderen zurecht.

Inhalt Unterrichtsfach Programmieren:
- Logik
- Programmieren
- Umgang mit neuen Medien

d) Sind diese Fächer eine gute Lösung?
- Ja, sie sind aktuell (Programmieren).
- Man fragt sich, was man selber will, und muss das nicht von anderen gesagt bekommen (Glück).

4. Mögliche Schülerlösung zum Wahlteil B:
Liebes Tagebuch,
heute hatte ich ein spannendes Gespräch mit meinem Vater. Wir waren total unterschiedlicher Meinung. Es ging um eine Kurzgeschichte, die wir gelesen haben. In der

Geschichte ging es um Flitterwochen. FLITTERWOCHEN! Als ob irgendjemand von uns auch nur ans Heiraten denkt. Außerdem ging es darum, ob die Frau nach der Hochzeit noch arbeiten soll oder so. Mein Vater fand das alles total logisch. Am Ende hat er aber doch verstanden, dass es schwer ist für Schüler, etwas zu verstehen, was sie nie erlebt haben. Ich glaube jedenfalls, dass er es verstanden hat. Er wirkte auf jeden Fall sehr nachdenklich. Irgendwie war das eine komische Situation. Dabei ist mein Vater doch auch Deutschlehrer und man könnte meinen, er wüsste, dass man Schüler nur erreicht, wenn man ihren Lebensalltag berücksichtigt. Es ärgert mich, dass wir so viele Probleme haben und dass diese nicht besprochen werden. Dafür aber welche, die wir gar nicht haben und vielleicht auch nie haben werden. Und selbst wenn, haben wir bis dahin alles vergessen.

Ich verstehe auch gar nicht, wieso unsere Lehrer uns nicht fragen, was uns interessiert. Erwachsene sind manchmal echte Besserwisser!

Ich habe z. B. neulich von zwei neuen Unterrichtsfächern gelesen. Das eine hieß Glück und das andere Programmieren. Ich habe angefangen, den Artikel zu lesen, weil ich selbst gerne programmiere. Es wäre großartig, wenn ich in der Schule in dem Bereich noch mehr dazulernen würde. Zudem würde man lernen, logischer zu denken, und sich viel besser mit den digitalen Medien auskennen. Das Unterrichtsfach Glück hört sich für mich zunächst etwas gewöhnungsbedürftig an. Aber ich glaube, es ist auch wirklich gut. Es geht darum, sich selbst zu hinterfragen und herauszufinden, was einen glücklich macht. Ich glaube, das wäre sinnvoller, als von anderen oder aus Geschichten zu lernen. Außerdem bekommt man beigebracht, wie man sich mit anderen einigt und worauf man achten muss, um glücklich zu sein.

Ich fände es gut, wenn beide Fächer in den Schulunterricht aufgenommen werden würden. Programmieren, weil es mich interessiert und weil es ein ganz aktuelles Thema ist. Glück, weil man eben, wie gesagt, nicht nur von anderen lernt, sondern über sein eigenes Glück nachdenkt. Das klingt doch sinnvoll! Ich glaube, ich werde morgen einmal mit Papa darüber reden.

Dein Tom

## C 4 Prüfungsbeispiel: Onlinedating

### Seite 89

**1** Richtig sind diese zwei Aussagen (die beiden anderen sind falsch):
Online- und Offline-Welt gehören für Jugendliche zusammen.
Ältere Jugendliche haben schon ein „Bauchgefühl" für ihr „Online-Gegenüber".

**2** Die Online-Welt ist außerhalb der „echten" Welt, die man anfassen und in der man sich wirklich bewegen kann. Die Online-Welt betritt eine Person über den Computer bzw. über das Internet. Diese hat ihre eigenen Spielregeln und Lebenswelt.

### Seite 90

**3** Etwa Zweidrittel der Jugendlichen im Alter von 15 bis 24 Jahren nutzen nach eigenen Aussagen Dating-Apps.

### Seite 91

**4** – Erstellen eines Nicknames
– Wohnort, Teile des Namens sowie der Geburtstag sollten im Nickname nicht vorkommen
– Fotos auswählen, die nicht zu privat sind und die nicht allzu viel zeigen
– Privatsphären-Einstellung prüfen (Zugriff auf den Standort nicht freigeben)

**5** Unter Privatsphäre-Einstellung versteht man die Einstellungen in Apps, die die Privatsphäre einer Person schützen. Der private bzw. familiäre Bereich ist ohne Zustimmung der Person nicht zugänglich. Damit kommt die Öffentlichkeit über das Internet nicht an persönliche Informationen oder Fotos heran.

### Seite 92

**6** Zutreffend sind die beiden ersten Aussagen:
Der Autor setzt sich mit Online-Beziehungen auseinander, hier besonders mit dem Verlust durch den Tod eines Online-Dates.
Das Buch zeigt Gefahren auf, die durch unkritischen und unvorsichtigen Umgang mit Online-Dates auftreten können.

**7** Individuelle Lösung

### Seite 93
#### Lösungshilfen zum Wahlteil A

1. Mögliche Antworten:
   – eine Person wurde vorgespielt, die es so nicht gab
   – es meldete sich jemand, der oder die viel älter war
   – wenige Menschen treffen die wahre Liebe
   – man hat immer jemandem zum „Reden"

### Seite 94

2. Der Text „Erste Liebe, Online-Bekanntschaften und Internet" von Barbara Buchegger beschreibt die Nutzung von Dating-Plattformen durch Jugendliche und nennt Vorteile, aber auch Gefahren, denen sie dort ausgeliefert sind. Außerdem enthält der Artikel Informationen für Eltern.

3. Individuelle Lösung

4. Siehe im Schreibplan Hauptteil c)

5. Möglicher Schreibplan zum Wahlteil A:

Schreibplan

Einleitung:
a) Anlass für Referat: Recherche im Informatikunterricht zum Thema „Sicherheit im Internet"

Hauptteil:
b) – Der Begriff „Online-Welt" – keine echte Welt, eigene Regeln
   – Zweidrittel aller Jugendlichen nutzen Dating-Plattformen
c) Vorteile, per App eine Liebesbekanntschaft zu machen:
   – man ist ständig verfügbar, d.h. man kann jederzeit „sprechen" bzw. „schreiben"

- Entfernungen spielen keine Rolle
- während und nach Corona eine weitere Kontakt-möglichkeit
- Social-Media-Kontakte / Online-Spiele
- Kennenlernen von neuen Menschen und Möglich-keiten

Gefahren:
- Hereinfallen auf falsche Profile
- Onlinepartner kann nach Belieben Informationen geben oder weglassen
- Das Schicken von Fotos – insbes. Nacktfotos – ist riskant, weil sie womöglich bei Falschen landen
- Gefahr, sich selbst zu verlieren in der Online-Welt (Realitätsverlust)

Schluss:
d) persönliche Stellungnahme: sehe Vor- und Nachteile, rufe zur Vorsicht auf, auch Eltern einbeziehen

6. Möglicher Schülertext zum Wahlteil A:

Liebe Mitschülerinnen und Mitschüler,
im Informatikunterricht behandeln wir zurzeit das Thema „Sicherheit im Internet". Während unserer Recherche sind wir auch auf Dating-Plattformen gestoßen. So kam die Diskussion auf über deren Nutzung durch Jugendli-che, auch in Verbindung mit den Chancen, aber auch Ge-fahren, die darin liegen. Einige in der Klasse hatten sogar schon Erfahrungen gesammelt und berichteten darüber, sodass die Diskussion sehr heftig geführt wurde. Mich veranlasste sie, sich mit dem Thema genauer auseinan-derzusetzen, ich begann zu recherchieren und stieß auf verschiedene Artikel.

Der Text „Erste Liebe, Online-Bekanntschaften und Inter-net" von Barbara Buchegger beschreibt die Nutzung von Dating-Plattformen durch Jugendliche und nennt Vorteile, aber auch Gefahren, denen sie dort ausgeliefert sind. Au-ßerdem enthält der Artikel Informationen und Ratschläge für Eltern.

Die „Online-Welt" ist die Welt, die eine Person über den Computer bzw. das Internet betritt. Diese hat ihre eige-nen Spielregeln. Diesen Begriff muss man kennen, denn er ist einer der zentralen Begriffe in solchen Berichten. Zunächst komme ich zu den Zahlen: Umfragen haben ergeben, dass in der Altersgruppe von 15 bis 24 Jahren Zweidrittel der befragten Jugendlichen angeben, Dating-Plattformen zu nutzen – und das neben den gängigen Social-Media-Plattformen wie Facebook, Snapchat, Instagram usw.

Heutzutage gibt es viele Möglichkeiten, per App Freund-schaften oder eine Liebesbekanntschaft zu schließen. Hauptgrund dafür ist das Smartphone, welches fast jeder Jugendliche besitzt.
Durch die Smartphones ist man selbst und auch das Gegenüber ständig verfügbar. Bei Bedarf kann der andere jederzeit schreiben bzw. antworten. Diese Verfügbarkeit ist hilfreich, wenn bei Schwierigkeiten oder besonderen Ereignissen Gesprächsbedarf besteht. Auf der anderen Seite führt die schnelle Antwortmöglichkeit aber auch zu Problemen, wenn das Gegenüber einmal nicht gleich antwortet.
Entfernungen, d. h. die räumliche Trennung, sind für Freundschaften nicht mehr von Bedeutung, da diese durch die Smartphones überbrückt werden können. Fotos, Clips und Videochats sind möglich. Dadurch spielt die Entfernung keine Rolle mehr, denn man kann seine Chatpartner bzw. die Freundin/den Freund direkt am ei-genen Leben teilhaben lassen. Das fasziniert die Jugend-lichen und stärkt auch die Bindungen zu den jeweiligen Partnern – egal, wo sich diese gerade befinden.
Während der Corona-Zeit war es eine wichtige Kontakt-möglichkeit in die Außenwelt. Jugendliche konnten sich treffen, reden, spielen oder gemeinsam Filme schauen, ohne im gleichen Raum zu sein.
Durch Facebook, Instagram usw. treffen Jugendli-che ständig neue Menschen. Natürlich lernt man dort vielleicht auch die Mrs. oder den Mr. Right (M3, Z. 19) kennen. Darauf verlassen sich aber nicht alle, sondern sie nutzen lieber Dating-Plattformen, um schneller Erfolg zu haben und eine Liebesbeziehung einzugehen.
Es lauern aber auch viele Gefahren im Umgang mit Online-Freundschaften bzw. -Liebesbeziehungen.
Um Dating-Plattformen oder auch Social-Media-Accounts zu erstellen, muss man ein eigenes Profil erstellen. Wie solch ein Profil aussehen kann, wird oft beschrieben (M3, Z. 19 – 28). Diese Profile entsprechen aber nicht bei allen Nutzern unbedingt der Wahrheit. So werden Informationen vom Online-Partner hinzugefügt, weggelassen oder angepasst – so wie es dem Gegenüber gerade notwendig zu sein scheint oder um sich selbst so darzustellen, wie man gern sein möchte (M3, Z. 11/12). Insbesondere unerfahrene Jugendliche können auf sol-che Profile hereinfallen, deshalb ist immer Vorsicht ge-boten. Dazu gehört zum Beispiel auch das Schicken von Fotos – insbesondere von Nacktfotos. Mögliche Erpresser könnten es auf solche Fotos abgesehen haben und damit viel Ärger bereiten. Um ein falsches Profil zu erkennen, kann man beispielsweise nach einem Live-Chat fragen, bei dem man die Person dann sieht. Wenn diese Fragen ständig mit Ausreden abgelehnt werden, sollte man un-bedingt Vorsicht walten lassen (M1, Z. 23 – 25).
Tess, die Hauptperson in dem Jugendroman „Mein Leben oder ein Haufen unvollkommener Momente" von Pe-ter Bognanni (M4) erlebt genau all diese Dinge. Sieben Monate lang chattet sie mit Jonah und schickt ihm dann sogar ein Nacktfoto – um kurze Zeit später zu erfahren, dass sie ihre Gedanken und Gefühle mit einer völlig anderen Person ausgetauscht hat. Als sie von diesem Betrug erfährt, ist sie geschockt, dass sie auf ein falsches „Profil" hereingefallen ist. Ihr fällt ein ähnlicher Fall ein, über den sie mal einen Fernsehbericht gesehen hatte. Damals hatte sich ein Mann in eine Frau verliebt, die es gar nicht gab. Nun kann sich Tess gut in diesen Mann hineinversetzen, in seine Scham, seine Wut.
Meine persönliche Meinung zum Thema Onlinedating ist zwiespältig. Auf der einen Seite sehe ich die Chancen von solchen Freundschaften. Man kann unabhängig von Entfernungen und Zeiten reden, spielen, sich austau-schen – also alles das, was man tun würde, wenn man sich mit der Person im echten Leben treffen würde.
Einzig der körperliche Kontakt, z. B. jemanden in den Arm nehmen können, ist nicht möglich. Des Weiteren gibt es sicherlich Jugendliche, denen es zunächst leichter fällt, über die Anonymität einer Onlineseite Kontakt zu knüp-fen – sei es, weil sie denken, nicht hübsch oder intelligent genug zu sein, oder aus Schüchternheit. Auch lernt man

vielleicht Menschen kennen, die einem völlig neue Sichtweisen oder Lebenseinstellungen vermitteln können. Der begrenzte Umkreis des echten Lebens wird dadurch enorm erweitert.

Auf der anderen Seite sehe ich aber auch die Gefahren, die durch die Anonymität und falsche Profile auftreten. Jugendliche, die es nicht gelernt haben, ihrem Bauchgefühl (M1, Z. 20) zu vertrauen bzw. es gar nicht entwickelt haben, sind gefährdet. Sie können leichtgläubig auf falsche Profile hereinfallen und Dinge über sich preisgeben, die sie wirklich in Gefahr bringen (z. B. Nacktfotos). Hier sind auch die Eltern gefragt, sie müssen ihre Kinder entsprechend stärken (z. B. „Nein" sagen zu können) und sie im Umgang mit den Online-Kontakten unterstützen. Alles in allem sehe ich sowohl Chancen als auch Risiken der Online-Dates und kann nur dazu aufrufen, vorsichtig und aufmerksam zu sein. Man sollte nicht zu viel von sich preisgeben, aber mit entsprechenden Sicherheitsmaßnahmen die Möglichkeiten nutzen, einen neuen Menschen und seine Lebenswelt kennen zu lernen. Beides wäre einem sonst vermutlich nie begegnet.

## Seite 95
### Lösungshilfen zum Wahlteil B

1. Sehr verliebt, hat sich in die Beziehung hineingesteigert, gutgläubig, dann beschämt, trotzig, verletzt

2. Tess erlebt dieselben Gefühle, weil auch für sie die Onlinebeziehung so ungeheuer wichtig war und sie sich im Nachhinein so hintergangen fühlt. Sie versteht die Scham und die Wut.

3. Es können Gefühle für gar nicht existierende Menschen geweckt werden; man kann enttäuscht und verletzt werden, Privates wird öffentlich und kann ausgenutzt werden, durch Nacktfotos oder intime Informationen kann man erpressbar werden.

4. Möglicher Schreibplan zum Wahlteil B:

**Schreibplan**

Einleitung:
a) Liebe Redaktion der Jugendzeitschrift!
Mit Interesse habe ich über euren Themenschwerpunkt gelesen. ... Mir ist sofort ein Bericht eingefallen, in dem ein Mann sich in eine Frau verliebte, die es gar nicht gab ... Es ging ihm dann so ...

Hauptteil:
b) Ich kann die Erfahrungen und Gefühle des Mannes gut nachvollziehen, denn es war ähnlich bei mir ... Allerdings hat zunächst tatsächlich die Person geschrieben ...
c) Meine Erfahrungen mit Online-Beziehungen bestehen aus ... Ich war sehr verliebt und habe mit meinem Online-Freund alle Gedanken geteilt ...
Ich habe Bilder geschickt, sogar ein Nacktfoto ... Nachdem ich herausgefunden hatte, dass irgendwann nicht mehr Jonah antwortete, sondern sich sein Freund für ihn ausgegeben hat ...
d) Meine Gefühle:
   – zuerst geschockt, dann wütend über Betrug

   – tat mir selbst leid
   – fand mich dumm und naiv
   – war viel zu gutgläubig
   – wollte aber auch die Realität nicht wahrhaben
   – ...

Schluss:
e) Allen Leserinnen und Lesern möchte ich dringend raten ... Glaubt nicht alles, was man euch schreibt ... Gebt nicht zu viel von euch preis ...

5. Möglicher Schülertext zum Wahlteil B:
Liebe Redaktion der Jugendzeitschrift!
Mit großem Interesse habe ich über euren Themenschwerpunkt gelesen. Mir ist dazu sofort ein Bericht eingefallen, in dem ein Mann vorgestellt wurde, der sich in eine Frau verliebte, die es gar nicht gab. Er hat sich zehn Jahre lang geradezu in die Beziehung hineingesteigert. Er hat sich sogar ein Tattoo mit dem Gesicht der Angebeteten stechen lassen, obwohl er sie nie live gesehen hat. Er zeigte alle Verhaltensweisen und Handlungen im Umgang mit seiner Online-Freundin, vor denen immer gewarnt wird. Er schrieb Mails, teilte seine Gedanken, Fotos wurden hin und her geschickt, Geschenke versendet. Erst nach zehn Jahren stellte er fest, dass er auf ein gefaktes Profil hereingefallen war. Damals fand ich diese Geschichte unglaublich und den Mann sehr naiv. Aber inzwischen kann ich seine Erfahrungen und Gefühle gut nachvollziehen, denn mir ist es ähnlich ergangen – auch wenn es nicht zehn Jahre waren, sondern „nur" sieben Monate. Als ich über euren Themenschwerpunkt las, kam alles wieder in mir hoch – die Enttäuschung und die Scham, das Gefühl, hintergangen worden zu sein.
Ich hatte mich damals auf einem Onlineportal in Jonah verliebt und war blind vor Liebe und habe nicht weiter darüber nachgedacht, wer da am anderen Ende der Internetleitung war. Vielleicht wollte ich auch nicht darüber nachdenken. Ich habe mit meinem Online-Freund Jonah alles geteilt. Wir haben intimste Gedanken ausgetauscht. Und immer wieder geschrieben, dass wir uns im realen Leben treffen wollten. Daraus ist aus verschiedensten Gründen nie etwas geworden. Wir haben uns Filmausschnitte geschickt, Fotos, Artikel aus Zeitschriften und vieles mehr. Eines Tages habe ich dann sogar Bilder von mir geschickt, auch ein Nacktfoto! Es war alles so selbstverständlich und fühlte sich so wirklich an! Dann erfuhr ich plötzlich von Jonahs Selbstmord. Ich war am Boden zerstört. Irgendwann schrieb ich trotzdem weiter ... und bekam überraschenderweise Antworten. Wer da antwortete, war Daniel. Ich fand heraus, dass er mir schon lange anstelle von Jonah geschrieben hatte. Jonah hatte wohl irgendwann keine Lust mehr, darum gab sich Daniel für ihn aus.
Ich war geschockt und auf einen Hochstapler hereingefallen! Viele verschiedene Gefühle kamen in mir hoch. Wut über den Betrug und die Lügen, die man mir erzählt hatte. Dann versank ich im Selbstmitleid. Warum musste mir so etwas passieren? Warum bin ich nur so dumm und warum bin ich darauf reingefallen? Auch Ungläubigkeit, dass mir überhaupt so etwas passierte, tauchte kurz einmal auf. Es konnte doch nicht sein, dass ich sieben Monate nichts gemerkt hatte ...

Ich hatte mich in der Online-Welt in einer Beziehung verloren, die es in der Wirklichkeit nicht gab. „Mein" Jonah hatte Informationen weggelassen oder hinzugefügt, so wie es für ihn gerade passend war – und nachher war es dann sein Freund Daniel. Und ich hatte das getan, wovor immer gewarnt wird – ich hatte zu viel von mir preisgegeben und sogar ein Nacktfoto geschickt! Ich hatte alles geglaubt, was in den Mails stand, hatte aus Bildern usw. alles zu meinen Gunsten herausgelesen – und nicht darüber nachgedacht, ob es tatsächlich der Wahrheit entsprach, ich wollte es einfach alles glauben und für wahr halten.

Liebe Leserinnen und Leser, wenn ihr euch auf Onlinedating einlassen wollt, möchte ich euch dringend raten, vorsichtig zu sein. Glaubt nicht alles, was man euch schreibt. Jeder kann dort behaupten, was er oder sie will, denn das Gegenüber kann nicht prüfen, ob das Geschriebene tatsächlich stimmt. Gebt nicht zu viel von euch preis! Auch wenn ihr selbst es ehrlich meint: Von eurem Gegenüber wisst ihr das nicht!

Liebe Grüße, eure Tess

## D    Prüfungsaufgaben ohne Hilfen bearbeiten

### D 1    Hörverstehen: Schönheitsoperationen

**Seite 97**

**1** In dem Beitrag geht es um Schönheitsoperationen. Immer mehr Menschen lassen sich operieren, weil sie mit ihrer Figur oder dem Gesicht nicht mehr zufrieden sind. Laut Bericht liegt das insbesondere an den sozialen Medien und den sogenannten Influencern oder den Popstars.
Hier wird eine junge Frau, Christina, begleitet, die sich an der Nase operieren lässt, weil sie mit deren Aussehen unglücklich ist.

**2** – Nasenspitze verkleinern
   – Höcker wegmachen lassen (das Nasenbein glätten)
   – Nasenmuscheln verkleinern
   – Nasenscheidewand begradigen

**3** Hänseleien als Kind wegen ihrer Nase, seitdem leidet sie unter ihrer Nase; hoffen auf ein verbessertes Selbstbewusstsein; sichereres Auftreten gegenüber anderen Menschen; keine Angst mehr, dass Menschen etwas Negatives über ihre Nase sagen könnten.

**4** Sie finanziert die OP über einen Kredit, den sie extra dafür aufgenommen hat. Die OP kostet 8500,– Euro.

**5** Individuelle Schülerlösung

### D 2    Prüfungsbeispiel: Vorbilder im Sport

**Seite 99**

**1** Der Text „Fairness im Sport – Regeltreue, Sportsgeist und Gewinnstreben" aus dem Jahr 2019 befasst sich mit der Vorbildfunktion von Sportlerinnen und Sportlern. Sie sollen fair spielen und ein Vorbild für Jugendliche sein. Aber oft wird das Gewinnen wichtiger als moralische Werte, was am Beispiel des Fußballspieler Neymar deutlich gemacht wird. Außerdem wird erklärt, was Fairness eigentlich bedeutet.

**2** Jürgen Klopp meint, dass das Verhalten von Neymar zwar einen Vorteil für seine Mannschaft gebracht hat, aber unfair war und deswegen „uncool". Er könnte zum Beispiel nur dann hinfallen, wenn er tatsächlich gefoult wird, und nicht so tun als ob, um sich einen Vorteil zu erschleichen. Das ist insofern clever, weil die Schiedsrichter ihm dann mehr glauben, wenn er wirklich gefoult wird, und cool, weil er damit zum Vorbild für ehrlichen Fußball wird.

**3** Die Deutsche Sporthilfe befragte in den Jahren 2011 und 2017 gemeinsam mit der Deutschen Sporthochschule Köln die deutsche Bevölkerung danach, in welchen Bereichen Spitzensportler für sie ein Vorbild darstellen. Etwa 80 bis 90 Prozent der Befragten nannten Leistungswille, Gemeinschaftsgefühl, Leistungsfähigkeit und Fairness.
Seit 2011 ist die Vorbildfunktion von Athleten bis 2017 in diesen vier Bereichen leicht gesunken, hat aber immer noch einen hohen Stellenwert. Am meisten sank die Vorbildfunktion in Sachen Fairness (von 87,2 auf 79,1 %).

**Seite 100**

**4** Individuelle Lösung

**Seite 101**
**Wahlteil A:**
Möglicher Schülertext: Vorbilder aus dem Sport
Der Fußballer Neymar macht öfter eine „Schwalbe" im Strafraum. Obwohl es kein echtes Foul gegeben hat, bekommt er dann einen Elfmeter – das ist ungerecht. Der Trainer Jürgen Klopp bezeichnet dieses Verhalten als „clever", aber nicht „cool". Clever findet er es, weil Neymar durch ein Elfmetertor natürlich Punkte für seine Mannschaft erreicht. Trotzdem ist es „uncool", weil er sich unfair verhält und damit nicht gerade ein Vorbild ist. Irgendwie betrügt er den Gegner dadurch um seine Punkte.
„Cool" würde Jürgen Klopp vermutlich finden, wenn ein Sportler fair spielt und durch sein Verhalten Vorbild für viele andere ist, wie z. B. Miroslav Klose, der öfter Handspiele zugab. Dadurch wurde ihm zwar sein Tor aberkannt, aber er erschummelte sich auch nicht den Sieg. Für viele Menschen in jedem Alter sind Leistungssportlerinnen und -sportler Vorbilder. Das betrifft ihre Leistung, ihren Teamgeist und ihre Fairness, wie Befragungen von der Deutschen Sporthilfe und der Deutschen Sporthochschule Köln 2011 und 2017 gezeigt haben. Seit 2011 sind allerdings alle Werte etwas zurückgegangen. Vor allem bei der Fairness halten weniger Menschen die Sportler für ein Vorbild. Offenbar hat sich da der Eindruck, den die Spitzensportler machen, verändert.
Im Internet habe ich vom „Löwenpudel der Saison" gehört. Das ist ein Fanpreis, den sich Fans des VfL Osnabrück ausgedacht haben. Aus Vorschlägen, die jeder

machen kann, wird durch eine Jury ein „Löwenpudel der Saison" ausgewählt. Die Preisträgerin oder der Preisträger soll eine Person sein, die sich um ihren Sport verdient gemacht hat und vor allem ein moralisches und gesellschaftliches Vorbild für andere sein kann.

Der erste Preisträger Sven Köhler ist ein guter Fußballer. Er war in der Jugend bei Schalke 04 und ist Deutscher Meister geworden. Dann hat ihn aber eine Verletzung zurückgeworfen und seine Karriere schien zu Ende. Trotzdem hat er sich wieder hochgekämpft und seinen ersten Profivertrag beim VfL Osnabrück bekommen. Dort ist er ein wichtiger Spieler. Um auch anderen Mut zu machen, hat er mit einem Freund zusammen ein Video gedreht, in dem er erzählt, dass er sich von seinem Karriereknick nicht unterkriegen ließ. Außerdem hat er mit Hilfe der Sponsoren des VfL Osnabrück 22.500 Euro zusammenbekommen, die er an ein Krankenhaus und an ein Kinderhospiz in Osnabrück gespendet hat. Am Ende seines Videos hat er gesagt, damit wolle er andere Menschen ebenfalls dazu motivieren, Gutes zu tun.

Ich finde es gut, einen Fanpreis zu entwickeln, der Sportlerinnen und Sportler ehrt, die sich für wohltätige Zwecke einsetzen. Damit zeigen die Fans, welches Verhalten sie sehen wollen und für welche Werte sie stehen. Somit nehmen sie auch vielleicht Einfluss auf die Sportlerinnen und Sportler, daran zu denken, dass sie für andere ein Vorbild sind.

Zudem werden die Fans dazu motiviert, darüber nachzudenken, wer den Preis verdient haben könnte. Somit achtet man mehr auf gute Aktionen und behält im Blick, wenn jemand Gutes tut. Die Preisträger werden öffentlich bekannt gegeben und geehrt, was womöglich auch andere Leute motiviert, sich für einen guten Zweck einzusetzen. Ich mag die Idee.

## Seite 102
### Wahlteil B
Möglicher Schülertext:
Sportler sind wichtige Vorbilder für junge Menschen

Fußball ist ein Sport, der viele Emotionen freisetzt. Auf der einen Seite steht die Leidenschaft für den eigenen Verein, das Mitfiebern und gemeinsame Freuen, auf der anderen Seite die Gegnerschaft, denn jede Mannschaft will gewinnen. Fans gegnerischer Mannschaften können sich oft nicht leiden. Da fällt mancher gemeine Spruch oder es wird ein abfälliger Witz geäußert, und gelegentlich schlägt dieses Gegeneinander sogar in Gewalt um. Das habe ich schon selbst im Stadion erlebt, aber auch bei Mannschaftsspielen in unserem Sportunterricht entsteht schnell eine aggressive Stimmung, vor allem bei Fußballspielen.

In der Geschichte des Fußballs ist das Europapokalspiel Dynamo Dresden gegen Roter Stern Belgrad im Jahr 1991 ein Beispiel für besonders viel Gewalt. Dort wurde so sehr randaliert, dass das Spiel abgebrochen wurde und viele Polizisten für Ordnung sorgen mussten.

Um dieser Entwicklung etwas entgegenzusetzen, gründeten in Deutschland die Innenminister der Bundesländer 1993 das Nationale Konzept Sport und Sicherheit (NKSS). Auf dieser Grundlage wurden in Städten und Gemeinden sogenannte „Fanprojekte" ins Leben gerufen, die es immer noch gibt. Mit sozialpädagogischer Unterstützung können Jugendliche dort lernen, gewaltfrei miteinander umzugehen und Sport als etwas Gemeinsames zu erleben, auch wenn es ums Gewinnen geht. Zusätzlich werden rassistisches und undemokratisches Verhalten thematisiert und die Jugendlichen politisch aufgeklärt, damit Gewalt und Rassismus verhindert werden, bevor sie im Stadion auftreten. Tatsächlich ist durch die Arbeit der Fanprojekte die Gewalt in den Stadien laut Aussagen der Sozialpädagogen zurückgegangen.

Doch auch die Fußballspielerinnen und -spieler der Vereine spielen bei der Verhinderung von Gewalt eine wichtige Rolle. Vor allem junge Menschen orientieren sich an ihren sportlichen Vorbildern. Sie ahmen sie nach, übernehmen ihre Werte und lassen sich somit in ihrem Verhalten von ihnen beeinflussen oder gar erziehen. Wer sein Idol auf dem Platz besonders ruppig handeln sieht, rechtfertigt so womöglich auch eigene Härte. Wenn man das als Sportlerin oder Sportler weiß, sollte man diese Verantwortung übernehmen und seinen Fans vorleben, freundlich und tolerant zueinander zu sein und Streit friedlich zu lösen. Wenn ich im Fernsehen ein Fußballspiel sehe, das eskaliert, habe ich schon oft beobachtet, dass ein Spieler oder der Trainer zu den Fans geht und mit ihnen spricht. Diese Menschen erreichen ihre Fans besser als zum Beispiel der Schiedsrichter, weil sie ihnen zuhören und sie bewundern.

Ob sich das Verhalten junger Fußballbegeisterter eher durch Fanprojekte, wie oben beschrieben, oder durch das Verhalten ihrer Vorbilder zum Besseren ändern lässt, kann ich schlecht beurteilen. Ich denke, beides sollte zusammenwirken. Wie ist dazu denn eure Meinung? Welche Erfahrungen habt ihr gemacht? Bitte äußert euch hier in unserem Schulblog zu dem Thema. Wir freuen uns über jede Zuschrift.

## D 3   Prüfungsbeispiel: Moderne Gladiatoren

### Seite 103
**1** Richtig sind die Aussagen b) und d).
Die Aussagen a), c) und e) sind falsch.

### Seite 104
**2** Gladiatoren waren Kämpfer im alten Rom, die gegen andere Kämpfer oder gegen wilde Tiere antraten. Meist handelte es sich um Kriegsgefangene oder Sklaven. Wenn sie im Kampf siegten, winkte ihnen die Freiheit. Wahrscheinlicher war aber, dass sie den Kampf nicht überlebten.

**3** – Manche reizte der Ruhm.
– Er war ein Sklave.
– Er war ein Kriegsgefangener.

**4** Der Ausdruck „Brot und Spiele" steht für Nahrung und Unterhaltung und damit war gemeint, dass die Menschen im alten Rom kostenlos Getreide für Brot und freien Eintritt zu den Gladiatorenkämpfen erhielten. Die römischen Kaiser glaubten nämlich, dass die Menschen damit alles hätten, womit es ihnen gutginge, und so nicht auf die Idee kämen, Aufstände oder Unruhen anzuzetteln. Ich glaube aber nicht, dass das stimmt. Menschen brauchen auch noch andere Dinge,

z. B. eine Wohnung oder eine Familie, um glücklich zu
sein. Im alten Rom hatten die Menschen bestimmt
auch einfach Angst vor Willkür. Wenn man z. B. nicht
frei seine Meinung sagen darf, nützen einem Brot und
Spiele doch auch nichts.

**5** Vergleich (Signalwort „wie")

## Seite 105

**6** Auch die Band ist vom Publikum abhängig. Wenn
die Zuschauer die Musik nicht mögen, werden die
Künstler im schlimmsten Fall ausgebuht oder verdienen kein Geld. („Wir betreten die Arena – das wird kein
Zuckerschlecken. Nur der geringste Fehler und schon
kannst du's vergessen.")

**7** – Geld (100.000 € Gewinn)
– Berühmtheit (kommt im Fernsehen)
– Ehrgeiz (der Parcours ist anspruchsvoll)

## Seite 106

**8** Im Gegensatz zu den Kämpfern in der Antike ist es die
freie Entscheidung der Menschen, in der Show mitzumachen. Es geht auch nicht um Leben und Tod.

**9** Die Sendung ist ja darauf angelegt, dass viele sprich-
wörtlich „ins Wasser fallen". Es geht gerade darum,
dass viele den Parcours nicht schaffen. Das macht ja
den Reiz für das Publikum, aber auch für die Athleten
aus.

## Wahlteil A
Möglicher Schülertext:
Ich möchte heute etwas über Gladiatoren berichten.
Gladiatoren haben die Menschen schon immer fasziniert.
Im alten Rom haben ihnen die Zuschauer zugejubelt und
auch uns fasziniert das Thema, besonders nachdem wir
den Film „Gladiator" gesehen haben. Genau deshalb wür-
den wir ja gerne im Unterricht darüber sprechen.
Gladiatoren kennt man wohl vor allem aus dem alten
Rom. Dort wurden Kriegsgefangene oder Sklaven dazu
gezwungen, in einer Arena vor Publikum gegeneinander
anzutreten. Sie sollten das Volk unterhalten. Gewannen
sie, waren sie Helden. Verloren sie, drohte ihnen der Tod.
Das Publikum forderte lautstark, was es wollte, und der
Kaiser gab den Befehl, das Urteil zu vollstrecken.
Gladiatoren waren Berufskämpfer – wenn sie lange
überlebten, waren sie wirklich gut in dem, was sie taten.
Siegreiche Gladiatoren ernteten Ruhm und im besten Fall
wurde ihnen die Freiheit geschenkt.
Auch in der heutigen Zeit gibt es noch eine Art Gladi-
atoren, man kann vielleicht von „modernen Gladiato-
ren" sprechen. Ich denke da zum Beispiel an Musiker,
Schauspieler oder Sportler. Das Fernsehen bietet dabei
eine ganz neue Plattform, um noch mehr Zuschauer zu
erreichen. Aber auch heutige Fußballstadien erinnern an
die Arenen von damals. Zwar kämpfen die „modernen
Gladiatoren" nicht mehr um Leben und Tod, aber um
Berühmtheit oder Geld.
Ein Blick auf den Songtext „Wie Gladiatoren" der Band
„Die fantastischen Vier" verdeutlicht dies meiner Meinung nach ganz gut. Dort heißt es: „Wir betreten die
Arena – das wird kein Zuckerschlecken. Nur der geringste

Fehler und schon kannst du's vergessen." Diese Zeilen
verdeutlichen, dass die Band vom Publikum abhängig ist.
Wenn die Zuschauer die Musik nicht mögen, werden die
Künstler im schlimmsten Fall ausgebuht oder verdienen
kein Geld. Und das hat natürlich auch etwas mit „Überleben" zu tun.
Viele junge Menschen suchen heute auch ganz gezielt
nach Herausforderungen und wollen sich mit anderen
messen, weil sie ehrgeizig sind und sich etwas beweisen
wollen. Ein Beispiel dafür ist die Fernsehshow „Ninja
Warrior", bei der Menschen einen Hindernisparcours
überwinden müssen, der auch an die Arenen im alten
Rom erinnert.
Lieber Herr Meier, wie Sie sehen können, ist das Thema
Gladiatoren auch heute noch aktuell. Wir würden nun
gerne mehr über das Thema erfahren und bitten Sie
daher, ein paar Unterrichtsstunden darauf zu verwenden.
So hätten wir die Möglichkeit, etwas über das Leben im
alten Rom zu erfahren und gleichzeitig eine Brücke zu
schlagen zu unserem Leben heute.

## Wahlteil B
Möglicher Schülertext:
Heute ist was Spannendes passiert. Tom und ich haben
zusammen „Ninja Warrior" im Fernsehen geschaut und
er meinte zu mir, ich solle mich doch auch mal für diese
Show bewerben. Erst habe ich gelacht, aber er sagte,
er meine es wirklich ernst, schließlich sei ich so gut im
Parkour-Lauf, ich könne das bestimmt. Das hat mich auf
jeden Fall richtig gefreut – denn die Teilnehmer im Fernsehen sind wirklich gut. Ich war echt stolz, dass er meine
sportliche Leistung ähnlich bewertet.
Natürlich wäre es toll, bei „Ninja Warrior" mitzumachen.
Erst einmal ist es spannend, im Fernsehen aufzutreten.
Ich wollte immer schon mal wissen, wie das so ist.
Und wenn ich in der Show erfolgreich bin, bin ich hier bei
uns im Ort erst einmal der Held. Von meinen Freunden
sieht fast jeder die Sendung, alle finden sie cool. Und natürlich würden mich dann auch noch viel mehr Menschen
kennen, ich wäre sozusagen berühmt.
Und natürlich ist da auch das Preisgeld! Wenn ich gewinnen würde, wäre das schon was. Von dem Geld würde ich
erst einmal den Führerschein bezahlen und mir dann ein
eigenes Auto kaufen! Okay, also das mit dem Preisgeld
vergesse ich lieber gleich. Die Chance, das zu gewinnen,
ist echt gering. Bisher hat es noch keiner der Teilnehmer
von Ninja Warrior Germany geschafft, das Preisgeld zu
ergattern …
Je länger ich aber darüber nachdenke, desto weniger
weiß ich, ob ich mich tatsächlich für die Show bewerben
möchte. Was ist, wenn ich schon am zweiten Hindernis
ins Wasser falle? Dann bin ich nicht berühmt, sondern
alle lachen mich aus. Über Social Media spricht sich
so etwas heutzutage ja auch gleich doppelt so schnell
herum.
Ich müsste vorher auch echt noch viel trainieren. Dabei
gehe ich doch nach den Sommerferien in die Ausbildung,
da bleibt vermutlich kaum Zeit.
Ich weiß jetzt echt nicht, was ich machen soll. Im ersten
Moment dachte ich, dass ich mich auf jeden Fall für die
Show bewerben will. Jetzt glaube ich aber, ich sollte
mich erst einmal um andere Sachen kümmern. Ich kann
ja mal abwarten. Wenn es in der Ausbildung gut läuft

und ich weiter zum Trainieren komme, schicke ich meine Unterlagen ab. Ansonsten hat es sich sowieso erledigt. Und wenn ich tatsächlich genommen werde, mache ich auf jeden Fall mit. Peinlich ist mir die Teilnahme nicht. Ich finde es spannend, mal an einer Show teilzunehmen. Und dann an einer so coolen! Das behalte ich auf jeden Fall im Auge.

## E Original-Prüfungsaufgaben: Hauptschulabschluss Niedersachsen 2022

(Alle folgenden Lösungen sind nicht amtliche Lösungen.)

### E 1 Hörverstehen: Ein Wal im Rhein

**Seite 108**

**1** Im Text werden die Begriffe *Beluga* und *Moby Dick* genannt.

**2** Der Zoodirektor möchte den Beluga als neue Attraktion in seinem Aquarium nutzen.

**3** Das vor Kanada gefangene Tier war mit einem Frachtschiff auf dem Weg in einen englischen Zoo. Ein Sturm ließ das Schiff kentern, das Tier entkam und schwamm den Rhein hinauf.

**4** Eine Maßnahme ist, Tennisnetze zu einem Treibnetz verknoten. Eine weitere Idee ist der Einsatz einer Betäubungspistole. Auch der Einsatz von Pfeil und Bogen, um eine Boje am Beluga festzumachen, wird vorgeschlagen. Als letzte Maßnahme werden Bundeswehr und Feuerwehr mit weiteren Booten angefordert.

**5** Zeitungen fordern die Verhaftung des Zoodirektors und Tierschützer setzen sich für den Wal ein, indem sie einen Hubschrauber mieten und die Jäger mit Orangen bewerfen.

### E 2 Hauptteil: Loreley

**Seite 110**

**1**

|  | richtig | falsch |
|---|---|---|
| Die Fischer achteten besonders auf die gefährlichen Felsen im Rhein. |  | x |
| Der König wollte das liebreizende Mädchen unbedingt treffen. |  | x |
| Ein Soldat kletterte den Felsen unversehrt hinauf und traf die junge Frau. | x |  |
| Die junge Frau wurde von dem Soldaten festgenommen. |  | x |

**2** Die Fischer erzählten die Geschichte der Loreley immer wieder anderen Menschen und verbreiteten sie dadurch in der Welt.

**Seite 111**

**3** Zutreffend sind:
  - Der Verfasser der Sage ist unbekannt.
  - Die Sage versucht, ein unbegreifliches und unerklärliches Phänomen zu erklären.

**4** Die Sage „Die Jungfrau von der Loreley" stammt von einem unbekannten Autor und handelt von einer wunderschönen Frau, die durch ihre Stimme die Fischer des Rheins sowie den Sohn eines Pfalzgrafen ins Verderben stürzt.
Auf einem Felsen im Rhein lebt eine junge, schöne Frau mit einer bezaubernden Stimme. Damit zieht sie alle Menschen in ihren Bann, besonders die Fischer. Diese achten nicht mehr auf die gefährlichen Felsen im Rhein und versinken darum mit ihren Schiffen. Der Sohn eines Pfalzgrafen hört von den Ereignissen und will dem ein Ende machen. Aber als er die Frau sieht und hört, verfällt er ihr ebenfalls. Bei dem Versuch, vom Boot an Land zu springen, um zu ihr zu eilen, ertrinkt er.
Der Pfalzgraf schickt daraufhin einen Soldaten zu der jungen Frau, um sie zu holen. Der Soldat erreicht sie auch, aber sie ruft ihren Vater um Hilfe. Dieser schickt zwei Wellen, die sie in die Tiefe des Rheins ziehen.

**Seite 113**

**5** Wo liegt der Loreley-Felsen?
*Er liegt am Rhein zwischen Bingen und Koblenz an der tiefsten Stelle des Rheins.*

Was bedeutet der Name Loreley?
*„Ley" ist ein altes Wort für „Fels" und „Lore" ist ein altes Wort für einen rauschenden Schall.*

Was machte den Rhein unterhalb des Loreley-Felsens so gefährlich?
*Im Fluss liegen Felsen. Außerdem gibt es dort eine Sandbank sowie Stromschnellen.*

Wann wurde die Gestalt der Jungfrau Loreley erfunden?
*Im Jahre 1801 wird erstmals über die Jungfrau berichtet.*

Welche Eigenschaften werden der Jungfrau Loreley zugeschrieben?
*Sie ist betörend, wunderschön und gefährlich.*

Wofür wird der Begriff Loreley verwendet?
*Der Begriff Loreley wird für einen Felsen und für eine junge, schöne Frau verwendet.*

**6** Hier bedeutet das Wort Passage „schmale Stelle zur Durchfahrt".

**7** Wissenschaftler machten sich auf die Suche nach den Wurzeln des Loreley-Mythos und wurden fündig. (Z. 17 – 18)

8

| Trifft zu auf … | Material 1 | Material 2 | Material 1 und 2 |
|---|---|---|---|
| Es handelt sich um einen literarischen Text. | X | | |
| Die Loreley verschwindet in den Tiefen des Rheins. | X | | |
| Die Schiffsunglücke werden anhand der Naturgegebenheiten im Rhein erklärt. | | X | |
| Der Text bezieht sich auf eine bestimmte geografische Region. | | | X |

## Seite 114

9

| das Wort verlängern | vom Wortstamm ableiten | die Länge des Vokals überprüfen | Fremdwort im Wörterbuch nachschlagen |
|---|---|---|---|
| | | | mythisch |
| | | Schloss | |
| Felswand | | | |
| | gefährlich | | |

## E 3 Wahlteil A und B

### Seite 114
### Wahlteil A – informierend-appellierender Text
Möglicher Schülertext:

Liebe Klasse,
wir wollen auf Klassenfahrt gehen und ich schlage das Mittelrheintal vor. Es liegt zwischen Bingen und Koblenz und gehört zu den deutschen Wahrzeichen (Material 2, Z. 2/3).
Der Rhein fließt dort durch ein Schiefergebirge und entlang der 65 Kilometer findet man tatsächlich 40 Burgen, Schlösser und Festungen und insbesondere den 132 Meter hohen Loreley-Felsen.
Ein möglicher Programmpunkt unserer Fahrt sollte dieser Loreley-Felsen sein. Um ihn rankt sich eine Sage, die ich euch kurz vorstellen möchte:
Auf einem Felsen im Rhein lebte eine junge, schöne Frau mit einer betörenden Stimme. Damit zog sie alle Menschen in ihren Bann, besonders aber die Fischer. Diese achteten dann nicht mehr auf die gefährlichen Felsen im Rhein und versanken darum mit ihren Schiffen.
Der Sohn eines Pfalzgrafen hörte von den Ereignissen und wollte dem ein Ende machen. Aber als er die junge Frau sah und hörte, verfiel er ihr ebenfalls. Beim Versuch, vom Boot an Land zu springen, um zu ihr zu eilen, ertrank er.
Der Pfalzgraf schickte daraufhin einen Soldaten zu der jungen Frau, um sie zu holen. Der Soldat erreichte sie

auch, aber sie rief ihren Vater um Hilfe. Dieser schickte zwei Wellen, die sie in die Tiefe des Rheins zogen. So viel zu der Sage.
Wie ist sie entstanden, fragt ihr euch? Sie entstand aufgrund der gefährlichen Situation für die Schifffahrt im Rhein an dieser Stelle. Da das Wasser im Verlauf der Millionen von Jahren nicht gleichmäßig das Gestein wegspülte, blieben Reste von Felsen stehen (Material 2, Z. 33). Auch entstand eine Sandbank und die Strudel dahinter waren für die Schifffahrt gefährlich und führten häufig zum Schiffbruch.
Geschichten gab es schon immer über diese Stelle im Rhein, aber bis 1801 gab es keine Informationen über eine Jungfrau.
Der Dichter Clemens Brentano erfand die Gestalt im 19. Jahrhundert für eine seiner Balladen und daraufhin nutzten auch andere Künstler diese Figur (Material 2, Z. 47 – 49).
Ihr seht, dieser Felsen ist mit sehr viel Geheimnisvollem verbunden und daher sehenswert.
Natürlich gibt es im Mittelrheintal noch mehr Ausflugsziele, die es sich lohnt anzuschauen (Material WT A). Zunächst ist da St. Goar, die „kleinste Weltstadt" am Mittelrhein. Da dorthin viele Besucher aus allen Ländern kommen, ist sie international und sehr bunt. Ihre Attraktivität liegt hauptsächlich daran, dass der Loreley-Felsen ihr genau gegenüber liegt und alle Welt die Sage um die Loreley kennt und daher den Felsen sehen möchte.
In St. Goar befindet sich auch eine der modernsten Jugendherbergen, sie liegt unterhalb der Burg Rheinfels, die übrigens die größte Burganlage am Mittelrhein ist. In der Jugendherberge könnten wir schlafen und hätten viele Sehenswürdigkeiten in direkter Nähe.
Damit komme ich zu einer weiteren Attraktion am Mittelrhein. Das ist etwas für unsere sportlichen und abenteuerlustigen Mitschülerinnen und Mitschüler. Auf dem Rhein werden Rafting Touren angeboten – ein tolles Abenteuer aufgrund des Rheinverlaufs. Was meint ihr – es gibt doch so einige unter uns, die das gern ausprobieren möchten. Wer lieber an Land bleiben möchte, kann auf dem Loreley-Plateau eine Sommerrodelbahn besuchen. Es ist bestimmt toll, im Sommer rodeln zu gehen, meint ihr nicht?
Ihr seht, im Mittelrheintal gibt es viele Möglichkeiten, die Klassenfahrt interessant und vielfältig zu gestalten. Es ist für alle von uns etwas dabei: Es gibt kulturelle Angebote (Loreley-Felsen und die Sage dazu), sportliche (Rafting, Rodeln und Wandern) und historische (z. B. eine Burgbesichtigung). Außerdem ist es ein landschaftlich wunderschöner Teil Deutschlands, den man gesehen haben sollte.
Bitte denkt gründlich und ernsthaft über meinen Vorschlag nach.

### Seite 115
### Wahlteil B – informierend-argumentierender Text
Möglicher Schülertext:

**Von:** *deinfreund@bb-online.de*
**An:** *meinfreund@bb-online.de*
**Betreff:** *Einladung zur Bootstour auf dem Rhein*

Hallo lieber Freund / liebe Freundin,
vielen Dank für die Einladung zur Bootstour auf dem

Rhein. Ich finde deine Einladung echt toll und habe mir den Streckenverlauf schon einmal angesehen.
Dabei bin ich auf folgendes gestoßen:
Wir werden im Verlauf der Tour am Mittelrhein die Stelle am Loreley-Felsen passieren und die scheint mir extrem gefährlich zu sein aufgrund der Felsen und der Sandbank. Hier passieren immer wieder Schiffsunglücke und im Verlauf der Jahrhunderte sind dort viele Schiffe gesunken und Menschen ertrunken. Das macht mir schon Angst, denn ich habe Blog-Einträge gelesen, die zwar die Schönheit dieser Stelle beschreiben, aber auch warnen und um besondere Aufmerksamkeit an dieser Stelle aufrufen.
Im Laufe der Millionen von Jahren, in denen der Rhein dort längs fließt, hat sich das Gestein verändert, der Meeresspiegel sank (Material 2, Z. 28 – 30) und der Fluss wurde reißender.
Da nicht alle Felsen gleichmäßig weggewaschen wurden, blieben immer wieder Stücke stehen, die diese Stelle besonders gefährlich machen – insbesondere, da auch noch eine Sandbank entstand, in deren Folge sich Strudel bilden.
Noch heute passieren an dieser Stelle immer wieder Unglücke (Material B; Meldung aus einer Regionalzeitung) und dann ist da noch diese Sage! Kennst du sie?
Die Sage beschreibt, dass eine junge Frau mit wunderbarer Stimme die Schiffer ins Verderben lockt, denn sie achten nur noch auf diese Stimme und die junge Frau statt auf den Verlauf des Rheins. So versinken sie mit ihren Schiffen. Ich bin nicht abergläubisch, aber an jeder Geschichte ist irgendwie ein wahrer Kern und ich habe Angst, dass wir uns dort in Gefahr begeben.

*Bei positiver Entscheidung:*
Ich habe lange überlegt, ob ich dich begleiten soll oder nicht. Ich bin zu dem Schluss gekommen, dass ich dich trotz meiner oben genannten Bedenken begleiten werde.
Ein Argument für diese Entscheidung liegt darin, dass ich dich schon sehr lange kenne. Ich weiß, dass du keine Risiken eingehst. Als wir letztes Jahr die Klettertour unternommen haben, bist du umgekehrt, als das Wetter schlecht wurde. Von daher weiß ich, dass du auch in der Situation am Loreley-Felsen keine unnötige Gefahr eingehst. Du wirst konzentriert den Verlauf des Flusses während der Tour beobachten und dann danach handeln.
Ein weiteres Argument für mich ist die wunderbare Gelegenheit, den Rhein und seinen Verlauf aus der Perspektive vom Fluss aus zu sehen und zu erleben – mit dir. Entlang des Rheins gibt es viele Sehenswürdigkeiten und die Landschaften sind sehr beeindruckend.
Ich möchte dieses Erlebnis ungern versäumen und darum begleite ich dich sehr gern.
Liebe Grüße
*Name Freund/Freundin*

*Bei negativer Entscheidung:*
Ich habe lange überlegt, ob ich dich begleiten soll oder nicht. Ich bin zu dem Schluss gekommen, dass ich dich nicht begleiten werde, auch wenn ich das schade finde. Aber ich bin, wie du weißt, ein ängstlicher Typ und die vielen Berichte über die Stelle am Loreley-Felsen machen mir sehr viel Angst.
Ein Argument ist für mich, dass eine Sage immer auch

einen wahren Kern hat. Im Laufe der Jahrhunderte sind so viele Schiffe dort gesunken und selbst im Jahre 2000 wurden noch ca. 100 Unglücke gemeldet. Da muss etwas sein, was nicht nur mit geologischen Gegebenheiten erklärt werden kann. Warum passieren dort sonst heute noch solche Dinge?
Ein weiteres Argument für mich ist, dass du deinen Bootsführerschein noch nicht so lange besitzt. Es fehlt dir an Erfahrung für solche gefährlichen Stellen. In den Blogs zu dieser Stelle wird ausdrücklich daraufhin gewiesen, dass man besonders aufpassen und ggf. schnell reagieren muss. Ich bin mir nicht sicher, ob du das schon kannst.
Ich finde es sehr schade, denn die Tour ist ansonsten sehr reizvoll und interessant.
Ich wünsche dir viel Spaß dabei und komme bitte gesund wieder.
Liebe Grüße
*Name*

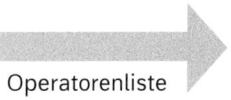
Operatorenliste

| Stufe | Operator | Was ist zu tun? |
|---|---|---|
| 1 | nennen, beschreiben, wiedergeben, zusammenfassen, darstellen | Hier musst du einen Zusammenhang/ein Ergebnis/eine Problemstellung/den Inhalt eines Textes sachlich und geordnet in eigenen Worten sinnvoll formulieren. Dabei sind nur die wichtigsten Fakten zu nennen. Deine Meinung/dein Kommentar ist nicht gefragt. |
| 2 | erklären, erläutern | Hier müssen die Textaussagen/die Inhalte durch zusätzliche Informationen/Beispiele veranschaulicht und/oder durch andere Kenntnisse belegt werden. |
| 2 | vergleichen | Hier müssen vorgegebene Materialien unter besonderen Bedingungen verglichen werden, d. h., es müssen Gemeinsamkeiten, Unterschiede und Abweichungen ermittelt werden. |
| 2 | deuten | Hier musst du sprachliche Mittel/formale Mittel in literarischen Texten beschreiben, ihre Bedeutung verstehen und wiedergeben. |
| 2 | einordnen | Hier muss eine Aussage/ein Problem/ein Sachverhalt in einem vorgegebenen oder selbst gewählten Zusammenhang dargestellt werden. |
| 2 | untersuchen | Hier werden ein Text/ein Sachverhalt/verschiedene Materialien unter einer bestimmten Fragestellung bearbeitet (z. B.: Welche Absicht verfolgt eine Hauptperson mit ihrem Verhalten?). |
| 2 | überprüfen, prüfen | Hier soll mit dem vorhandenen Wissen zu einem Text festgestellt werden, ob Aussagen/Inhalte logisch und sinnvoll sind. |
| 2 | nachweisen | Hier sollst du bestimmte Merkmale oder Inhalte eines Textes (Sachtext oder literarischer Text) aufzeigen/beschreiben können. |
| 2 | gegenüberstellen | Hier sollst du vorgegebene Materialien nach bestimmten Gesichtspunkten untersuchen und Gemeinsamkeiten, Unterschiede sowie Ähnlichkeiten ermitteln. |
| 3 | bewerten, beurteilen | Hier sollst du mithilfe verschiedener Zusatzmaterialien (Diagramme, Karikaturen usw.) ein begründetes Urteil fällen/deine eigene Meinung untermauern. |
| 3 | erörtern | Hier sollst du zu einem bestehenden Problem aus verschiedenen Sichtweisen Stellung nehmen, d. h., positive und negative Argumente müssen gegeneinander abgewogen werden. Am Ende muss eine eigene Stellungnahme erfolgen. |
| 3 | interpretieren | Hier soll die Bedeutung/die Aussage eines literarischen Textes durch das Stellen von verschiedenen Fragen (W-Fragen) herausgearbeitet werden. Häufig ist dies die Grundlage für eine sinnvolle Weiterarbeit an diesem Text. |
| 3 | begründen | Hier sollst du eine eigene Einschätzung/Meinung sachlich und fachlich belegen. |
| 3 | kritisch Stellung nehmen | Hier sollst du nach einer eingehenden Auseinandersetzung mit einem Sachverhalt eine eigene Einschätzung des Problems verfassen. Dabei kann auch eine Argumentation entwickelt werden, die zu einem logischen Schluss führt. |
| 3 | auseinandersetzen mit | Hier sollst du dich mit verschiedenen Gesichtspunkten eines Sachverhalts/eines Textes/einer Problemstellung befassen und schriftlich zu einem eigenen Ergebnis gelangen. |
| 3 | verfassen | Hier soll ein eigener Text unter Berücksichtigung der geforderten Textmerkmale (Interpretation, Erörterung ...) verfasst werden. |

**Stufe 1:** Hier musst du Wissen wiedergeben.
**Stufe 2:** Hier musst du Fragen und Probleme selbstständig erfassen. Fertigkeiten, die du hast, müssen in einem anderen Zusammenhang angewandt werden.
**Stufe 3:** Hier musst du eigene Lösungsansätze finden, d.h., Probleme und Themen reflektieren und/oder bewerten.